古典文獻研究輯刊

三一編

潘美月・杜潔祥 主編

第2冊

袁同禮與中國圖書館事業（下）

潘 梅 著

國家圖書館出版品預行編目資料

袁同禮與中國圖書館事業（下）／潘梅 著 -- 初版 -- 新北市：
花木蘭文化事業有限公司，2020〔民 109〕
目 4+254 面；19×26 公分
（古典文獻研究輯刊 三一編；第 2 冊）
ISBN 978-986-518-143-7（精裝）
1. 袁同禮 2. 圖書館事業 3. 中國
011.08   109010370

ISBN-978-986-518-143-7

9 789865 181437

古典文獻研究輯刊
三一編　第二冊   ISBN：978-986-518-143-7

袁同禮與中國圖書館事業（下）

作　者　潘梅
主　編　潘美月、杜潔祥
總 編 輯　杜潔祥
副總編輯　楊嘉樂
編　輯　許郁翎、張雅淋　美術編輯　陳逸婷
出　版　花木蘭文化事業有限公司
發 行 人　高小娟
聯絡地址　235 新北市中和區中安街七二號十三樓
　　　　　電話：02-2923-1455／傳真：02-2923-1452
網　址　http://www.huamulan.tw 信箱 hml810518@gmail.com
印　刷　普羅文化出版廣告事業
初　版　2020 年 9 月
全書字數　470747 字
定　價　三一編 9 冊（精裝）台幣 26,000 元

袁同禮與中國圖書館事業(下)

潘梅 著

目

次

下　冊

附　錄

附　錄

附錄一：袁同禮先生年譜初編

編輯體例

一、資料來源

年譜文字資料，主要來源於：

1. 北京大學檔案館資料；
2. 中國國家圖書館檔案資料；
3. 美國伊利諾大學香檳分校檔案館資料（美國圖書館協會部分）；
4. 民國報刊資料；
5. 歐美書刊資料；
6. 其他相關圖書資料；
7. 訪談資料。

二、編排方式

1. 年譜的時間，統一以公元紀年為主線，其他紀年方式括注在括號（）內。

2. 年譜正文一般以時間為綱，從前到後寫作。但有一些特殊情況，比如部分事件較零散，集中一處能見其詳，則集中處理。

3. 事件有明確年月日的，入該日；不詳某日，但詳某月，入該月；不詳月日，只知某年，入該年，以「是年」表示，置於該年末。

4. 部分事件,能考證出大致時間的,用「約」字樣表示。

三、文字注釋

年譜的文字注釋,依照如下細則進行:

1. 凡是年譜參考或引用資料,均在正文中注明資料出處;一事見於多種資料的,僅列最重要或最權威的資料;

2. 凡資料之原注,一律以當頁腳註處理,以「原注:」標示;凡編者所作之考訂說明文字,也採用當頁腳註形式(個別重要問題的考證,在正文中說明);

3. 年譜中多次出現的詞條,一般只注釋首次出現的詞條,且將注釋置於腳註中;

4. 個別文字需要訂正者,訂正之字置於〔 〕內,放在錯字之後;增補脫字,置於〈 〉內;衍文加 [ ];遇有殘缺難辨之字,用□表示;

5. 年譜中重要的外文人名、地名、機關團體名、刊物名、著作名及相關短語,一般譯為中文,將外文或生卒年括注於後。對於英文句子,也譯為中文,注明出處,必要時用腳註標出句子原文。中文人名,一般用通行的名字,必要時將名、字、號、筆名、生卒年括注於後。

四、特殊問題的處理

1. 對於臺灣出版的書刊,在著錄出版時間時,先著公元紀年,將原有的紀年方式置於( )中。

2. 對於民國書報刊中出現的「 」符號,可視具體情況,直接轉換為書名號《》或引號「」。

3. 對於民國書報刊中存在的明顯標點錯誤,一仍其舊,以存其真。

五、資料來源的處理

1. 為節省年譜篇幅,對頻繁使用的部分資料來源使用簡稱(第一次除外)。如《中華圖書館協會會報》簡稱《協會會報》,《文華圖書館學專科學校季刊》簡稱《文華圖專季刊》,《思憶錄:袁守和先生紀念冊》簡稱《思憶錄》。

2. 同一文獻被多次使用時,除第一次詳細著錄各項出版信息外,其餘一般簡要著錄(簡要著錄易引起混淆的,仍舊詳細著錄)。

袁同禮先生年譜初編

1895 年（光緒二十一年，乙未）　1 歲

袁同禮，字守和，祖籍河北徐水孤家營村。（徐水縣縣志辦編《徐水縣志》，新華出版社 1998 年版，746 頁）1895 年 3 月 23 日（清光緒二十一年二月二十七日）出生於北京宣武區南橫街 20 號（現南橫東街 155 號）。據說這所宅子是明朝宰相嚴嵩府第的一部分，民國復辟稱帝的袁世凱也出生在這裡。（彭昭賢《追念袁守和先生》，見《思憶錄》，99～109 頁）

曾祖父袁繩武，清同治初年任山西知縣，光緒年間升至江南知府，告老回家，寄居北平南橫街。生一子一女，女嫁李仙洲（李宗侗之伯父），子袁廷彥（字霽雲，也作際耘、寄耘、季筠）（袁同禮祖父）。廷彥官至某部員外郎，善書顏體，曾管理畿輔先哲祠。生四子，長子袁祥甫（袁復禮、袁同禮父親）、次子袁幼雲（袁敦禮父親）。祥甫生三子，長子七、八歲時病故（據袁幼云講，其人極聰穎，幼時舉止如成人，管教諸位弟弟甚嚴，頗為祖父鍾愛），次子袁復禮，三子袁同禮。（李宗侗《敬悼袁同禮學長》，載（臺北）《中央日報》1965 年 2 月 16 日（6 版），是文收入《思憶錄：袁守和先生紀念冊》44～46 頁）

祖母彭書舫，蘇州人，彭蘊章孫女，自幼習中國詩書，國文功底好。光緒年間，經東三省提學使聘請，赴奉天（今瀋陽）一中學教書。（李宗侗《敬悼袁同禮學長》）後又參與天津女學，與呂美蓀（字眉生、清揚）、呂碧城姊妹共事。又任奉天女子師範監督，與呂美蓀同事。曾應邀義務任教於江亢虎在北京創辦的「女學傳習所」等。到老年，才回北京頤養天年。她是清末女子教育的佼佼者。彭書舫二姐彭桂孫，是近代詩人錢綏盤之母。彭書舫之弟彭詒孫（字翼仲，1864～1921）〔註 1〕，「與梁漱溟之父為結拜兄弟。曾在北京宣南創辦《京話日報》，影響甚廣」。後被謫新疆。彭穀孫，是彭詒孫五伯父彭祖彝之子，曾出售房產供詒孫辦報。（王菡《袁同禮存剳中清末女學資料淺析》，載國家圖書館編《袁同禮紀念文集》2012 年版，295～301 頁）

母親韓毓曾，出生於天津望族家庭。（《袁復禮生平大事年譜》，載袁疆等編著《西北科學考察的先行者——地學家袁復禮的足跡》，新華出版社 2007 年版，289 頁）

〔註 1〕其生平事蹟可參見姜緯堂等編《維新志士愛國報人彭翼仲》（大連出版社，1996 年）及梁漱溟《憶往談舊錄》（金城出版社，2006 年）兩書。

二哥袁復禮，1893 年生，字希淵。著名地質學家和古生物學家。堂弟袁敦禮，1895 年生，字志仁。著名體育學家。學術文化界尊稱三兄弟為「三袁」或「袁氏三禮」。（袁疆，袁靜，袁玫等《袁復禮三兄弟》，載北京市政協文史資料委員會編《名人與老房子》，北京出版社 2004 年版，198～223 頁；李曉澤《袁同禮親屬及其贈書研究》，載《保定師範專科學校學報》2007 年 20 卷 3 期，108～110 頁）堂妹有袁勤禮（因幼年失母，由祖母和袁同禮母親照護，後嫁彭昭賢，袁清先生叫她二姑），等。其表姐妹有韓詠華（嫁梅貽琦，袁清先生叫她五姑）、韓權華（嫁衛立煌，袁清先生叫她七姑），等。（2009 年 9 月 14 日筆者採訪袁清先生）

岳祖父袁昶，曾向慈禧諫言不可借義和團亂殺洋人，因言獲罪，1900 年被殺。後被慈禧平反，葬於西湖。（2009 年 9 月 14 日筆者採訪袁清先生）岳父袁沖。妻子袁慧熙，1902 年 4 月 3 日在浙江桐廬出生。在松江長大，後就讀於北平女子師範大學，學習音樂，在女師大有「美人」之稱。畢業後，由其業師劉復（字半農，）、蕭友梅、趙元任（字宣仲、宣重，1892～1982）等留校在音樂系任教。（2009 年 9 月 14 日筆者採訪袁清先生；袁疆，袁靜，袁玫等《袁復禮三兄弟》，214 頁；彭昭賢《追念袁守和先生》）

袁同禮的子女有：袁靜（女）、袁澄（子）、袁桂（女，兄妹稱其「小八妹」，因患盲腸炎不幸早夭）、袁清（子）。〔註 2〕其兄袁復禮的子女有：袁偉（子，兄妹稱其「傻大哥」，因四五歲時患大腦炎，留下後遺症，以致出現智障）〔註 3〕、袁疆（女）、袁剛（女）、袁揚（女）、袁方（子）、袁鼎（子）。堂弟袁敦禮的子女有：袁玫（女）、Lucille（女）、袁玖（女）、袁璞（子）、袁樂（子）。袁清先生告訴筆者，她的幾位姐姐的排行分別是袁

〔註 2〕大女兒袁靜，化學博士，Dr. Gert Volpp 之妻。大公子袁澄，歷史學博士，曾執教於紐約州立大學和麻州伍斯特州立大學（Worcester State University），重點研究歐洲史。1945 年，做過重慶《世界日報》記者。二公子袁清，歷史學博士，曾執教於俄亥俄州賴特州立大學（Wright State University），現居住在新澤西州。側重研究明清史，亦曾教授日本史和世界史。近三十多年來，多次回國，或遊歷，或探訪，或參加學術會議，為中美學術文化交流做出了積極貢獻，也可見其對中國的感情之深。此外，外孫女索菲（Sophie Volpp）任職於加州大學柏克萊分校東亞語言文化系和比較文學系，主講中國文學，現為副教授。索菲美麗而和善，熱心為我介紹袁氏親人，以便採訪，還提供了許多海外的材料。感激之情，無以言表。

〔註 3〕袁桂和袁偉的相關情況，係袁剛先生 2010 年 7 月 29 日下午來電話告知筆者。在此特致謝意！據袁剛和袁清先生講，袁桂長得非常漂亮，人很聰明。

疆（大姐）、袁靜（二姐）、袁玫（三姐）、Lucille（四姐）、袁剛（六姐）、袁揚（七姐）、「小八妹」（八姐）、袁玖（九姐）。（2009 年 9 月 14 日筆者採訪袁清先生）

1896 年（光緒二十二年，丙申）　2 歲

1897 年（光緒二十三年，丁酉）　3 歲

1898 年（光緒二十四年，戊戌）　4 歲

戊戌六君子之一的劉光第在北京租住袁同禮家的房屋。袁氏家人當時看見捉人情形。（沈亦雲《紀念袁守和先生》，見《思憶錄》，15～18 頁）

1899 年（光緒二十五年，己亥）　5 歲

1900 年（光緒二十六年，庚子）　6 歲

1901 年（光緒二十七年，辛丑）　7 歲

1902 年（光緒二十八年，壬寅）　8 歲

1903 年（光緒二十九年，癸卯）　9 歲

1904 年（光緒三十年，甲辰）　10 歲

1905 年（光緒三十一年，乙巳）　11 歲

1906 年（光緒三十二年，丙午）　12 歲

1907 年（光緒三十三年，丁未）　13 歲

1908 年（光緒三十四年，戊申）　14 歲

1909 年（宣統元年，己酉）　15 歲

1910 年（宣統二年，庚戌）　16 歲

1911 年（宣統三年，辛亥）　17 歲

在北京畿輔小學堂念書。李宗侗（字玄伯，1895～1974）是他同學（也是親戚）。（李宗侗《敬悼袁同禮學長》）

1912 年（民國元年，壬子）　18 歲

據韓詠華回憶，袁同禮童年時異常活潑，話很多。但民國元年前後，患傷寒，病況嚴重，痊癒後，說話少了，人也成熟了很多。（袁澄《勞碌一生的父親》，見《思憶錄》，132～146 頁）

1913 年（民國二年，癸丑）　19 歲

考入北京大學預科第一部英文甲班，與傅斯年（字孟真，1896～1950）、毛以亨（字公惺，1894～1970）、朱一鶚等人同學。（《學生一覽》，載吳相湘，劉紹唐主編《國立北京大學紀念刊 第二冊》（民國六年廿週年紀念冊 上），臺北傳記文學出版社 1971 年（民國六十年）版，29～30 頁）

1914 年（民國三年，甲寅）　20 歲

春，北京大學預科文學會成立。該會分國文與英文二部，每部復分演講與著述二科。演講科練習演說，每兩周開會一次；著述科以會員平日著述刊印於雜誌。是時，會員共 64 人。推徐崇欽為會正。英文部舉俞九恒為部長，李珍為副部長，王顯謨、袁同禮為文牘。又舉著述科編輯員 6 人，國文部編輯長傅斯年，編輯員吳家象、何世楨，英文部編輯長袁同禮，編輯員俞九恒、陳寶書。（《北京大學雄辯會》，載吳相湘，劉紹唐主編《國立北京大學紀念刊 第一冊》（民國六年廿週年紀念冊 上），臺北傳記文學出版社 1971 年（民國六十年）版，182～186 頁）

1915 年（民國四年，乙卯）　21 歲

春，北大預科文學會著述科出雜誌一冊，名《勸學》。秋，演講科改為言語科，分演講及辯論二項，並改選全會職員。其中，英文部部長為袁同禮，副部長俞九恒，文牘李冰、陳毅。是時，會員共 85 人。（《北京大學雄辯會》）

1916 年（民國五年，丙辰）　22 歲

春，北京大學預科文學會言語科與高等師範學校、清華學校（清華大學前身）、匯文大學、通縣協和大學舉行五校聯合辯論會。辯論分國語與英語兩種，每種再分正反兩組，每組 3 人，每校各選出國語、英語辯論員兩組參賽。北大選手由教員選定，其中，英語辯論員為俞九恒、李冰、袁同禮、陳寶書、婁學熙、龔開平。結果北大國語辯論正反兩組皆勝，英文僅一組勝。（《北京大學雄辯會》）據稱，袁同禮所在英文組取得勝利。（《北京大學日刊》）因此

次辯論會，袁同禮受知於清華大學教授王文顯。（秦賢次《袁同禮（1895～
1965）》，載劉紹唐主編《民國人物小傳》（第二冊），臺北傳記文學出版社 1977
年（民國六十六年）版，129～132 頁）

　　夏，從北京大學畢業，經王文顯介紹，進入清華學校（1928 年更名為國
立清華大學）圖書室工作。〔註4〕（秦賢次《袁同禮（1895～1965）》）兼授英
文。曾教授一九二五班〔註5〕的英文，張洪沅（後任重慶大學校長）、何永佶
等為其學生。他還教過袁伯燾、梁實秋、冀朝鼎等人。（袁澄《勞碌一生的父
親》）

1917 年（民國六年，丁巳）　23 歲

　　秋，清華學校圖書館主任戴志騫赴美留學，1919 年秋回國，其間，由袁
同禮代理主任，主持日常工作，並協助新館的建設（新館建設時間是 1916 年
4 月至 1919 年 3 月）。（薛芳渝、胡冉《1916～1920：袁同禮在清華》，載《袁
同禮紀念文集》，89～96 頁）

1918 年（民國七年，戊午）　24 歲

　　1 月 27 日，《北京大學日刊》「圖書館啟事：贈書誌謝」欄目注明向北大
圖書館捐贈書籍的人士及相關情況，其中「袁同禮先生捐贈王守恂所著書二
種」。（《圖書館啟事：贈書誌謝》，載《北京大學日刊》1918 年 1 月 27 日（1、
2 版），轉引自吳稌年《袁同禮早期對北大圖書館的貢獻》〔註6〕一文）同年 2
月 6 日、5 月 1 日該刊繼續刊出對袁同禮的贈書誌謝。（轉引自吳稌年）

　　3 月 15 日，李大釗前往清華學校參觀訪問〔註7〕，在圖書館所耗時間最

〔註 4〕袁同禮初到清華大學圖書室，並不是在參考部工作。因為戴志騫 1919 年底回
　　　　國後，才仿美國圖書館形式，設立參考、目錄、借書、購置等部。（參見：薛
　　　　芳渝，胡冉，1916～1920：袁同禮在清華〔C〕//國家圖書館編，袁同禮紀念
　　　　文集，2012：89～96。）
〔註 5〕據薛芳渝、胡冉在《1916～1920：袁同禮在清華》一文中考證，實際應為一九
　　　　二四級，甲子級。（見《袁同禮紀念文集》90 頁）
〔註 6〕吳稌年老師系統翻閱了《北京大學日刊》中有關袁同禮的資料，用力甚勤。文
　　　　史研究，找資料不易，為尊重他人與自律起見，凡由前人研究線索獲知的資料，
　　　　皆注明「轉引自」何人。）
〔註 7〕「在李大釗參觀清華圖書館之後，兩館間建立了密切的交流和互動關係。袁同
　　　　禮及清華學校多次贈送圖書於北大圖書館，李大釗也以書相贈於清華圖書館，
　　　　並和袁同禮建立了密切的書信往來……他們在一段時期中保持著通信、贈書活
　　　　動，並在當時已開展了館際互借。」（吳稌年《袁同禮早期對北大圖書館的貢獻》）

多。在參觀過程中，「備承清華校長趙先生、圖書館主任袁先生由午前十一時至午後五時，耗六時間寶貴之光陰，道吾輩遍觀各處一一為親切之說明，……」（《李大釗先生來函》，載《北京大學日刊》，1918 年 3 月 19 日（5、6 版），轉引自吳稌年）

在李大釗翻譯《國際法論》一書後，即贈於清華圖書館，「拙譯《國際法論》呈上一冊，捐贈貴館，並乞指正」（李大釗，致袁守和，中國李大釗研究會編注，李大釗文集 5，北京：人民出版社，1999：279，轉引自吳稌年）

10 月，李大釗致函袁同禮，「交換書籍已按單檢齊，俟法科將書送到，即匯呈尊處。敝館所欲借閱之書，容後函告」。（李大釗，致袁守和，中國李大釗研究會編注，李大釗文集 5，北京：人民出版社，1999：279，轉引自吳稌年）

當時袁同禮已十分關注書目問題，李大釗將所獲得的書目及時寄給袁同禮，以便其選書。（李大釗，致袁守和，中國李大釗研究會編注，李大釗文集 5，北京：人民出版社，1999：288，轉引自吳稌年）

11 月 13 日，李大釗致函袁同禮，為「送漱溟先翁輓聯」之事，詢問其是否願意共同送「弔帳」，「惟聞漱溟沿有訃聞，吾輩或尚須送一弔帳，屆時可合吾等五人共同為之。尊意云何？」（李大釗，致袁守和，中國李大釗研究會編注，李大釗文集 5，北京：人民出版社，1999：280，轉引自吳稌年）

12 月 3 日，北京中學以上各學校圖書館主任十餘人在匯文大學召開會議，在會上，成立了北京圖書館協會籌備委員會，袁同禮被推選為委員長。（《圖書館協會》，載《清華週刊》1918 年 12 月 12 日 153 期，5 頁）

12 月 21 日下午 2 時，北京圖書館協會〔註 8〕在北京大學文科事務室舉行成立大會。各館代表到會者共 20 人。〔註 9〕議決通過《北京圖書館協會章程》及《附則》各六條。袁同禮當選為正會長，高羅題（Mr. Galt）為副會長，李大釗為中文書記，吉非蘭（Miss Crilfillon）為英文書記。（《北京圖書館協會成立紀聞》，載《北京大學日刊》1919 年 1 月 21 日（3 版）；《北京圖書館協會

〔註 8〕吳稌年稱「這一地方協會的成立，意義重大，標誌著中國近代圖書館事業中學術、事業聯盟的開始」。

〔註 9〕分別是丁械、于光銳、王丕謨、王曾傑、朱師轍、朱頤銳、吉非蘭女士、李大釗、李貽燕、利特、希斯女士、迫維新、袁同禮、徐枕康、高羅題、常國憲、裴德士、楊晉源、費慕禮夫人、譚新嘉。（《北京圖書館協會成立紀聞（續）》，載《北京大學日刊》1919 年 1 月 22 日（4 版））

成立紀聞（續）》，載《北京大學日刊》1919 年 1 月 22 日（4 版））該會因經
費及教育部不予立案等原因，在袁同禮出國留學後，逐漸停止了活動，直到
1924 年，戴志騫才再次發起成立「北平圖書館協會」，通訊處設於清華學校圖
書館。

1919 年（民國八年，己未）　25 歲

1 月 16 日、1 月 18 日，《北京大學日刊》連載了袁同禮《諾貝爾賞金（Nebel
Prize）》一文。文中介紹了諾貝爾獎的基本特徵，評獎範圍與方式，評獎主持
者，至 1918 年各國的獲獎人數。「吾國有世界最古之文化人民智慧，非弱於
歐美人也，只以閉關自守，不與世界潮流相接觸，以致有今日之現狀」。因此
介紹該獎，對母校北大寄予厚望。（袁同禮《諾貝爾賞金（Nebel Prize）續》，
載《北京大學日刊》1919 年 1 月 18 日（4、5 版），轉引自吳稌年）

1 月 25 日下午 1 點半，北京圖書館協會在北京大學開第一次職員會，商
議進行方法。（《北京圖書館協會成立紀聞》，載《北京大學日刊》1919 年 1 月
21 日（3 版））

6 月 13 日，清華學校仁友會與少年中國學會召開第一次懇親大會（因宗
旨相同，二者結為友會）。少年中國學會派王光祈、曾琦、袁同禮赴會。席間，
分別由兩會的常策歐與王光祈演說。畢，由仁友會會員鄭鍾珪發言，稱到美
後願積極成立通信社。散會後，攝影、歡宴。（《少年中國學會消息》，載《少
年中國》1919 年 7 月 1 卷 1 期，34～36 頁）

7 月 1 日，「少年中國學會」在北京正式成立。上午 10 點，在回回營陳宅
開成立大會，由王光祈主持。學會設北京、成都（6 月 15 日成立）、東京等分
會，袁同禮為北京分會會員，參加了成立大會。（《少年中國學會消息》，載《少
年中國》1919 年 7 月 1 卷 1 期，34～36 頁）學會總會設在北京。該會宗旨是
「本科學的精神，為社會的活動，以創造少年中國」〔註 10〕。還有四信條，
即「奮鬥、實踐、堅忍、儉樸」。（《少年中國學會消息》，載《少年中國》1919
年 7 月 1 卷 1 期，43～44 頁；末頁）該會設評議會、執行部和編譯部。袁同

〔註 10〕梁啟超《少年中國說》最激盪人心的語言：「少年智則國智，少年富則國富，
少年強則國強，少年獨立則國獨立，少年自由則國自由，少年進步則國進步，
少年勝於歐洲，則國勝於歐洲，少年雄於地球，則國雄於地球」，整整影響了
幾代中國人。1919 年，身處歷史潮頭的青年才俊，欲救國家民族於危難，組
建「少年中國學會」，並出版刊物《少年中國》，這無疑是受梁啟超此語之激
發。

禮在編譯部任編譯員〔註 11〕，兼任《少年中國》月刊〔註 12〕編輯。（《少年中國學會消息》，載《少年中國》1919 年 8 月 1 卷 2 期，50 頁）李大釗、王光祈、康白情、田漢、宗白華、周太玄、李璜、張申府、劉國鈞、毛澤東等都曾是少年中國學會會員。

　　8 月 26 日，傅斯年致函袁同禮，告知病情及家事，只能暫擱清華之遊，對此表示慚愧；反思五四運動，希望「思想界厚蓄實力，不輕發洩」；鼓勵袁同禮「把大學的精神輸進清華」，「希望以後精神上時時會通」。函曰：

　　　　守和老兄：

　　　　我小病不斷，遷延了三十多天。雖然不是什麼爬不起床的病，不過旅行是辦不到的了。所以不曾往清華。勞你垂詢，慚愧得很。

　　　　我從來不曾往清華園去過。清華是我久要參觀的，風景好的地方又是我最要遊的；所以在去國之先，必然以往遊清華為快；更可以和老兄久談。只是阻於生病，真令人發恨了。

　　　　現在連接家裏三四封信，俱說，我的內人生病很重，而且還有許多家事牽聯，須得早日回家。我現在決定九月一二日赴濟。清華之遊，只好暫擱了。對你很慚愧，而且心裏頗不暢快。

　　　　不過我還要回京的，在家住上四十日就回京，由京赴上海。船票還不甚定，大約是十二月裏。我回京後，必然再找老兄，暢暢快快的談幾天。

　　　　你送我的那本書，可以等我回京時交我。若現在寄來，以便先觀，尤其好了。

〔註 11〕　同時任編譯員的有李大釗、徐彥之、陳淯、康白情、黃日葵、孟壽椿、蘇甲榮、王光祈。編譯部主要負責審查該會叢書。

〔註 12〕　1919 年 7 月 1 日創刊（7 月 15 日發行），1924 年 5 月停刊，共出 4 卷，每卷 12 期。月刊編輯員分三組，以其所居處之地為劃分標準。第一組編輯員多居北京及其他各埠，第二組多居東京及長江流域各省，第三組多居歐美、南洋等地。各組編輯員輪流編輯，每三月輪一次。袁同禮在第一組任編輯員（另外有李大釗、康白情、徐彥之、孟壽椿、黃玄、陳淯、沈懋德、劉正江、雷寶華、周炳琳、王光祈）。《少年中國》第一卷三期即由第一組編輯員負責。（少年中國學會消息〔J〕，少年中國，1919，1（2）：50。）後，該刊由北京編輯部負完全責任。（少年中國學會消息〔J〕，少年中國，1920，1（10）：53～54。）袁同禮在《少年中國》上未發一文，與該學會的成員聯繫似乎也不太多，但始終未退會。

自從五四運動以後，中國的新動機大見發露，頓使人勇氣千倍。不過看看過去的各般動機，都是結了不熟的果子，便落了。所以我所盼望的，還是思想界厚蓄實力，不輕發洩。清華學生的 Sociability 實在是改造中國的一種好原素，若再往精深透徹上做上幾步，便可為學界之冠。你是清華的職員，又曾是大學的學生。若把大學的精神輸進清華，或者『青出於藍，而青於藍』了。──這是你的責任。

我回想我這六年大學，簡直不成一回事。讀書做人都太慚愧了。在分科時恨預科，現在又恨分科時。我立志要把放洋的那一天，做我的生日。半年《新潮》雜誌的生活，說了許多空話。此後當發奮讀書，從學問上的 abc，一步步做起！我回想以前，頗有些對你抱愧的地方，但是畢竟是最好的朋友，希望以後精神上時時會通！

其餘等我回來見面再談罷！

弟斯年

（信函複印件，由袁清先生提供）

11 月 29 日，李大釗致函袁同禮，通報教育部對北京圖書館協會不予立案一事。「圖書館協會立案，已被教部批駁。前聞人言這是傅次長親自批的，不日把批文抄下寄呈。如何宣布之處，乞兄酌裁」。（李大釗，致袁守和，中國李大釗研究會編注，李大釗文集 5，北京：人民出版社，1999：293，轉引自吳稌年）

1920 年（民國九年，庚申）　26 歲

1 月，教育部核准自費留學生，袁同禮名列其中。保證人為公府諮議韓耀曾（戚屬關係）。（王煥琛編著《留學教育：中國留學教育史料》，臺北：國立編譯館，1980 年，1594 頁）

7 月 1 日下午 1 時，在岳雲別墅參加「少年中國學會」成立一週年紀念會〔註13〕。到會者還有黃日葵、康白情、孟壽椿、雷孝實、李大釗、周炳琳（字

〔註13〕袁同禮出國留學前，參加少年中國學會（簡稱「少中」）事務僅一年。留學時期，與「少中」的部分成員有一些往來。但從《少年中國》期刊所發文章來看，袁同禮似乎很少參與其中的討論，他更像是「少中」的「外圍」成員。顯然，袁同禮讚同「少中」的宗旨（「本科學的精神，為社會的活動，以創造

枚蓀）、鄧仲澥、張申府、陳愚生。因袁同禮、張申府、周炳琳、康白情四人在暑假後將赴歐美留學，於是北京少年中國學會同人藉此會之便，為四君餞行，合影留念〔註14〕，宴會至晚方散。（《少年中國學會消息》，載《少年中國》1920 年 8 月 2 卷 2 期，41～42 頁）

8 月，得北京大學校長蔡元培舉薦赴美深造。（K. T. Wu（吳光清）。Biographical Dictionary of Republican China: Article on Yuan T'ung-li，見《思憶錄》52 頁（英文部分））又獲哥倫比亞大學柯林斯獎學金（Collins Fellowship），並得清華學校、北京大學資助〔註15〕。（袁澄《勞碌一生的父親》；L. Carrington Goodrich（傅路德）《The T. L. Yuan Memorial Scholarship》，見《思憶錄》（英文部分），3～4 頁）後北京大學請其「在美購辦書籍儀器」。（高平叔、王世儒編注《蔡元培書信集》（上），浙江教育出版社 2000 年版，498～499 頁）出國前，母親拿出一件飾物，特別關照他，言婚姻自主，不必遠徵同意，飾物可作聘禮等。（沈亦雲《紀念袁守和先生》）

8 月 23 日，搭中國郵船「南京號」赴美。（秦賢次《袁同禮（1895～1965）》）同船的有葉崇智（字公超）。（袁澄《勞碌一生的父親》）

9 月 11 日，經檀香山，遊覽並參觀夏威夷大學。（《袁同禮啟自舊金山寄

少年中國」），所以會參加並支持這一團體，但似乎又與其中逐漸分化的各種勢力及其爭論保持一定距離。192？年，「少中」因內部分歧太大，終於解散。據吳小龍先生考查，其成員後來主要分化為中共、青年黨、國民黨及其他科學教育文化藝術界人士等，其中，文教界的很多人後在各自的領域「執牛耳」。（吳小龍，毛澤東與少年中國學會〔J〕，炎黃春秋，2002（7）：52～57。）吳小龍先生還對「少中」進行了定位：「這個學會是五四時期一個人數最多、影響最大、分布最廣、時間最長的全國性青年社團，幾乎聚集了全國各地、各青年社團的精英分子」。並寫到：在 40 年代有一種說法，「當今中國，已成『少年中國學會』的天下了」。

〔註14〕其中一張照片可見以下資料：王俊彥.少年中國學會成立始末〔J〕，炎黃春秋，2001（11）：68～71；吳小龍，毛澤東與少年中國學會〔J〕，炎黃春秋，2002（7）：52～57。該照片人物從左至右分別是：孟壽椿、鄧中夏、周炳琳、張申府、陳愚生、康白情、袁同禮、李大釗、黃日葵、雷寶華。

〔註15〕袁同禮獲得了清華大學對留學自費生的庚子賠款津貼生資格，補助了兩次：1920 年 8 月～1922 年 6 月，1923 年 10 月～1924 年 6 月 。按當時的規定，津貼額度為每月 40 美金。（清華學校編，清華一覽（1925～1926）：190。）蔡元培 1921 年 10 月致袁同禮的信函中說：「本校補助先生之津貼，今夏因校款無著，教職員罷職，未能及時匯上。現校務已照常進行，特將自民國十年七月至十一年六月應發津貼共四百八十金元匯上，請查收。」（高平叔，王世儒編注，蔡元培書信集（上）〔M〕，杭州：浙江教育出版社，2000：498～499。）

蔡校長函》，載《北京大學日刊》1920 年 10 月 23 日（2 版），轉引自吳稌年）

9 月 18 日，在舊金山致函蔡元培校長，彙報參觀夏威夷大學、并會晤其校長 Dr. Arthur L Dean 和該校圖書館主任 Miss Clarh F. Heweuway 等事。「同禮曾為其述母校近狀，並謂北大為我國最高學府，各科討論多係一時俊彥，……」「苟能亟起直追，將來在世界學術思想，當不讓他人專美於前也」。該校擬設中文科，袁同禮及時將中國的最高學府——北京大學介紹給校長，並告知：「如需中國教授自可逕函奉商」。在與圖書館主任晤談時，獲知該館尚無藏有中國書籍，雙方當即商談了交換之事，袁同禮負責和北大圖書館聯繫，C.F. Heweuway 則將該校的出版物寄贈給北大，從而開始了雙方的出版物交流工作。（《袁同禮啟自舊金山寄蔡校長函》，載《北京大學日刊》1920 年 10 月 23 日（2 版），轉引自吳稌年）

征途中，抓緊一切機會參觀並瞭解美國各類圖書館，認為「以加利福尼亞大學之圖書館設備最為完備。洵為美國學校圖書館之模範」。（《袁同禮君致蔡校長函》，載《北京大學日刊》1920 年 11 月 20 日（2、3 版））

9 月 22 日，正式開學。（《袁同禮君致蔡校長函》，載《北京大學日刊》1920 年 11 月 20 日（2、3 版），轉引自吳稌年）插入哥倫比亞大學本科歷史系三年級（因當時留學生公費尚無圖書館學名額），肄業兩年。（袁澄《勞碌一生的父親》）通訊地址是：T. L. Yuan. 714 Livingston Hall Columbia University. New York city. N. Y. U. S. A.（《少年中國學會消息》，載《少年中國》1920 年 12 月 2 卷 6 期，54 頁）

10 月中旬，給在美國留學的吳宓帶去北京高等師範學校校長陳寶泉（字筱莊）覆函，以及校中課程表等件。（吳宓著，吳學昭整理注釋《吳宓日記》（第二冊　1917～1924），北京三聯書店 1998 年版，184 頁）

1921 年（民國十年，辛酉）　　27 歲

致函蔣夢麟李大釗，談收集美國圖書出版目錄及為北大爭取贈書等事。「同禮近索來此項出版物多種，不日即付郵，逕寄北大圖書館，外詳單二紙」，共有 17 個機關的出版社，並且還在繼續搜集，以便不斷寄往北大。確認了「紐約植物院願與北大互換印刷品，但交換者只 Bulletin 一種，其餘皆須用現款購置」。因會議而結識了主持 Institute of International Education 工作的 Stephen C. Dnggan 教授，1 月，他們相約而詳談，教授「對於中國教育情形，多所垂詢，曾為之詳述北大近況，渠頗注意。並提及此間之 Caruigie Endowmeat 近將關於

美國書籍多種『Library on America』贈與各國，（約值四五千元）法意希臘等國，均各蒙寄贈」。袁同禮本想當場請求寄贈與北大圖書館一套，但聞知其條件是要政府和大使館公文證明，因而心急如焚，「同禮以為此種機會，萬不可失！極願為北大謀到此項書藏」，因而建議北大是否能給予一個諸如「圖書館代表之類」的名義而可以理所當然地給以聯繫，爭取獲此贈書。（《袁同禮君致蔣夢麟李守常兩先生函》，載《北京大學日刊》1921 年 1 月 20 日（2、3 版），轉引自吳稼年）

年初，和印度學者戴思（Taraknath Das）會晤，深感兩國文化底蘊深厚，苦無人大力宣傳，缺乏學術溝通。要發揚東方之文明，必須加強兩國間的學術交流，交換知識，以與西方文明相映輝，「而堪勝此任者求之，今日實非臺峨爾〔註16〕莫屬」。當時泰戈爾正在歐美演講，袁同禮將這一信息和個人建議及時向北大校方進行彙報，建議在北大內專設印度專科，「余意中國大學於印度文明宜設專科，延聘名宿主講其中，……」。（《袁同禮君致蔣夢麟先生函》，載《北京大學日刊》1921 年 2 月 5 日（2、3 版），轉引自吳稼年）

約在 2 月，致函吳宓，勸其勿歸國（因北京高等師範學校風潮較烈），再留美一年，他可向蔡元培推薦其擔任北京大學教席。（《吳宓日記》（第二冊1917～1924），215 頁）

春，黃膺白與沈亦雲〔註 17〕伉儷抵美國紐約，考察戰後各國經濟情形。在紐約，袁同禮兄袁復禮代他們覓公寓。後來，袁同禮昆仲常陪他們去一家中國飯店吃飯，並結識不少朋友。（沈亦雲《紀念袁守和先生》）

6 月，「余客居紐約，時洪範五先生卒業於紐約州立圖書學校，過訪談，談甚契，以畢生從役圖書館事業相勗勉，因訂交焉」。（洪範五著，《圖書館學論文集》，臺北：洪餘慶發行，1968：袁序）

暑假，在美國國會圖書館為中文圖書編目。之後兩個暑假，亦如是。（L. Quincy Mumford（孟佛）《T. L. Yuan and the Library of Congress》，見《思憶錄》（英文部分），35～36 頁）據稱，他是被國會圖書館負責採購中文圖書的施永高博士（Dr. Walter T. Swingle，一譯施永格、斯永高）請去。當時的館長是普

〔註16〕 即泰戈爾。

〔註17〕 沈亦雲，原名沈性真，1894 年生。入北洋女子師範學堂時，臨時自取名沈景英。畢業時，傅增湘送她們每人一副對聯，知她還沒有號，於是取「景慕沈雲英」之意，為其取「亦雲」二字。抗戰起，她即以字行。（見沈亦雲著《亦雲回憶》，臺北傳記文學出版社 1968 年版，39 頁）

特南博士（Dr. Herbert Putnam，一譯磐南）。施永高是美國農業部植物和生物學專家，景仰中國文化，喜歡收集中文百科全書和地方志，因為其中含有大量的植物資料。他在「20 世紀初期四次出訪中國，搜集植物種子，國會圖書館請他順道購買中文書。現在國會圖書館名聞遐邇的中文古籍大部分即施氏搜集得來」。（盧雪鄉《袁同禮先生與美國國會圖書館》，載《袁同禮紀念文集》，229～233 頁；潘銘燊《袁同禮在美國國會圖書館的一次演講》，載《袁同禮紀念文集》，235～237 頁）袁同禮在編目過程中，曾引起施永高對中國古代著作中講述的植物物種和分布的關注。（Arthur W. Hummel（恒慕義）《The memory of intellectual companionship》，見《思憶錄》（英文部分），31～32 頁）這三個暑假對他一生影響極大，「不但訓練他編書目的興趣和本事，更使他明瞭國會圖書館的組織、功能和其他內容，非常有助於他後來主持發展中國最大的圖書館事業」。（周策縱《憶袁同禮先生》，載（臺灣）中國圖書館學會輯印《袁同禮先生百齡冥誕紀念專輯》1995 年版，18～21 頁）

9 月 29 日，從其實習的美國國會圖書館寫信給友人，其中談到：「下半年我在哥倫比亞大學裏讀書，教習有 Kilpatrick，Holingworth，Poffenberger 和 Snedden 等教授」。（《袁同禮先生自美來信》（原信是英文），載《清華週刊》，1921 年 228 期，22～24 頁）

6 月，美國報上刊出召開華盛頓會議之消息，中國被邀請參加其遠東會議。9 月 20 日，北京政府電令黃膺白等人為中國代表團顧問。黃膺白請袁同禮為其私人秘書，袁同禮堅辭不獲，爰答應推遲讀書一季，同往華盛頓。黃膺白夫婦在華盛頓租住一小公寓，闢一間房為袁同禮的書室。他早來晚歸，一日三餐由黃夫人負責。因熟悉時勢和華盛頓會議情形，對中日間的山東問題也極瞭解，所以他成為黃膺白先生搜集資料的得力助手。自是年 9 月至翌年 2 月，袁同禮一直伴隨在黃膺白左右。（沈亦雲《紀念袁守和先生》；沈亦雲《亦雲回憶》，臺北傳記文學出版社 1968 年版，168～169 頁）

致函蔡元培，「國會圖書館贈之目錄片業與館長接洽數次，已無問題，……目錄片約八百六十餘萬張，……」，同時告知所需目錄櫃的個數，以及目錄櫃在美國的價格較貴，建議在國內定製，並建議去和清華圖書館戴志騫商談。「加尼奇萬國和平會捐贈該會出版書籍事，同禮曾與 James Brown Scott 博士接洽一次，均已妥協」。（《袁同禮君致蔡校長函》，載《北京大學日刊》1921 年 10 月 13 日，（2 版），轉引自吳稌年）

　　11 月，北大研究所國學門成立，袁同禮與馬衡（字叔平）、李大釗、顧孟餘、李四光、魯迅、陳垣、沈尹默、沈兼士、朱希祖、錢玄同等人受聘為委員。（傅振倫《蒲梢滄桑：九十憶往》，華東師範大學出版社 1997 年版，61 頁；另可參見 1927 年《國立北京大學研究所國學門概略》中的「職員錄」部分）是年，致函李大釗，告知他考察美國大學圖書館的情況。（張小兵《李大釗與圖書館的情結》，載《蘭臺世界》2008 年 8 期（上半月），57～58 頁）

　　約在是年冬，致函戴志騫，講述美國圖書館發展情形及改良中國圖書館的若干想法。美國圖書館重視搜羅中國書籍，競爭激烈；國會圖書館對叢書和中國方志用心經營，目錄編製（字順目錄、分類目錄、分析目錄）瑕瑜互見，方志分類法研究（按省分、按筆劃分、對照表）可圈可點。建議中國圖書館加強購買中國圖書，無論從價格還是學術研究考慮，早買勝過晚買；重視搜集叢書和方志；加強中國書目史及中國圖書館史的搜集、整理、研究，「我很希望中國圖書館廣加搜羅中國書目史」，因為「有些的材料又非從這些書目史裏搜得不可，這是中國辦圖書館的第一要務」。為此，他在今年夏天選錄了一份《中國書目史要略》，請戴志騫抄畢寄回。「國會圖書館館長布得南博士（Dr Herbert Putnam）曾允許將國會圖書館印的所有出版書籍的片子完全送給北京大學一份，這事是蔡校長這次遊美促成的，在三年前范源濂在美國的時候，他曾試辦過一次，後來沒能辦到。」目錄櫃在中國製作更便宜，抄寄美式目錄櫃的說明書供參考。袁同禮還談到在美國生活、學習的情況。參觀了 30 多處圖書館，學習忙碌，雖生活拮据，但因學識增長而快樂。（畢樹棠譯，《圖書館新接到的一封信》，載《清華週刊》1922 年 234 期，12～16 頁）

1922 年（民國十一年，壬戌）　28 歲

　　春，黃膺白夫婦離開華盛頓往倫敦，袁同禮與他們同到紐約，送他們上船，並函請徐志摩為他們的前站招待人。相處幾個月，臨別依依不捨。（沈亦雲《紀念袁守和先生》）以後，袁同禮常向黃膺白請益，並有信函往來。他欽佩黃先生的沉著勇毅品格和無畏的犧牲精神。在後來致法國漢學家戴密微（Paul Demiéville）的信中，他曾談及「不為自己只為別人」的治學態度，據稱這也是黃膺白從政的原則。（袁澄《勞碌一生的父親》）

　　夏，獲哥倫比亞大學文學士學位。在哥大期間，他的學識增加，英文水平提高。畢業後，轉讀於紐約州立圖書館專科學校（New York State Library

School，1926 年併入哥倫比亞大學圖書館學學院，School of Library Service of Columbia University），肄業一年。(吳光清《袁守和先生傳略》，見《思憶錄》，3～7 頁）

致函蔡元培，彙報美國國會圖書館贈送全套目錄情況等。「國會圖書館贈送之目錄片，現正在檢點中，今年年終即可運到。全份截至今年七月所出之書為止，約九十六萬餘張」。在 1921 年寄上了製作目錄櫃的圖紙一份的基礎上，又附上了一份說明書，以作參考，同時將書單 11 張紙寄上，以便北大圖書館選購。(《袁同禮君致校長函》，載《北京大學日刊》1922 年 9 月 23 日（2、3 版），轉引自吳稼年）

9 月 2 日，閱讀滬報時，獲知歷史博物館所存的清代內閣檔案已撥歸北大整理，他深知此檔案的重要性與整理的艱巨性，因此及時致信蔡元培，以自己所學知識，提出了整理意見，供校方參考，提出了整理檔案與圖書的性質不同，應當按照檔案的內在特徵，以事件按時間分類，提出了編目的規範與要求，尤其是「索引」問題，對於圖書檔案的整理完善與否事關重大，「索引為我國學問界之一大問題。倘能將浩瀚古籍，一一附以索引，學子之精力，可省不少。……」。進一步認為在編製索引過程中，還「應採互注之法，以便稽檢」，從而為北大如何開展規範的整理工作提供了極好的參考意見。在此基礎上，還極希望成立檔案機關，在分析了西方的檔案館後提出：「一俟政治入於軌道，宜採英國制設立檔案局。此與文獻之考徵，學術之進步，影響甚巨」。(《袁同禮君致校長函》，載《北京大學日刊》1922 年 10 月 25 日（1、2 版），轉引自吳稼年）

致函蔡元培，談為北大圖書館建設募捐活動進展情況，「大學圖書館募捐事，賴同學大家努力，一切進行尚屬順利」。(《袁同禮君致校長函》，載《北京大學日刊》1922 年 9 月 23 日（2、3 版），轉引自吳稼年）

致函陶孟和〔註 18〕，談目錄學之重要。「目錄學為研究學問不可少之利器，甚感真重要」，「私意擬於返國後聯合同志將中國目錄學以整理，他日苟得結果，可省學子精力無限，亦整理固有學術之先驅也」。(《袁同禮君致陶孟和教授函》，載《北京大學日刊》1922 年 12 月 25 日（1、2 版），轉引自吳稼年）

〔註18〕沈亦雲二妹沈性仁乃陶孟和之妻。

1923 年（民國十二年，癸亥）　29 歲

為使北大的目錄更具國際性、權威性，袁同禮根據自己所調研的情況，建議北大圖書館在經費允許的情況下購置哈佛大學圖書館和芝加哥 Johu Crevar 圖書館印製的款目，因為「前者屬於歷史法律者為最多，後者屬於自然科學者為最多」。其中許多是國會圖書館所沒有搜藏的圖書，如此可組成一套更全面的目錄體系。（《袁同禮先生致顧孟餘教授函》，載《北京大學日刊》1923 年 4 月 20 日（2 版），轉引自吳稌年）

夏，從紐約州立圖書館專科學校畢業，獲圖書館學碩士學位〔註 19〕。在美讀書期間，袁同禮對美國人的性格有了深刻瞭解，這對他以後與美國人士交往，有極大影響。（袁澄《勞碌一生的父親》）

6 月，在《國會圖書館本財年報告》（Report of the Librarian of Congress for the Fiscal Year Ending June 30, 1923）中，談到袁同禮的志向：「他希望一生奉獻於中國的圖書館事業，並承諾，在他赴歐完成一年的圖書館研究並返國後，會進一步推動與國會圖書館的中文藏書合作」。（L. Quincy Mumford（孟佛）《T. L. Yuan and the Library of Congress》）後來，他用行動履行了自己的承諾。

約在 6 月底赴英。（1923 年 6 月 3 日，王崇植在美國致函左舜生，其中談到：「袁同禮兄將於月杪赴英再由歐回國」。）（《會員通訊》，載《少年中國》1923 年 7 月 4 卷 5 期，5～8 頁（各文自為起訖））在歐考察一年，大量參觀圖書館、博物館，並在英國倫敦大學歷史研究院和法國巴黎國立文獻學院（École Nationale des Chartes）研究。（《著者略歷》，載《圖書館學季刊》1926 年 3 月 1 卷 1 期，插頁）每遊一地，皆略有記載。1928 年，將在荷蘭考察情形整理發表。（和《荷蘭圖書館參觀記》，載《中華圖書館協會會報》1928 年 8 月 4 卷 1 期，3～6 頁）

在英國倫敦時，接到國會圖書館有關寄贈北大館全套目錄函：「前接美京國會圖書館來函，知贈送北大之目錄片已於秋間寄上十箱，約占全部三分之一，預計此時，或已到京。……」。這套目錄的搜藏單位很少，像「英倫博物館及法國國立圖書館，均未庋藏」。瑞典亦獲贈一套，但是分散在三個不同之

〔註19〕《圖書館學季刊》「著者略歷」中介紹他獲圖書學學士學位，不準確。1934 年 5 月 20 日，袁同禮在回覆函哥倫比亞大學秘書 Frank Diehl Fackenthal（1883 ～1968）時，稱他除獲哥大文學學士學位外，還獲得紐約州立圖書館學院圖書館學碩士學位。（王成志，袁同禮先生和哥倫比亞大學〔C〕//國家圖書館編，袁同禮紀念文集，2012：239～248。）

處。（《袁同禮君致顧孟餘先生函》，載《北京大學日刊》1924 年 1 月 19 日（2 版），轉引自吳稌年）

　　冬，在倫敦閱《永樂大典》殘本，記其卷數。（袁同禮《永樂大典現存卷目》，載《協會會報》1925 年 12 月 1 卷 4 期，4～10 頁）受 1921 年斯坦因（Mark Aurel Stein）發表《千佛》（The Thousand Buddhas）一文的刺激，以及在歐美圖書館、博物館目睹大量中國流失文物的影響，袁同禮開始調查《永樂大典》，這是他注重調查中國珍品流失海外情況的重要起因，其目的是為中國文化在變亂中保留一點記錄。（袁澄《勞碌一生的父親》）

　　至少從是年起，他就是哥倫比亞大學的校友會會員。哥大所存袁同禮的校友會會員卡上，地址不斷修改，達五、六次之多，可見他一生與哥大保持著密切的聯繫。（王成志《袁同禮先生和哥倫比亞大學》，載《袁同禮紀念文集》，239～248 頁）

　　曾擔任英國書目學會（British Bibliographical Society）、牛津書目學會（Oxford Bibliographical Society）會員。（橋川時雄編纂《中國文化界人物總鑒》，北京中華法令編印館 1940 年（昭和十五年）版，381～382 頁）

1924 年（民國十三年，甲子）　　30 歲

　　2 月，從倫敦寄回的《永樂大典考》在《學衡》雜誌第 26 期發表。（袁同禮《永樂大典考》，載《學衡》1924 年 2 月 26 期，1～19 頁）

　　5 月 7 日，前往德國萊普齊希（即萊比錫，Leipzig）大學訪鄭壽麟，藉之調查在德《永樂大典》的情況。鄭氏領其參觀萊比錫大學圖書館以及東亞研究所（Ostasiatisches Seminar），並拜訪東亞研究所的孔好古（August Conrady，1864～1925，或譯康拉迪、康拉德）教授，他們被孔氏延至其寓所書房。袁同禮以英語交談並提問，孔氏雖懂英語，但只靜聽而用德語作答，鄭氏從旁任翻譯。交談畢，三人滿意握別。（鄭壽麟《從永樂大典與圖書集成說起──袁守和先生與中德文化之溝通》，載（臺北）《中央日報》1965 年 3 月 18 日（6 版），是文收入《思憶錄》56～57 頁）

　　春，遊德、奧，發現《永樂大典》4 冊。（次年，又在大連發現 2 冊。）（袁同禮《永樂大典現存卷目》，載《協會會報》1925 年 12 月 1 卷 4 期，4～10 頁）在德國柏林大學圖書館訪查《永樂大典》時，認識漢學家西門華德（Walter Simon，適正在該館任職，並在該校兼課）。西門認為：「袁博士蒞臨西方各大圖書館中訪查是項典籍，其心意與做法，均足可以表明他個人為學

治事的深具創見與堅毅。至於他與國際學者、名流之發生密切的聯繫，多少也可說是始於他那次的西遊」。之後，他多次幫助西門獲得中國的漢文典籍，比如言文對照類書籍等。還特地叮囑館員參考西門的書單，編印了一份《中國圖書新聞》（China Book News），供西方漢學人士使用。（西門華德（Walter Simon）撰，陳祚龍譯《悼念袁同禮博士》，見《思憶錄》，30～32頁）

夏，歸國，任國立廣東大學圖書館館長。（《著者略歷》，載《圖書館學季刊》1926年3月1卷1期，插頁）另有人說袁同禮曾任廣東嶺南大學圖書館館長，當誤。此時嶺大的館長是剛從美國哥倫比亞大學畢業歸國的譚卓垣。

7月31日下午3時，吳宓（時在上海）往訪袁同禮，未遇。（《吳宓日記》（第二冊 1917～1924），269頁）

秋，供職北洋政府，任國務院諮議（時黃膺白任執政），但從不做政治方面的事情。後來，袁澄曾問及此事，他答曰：「學術界中毀人機會少，需要犧牲的地方多」。（袁澄《勞碌一生的父親》）。他曾向黃膺白建言，讓儲於集靈囿的楊守敬藏書公開閱覽，不久因黃氏去職，未遂。（袁同禮《楊惺吾先生（一八三九～一九一五）小傳》，載《圖書館學季刊》1926年12月1卷4期，637～642頁）

秋，北京大學教育系正式設立，袁同禮任該系教員（一直到1926年，1929年復任），主講圖書館學、圖書利用法、目錄學等課程，（李辛之《北京大學之教育系》，載吳相湘，劉紹唐主編《國立北京大學紀念刊 第三冊》（民國十八年卅一週年、民國卅七年五十週年紀念刊），臺北傳記文學出版社1971年（民國六十年）版，72～77頁）並兼任北大圖書部主任。（《著者略歷》，載《圖書館學季刊》1926年3月1卷1期，插頁）其間，他為北京大學圖書館西文書編製目錄[註20]。（《北大圖書館近況》，載《協會會報》1929年10月5卷

[註20] 北京大學圖書館在1929年介紹其發展歷史時，曾寫到：「十二年，袁同禮先生繼任館事，頗思利用新法，從事清理，乃以時局之變，僅成政府出版品目錄一冊，西文書目三冊，而中輟」。（《本館述略》，載《北大圖書部月刊》1929年10月1卷1期，3～6頁）又在《北大圖書部月刊》發刊辭中云：「現在最要緊的，是完成單先生所編中文及袁先生所編西文之卡片，在暑假期中加倍工作，又僅僅成了一小部分。」（《發刊辭》，載《北大圖書部月刊》1929年10月1卷1期，1～2頁）這裡需要辨清一個問題：袁同禮究竟是1923年、1924年還是1925年任職北京大學圖書館？《北大圖書部月刊》記載是1923年；而袁同禮在《永樂大典考》一文中，寫明1923年11月，他還在英國倫敦；在《永樂大典現存卷目》中，稱1924年春他仍在遊德、奧；在《楊惺梧

1、2 期合刊，47 頁）

　　10 月 25 日，已成為北大圖書委員會成員。(《北京大學日刊》校長布告)

　　11 月，北大校長布告公布了由袁同禮擬開設的四門課程：圖書利用法、圖書館學、目錄學和圖書館史〔註21〕。經過報名，註冊部發出通告：「袁同禮先生所授教育系圖書館學、圖書利用法、目錄學三種功課均已排定時間，……」(《註冊部布告》，載《北京大學日刊》1924 年 11 月 22 日（1 版），轉引自吳稀年)，並規定了課程的相關事項。

　　11 月 29 日，所授圖書館學開始講授，其他課程相繼開課。(《註冊部布告（二）》，載《北京大學日刊》1924 年 11 月 28 日（1 版），轉引自吳稀年)

　　是年，為北京圖書館協會〔註22〕乙種（個人）會員。(《會員調查》，載《北京圖書館協會會刊》1924 年 8 月第 1 期，46 頁)

1925 年（民國十四年，乙丑）　　31 歲

　　2 月 5 日，吳宓來見，兄袁復禮也在。三人談甚久，吳宓得悉清華學校細情。(《吳宓日記》（第三冊 1925～1927），3 頁)

　　約在 2 月或 3 月初，致函梁啟超，請求借松坡圖書館第二館房屋數間，以為中華圖書館協會暫設事務所之用。梁啟超允之。(1925 年 3 月 8 日，梁啟超覆函蹇念益（季常），其中提到：「數日前袁同禮君來言，欲借第二館房屋數間，為中華圖書館協會暫設事務所。竊計此事無法拒絕，且亦不必拒絕，

　　先生（一八三九～一九一五）小傳》一文中，言明他於 1924 年秋回國，供職國務院。可見 1923 年，他還未回國。由此，可以肯定，袁同禮任職北大圖書館的時間不在 1923 年。吳光清等在多篇文章中認為，袁同禮 1924 年回國，首先任廣東大學圖書館館長，1925 年才北上，任職北大圖書館主任，並兼任該校目錄學教授。目前研究袁同禮的文章大多採用是說。筆者認為，袁同禮 1924 年秋已北上任職北京大學教育系及北大圖書館，此乃事實，言其 1925 年北上當誤。

〔註21〕「前三門課程，全校學生都可選修，但不給學分，考試合格者予以相關證明，並列有相關的 10 種參考書。基於當時中國圖書館學研究的薄弱，所列都是英文書。圖書館史則因認為當時沒有合適的參考書而暫缺，在教授過程中，根據具體情況而指定。」（吳稀年《袁同禮早期對北大圖書館的貢獻》）

〔註22〕1924 年 3 月 30 日，北京圖書館協會由中華教育改進社敦請戴志騫再次發起成立。戴志騫任會長，馮陳祖怡為副會長，查修為書記。該協會還致函全國各地圖書館員，請速組織各地圖書館協會。之後，各地多有圖書館協會之組織，顯然，北京圖書館協會有號召敦勸之功。（本會概略〔J〕，北京圖書館協會會刊，1924（1）：7～28。）

已許之矣。忘卻報告，想公及諸幹事當無異議也」。）（丁文江，趙豐田編，歐陽哲生整理《梁任公先生年譜長編（初稿）》，中華書局 2010 年版，547 頁）

3 月 28 日中午，新月社查良釗、袁同禮宴請友人。吳宓參加。（《吳宓日記》（第三冊 1925～1927），11 頁）

4 月，公選戴志騫為中華圖書館協會執行部部長，杜定友、何日章為副部長。在戴君（1924 年夏出國）未返國以前，其部長職務由袁同禮暫行代理。執行部聘定本屆幹事共 33 人，包括徐森玉、錢稻孫、馮陳祖怡、查修、蔣復璁、孫心磐、黃警頑、王文山、桂質柏、胡慶生等。（《執行部職員》，載《協會會報》1925 年 6 月 1 卷 1 期，6～7 頁）

5 月 18 日，中華圖書館協會呈請京師警察廳轉呈內務部立案（袁同禮執筆），原呈為：

> 為報請備案事：竊同禮等前為研究圖書館學術，發展圖書館事業起見，曾聯合各省圖書館同人，共同組織中華圖書館協會。業於四月二十五日在滬成立。當經大會通過組織大綱，選出職員，並經議決在北京設立總事務所，擇日舉行成立儀式。茲擇定西單牌樓石虎胡同七號松坡圖書館為本會總事務所，並擬於六月二日假南河沿歐美同學會舉行成立儀式。理合檢中華圖書館協會緣起，及組織大綱，並董事部及執行部職員名單各一份，呈請鑒核，並乞轉呈內務部備案，實為公便。謹呈京師警察廳總監。

（按：中華圖書館協會總事務所設在北京西單石虎胡同七號，係松坡圖書館將第二館房間慨讓數楹而得。）該廳於 6 月 4 日批示准予備案。（《立案》，載《協會會報》1925 年 6 月 1 卷 1 期，6 頁）

5 月 27 日，中華圖書館協會董事部舉行第一次會議，公選梁啟超為部長，袁同禮為書記。公推顏惠慶、熊希齡、丁文江、胡適、袁希濤組織財政委員會，籌劃協會基金。公推教育總長（章士釗）及施肇基、鮑士偉、韋棣華為名譽董事。是日，簽定各董事任期年限：一年者五人，為顏惠慶、袁希濤、梁啟超、范源廉、袁同禮；二年者五人，為王正廷、熊希齡、蔡元培、洪有豐、沈祖榮；三年者五人，為胡適、丁文江、陶知行、鍾福慶、余日章。（《董事部職員》、《名譽董事》，載《協會會報》1925 年 6 月 1 卷 1 期，7 頁）代理部長袁同禮向大會提出執行部議決本屆預算暫定為三千元，結果照原案通過。（《本屆預算》，載《協會會報》1925 年 6 月 1 卷 1 期，6 頁）胡適、袁同

禮提出，對圖書館學術有特殊貢獻者，均推為名譽會員，經眾通過。(《名譽
會員》，載《協會會報》1925 年 10 月 1 卷 3 期，21 頁)

　　6 月 2 日，袁同禮以國立廣東大學圖書館代表身份，參加假歐美同學會禮
堂舉行的中華圖書館協會成立儀式。下午三時，顏惠慶宣告開會，並致開會
辭。繼由教育次長呂健秋與鮑士偉博士先後演說。然後，北京大學音樂傳習
所學員演奏國樂。復由梁啟超發表演說。最後，韋棣華女士演說，題為《中
美國際友誼之聯絡》。演說畢，攝影留念。晚間，由北京圖書館協會仍在該處
宴請各省來京代表。(《本會成立儀式》，載《協會會報》1925 年 6 月 1 卷 1 期，
8 頁) 成立儀式中，中華圖書館協會送給美國圖書館協會洛陽出土的瓦質牛車
一具，贈給鮑士偉博士拓本多種，作為紀念。(《本會贈送美國圖書館協會紀
念物》，載《協會會報》1925 年 6 月 1 卷 1 期，6 頁) 是日，協會董事部舉行
第二次會議，「討論中華教育改進社圖書館教育委員會擬用美國退還庚款三分
之一建設圖書館之提議，及鮑士偉博士之意見書。議決大體贊同，惟附說明
三項。」(《關於庚款之進行》，載《協會會報》1925 年 6 月 1 卷 1 期，7～8
頁) 成員合影照片，後由長安美術照相館 (西長安街中間路北) 印就。(《本
會啟事四》，載《協會會報》1925 年 6 月 1 卷 1 期，2 頁) 中華圖書館協會成
立後，由執行部組織委員會，並聘請委員。暫時分教育、分類、編目、索引、
出版委員會五組。袁同禮當選為圖書館教育委員會委員、分類委員會書記。
(《中華圖書館協會委員會委員名單》，載《協會會報》1925 年 8 月 1 卷 2 期，
3～4 頁)

　　6 月 30 日，《中華圖書館協會會報》第 1 卷 1 期出版，由中華圖書館協會
執行部發行。袁同禮參與編譯《會報》稿件。(嚴文郁《提攜後進的袁守和先
生》，載 (臺北)《傳記文學》1966 年 (民國五十五年) 8 卷 2 期，38～39 頁，
是文收入《思憶錄》74～79 頁) 是日下午，去清華學校見吳宓，吳以冰點款
待。(《吳宓日記》(第三冊 1925～1927)，39 頁)

　　約在 5、6 月，中華圖書館協會與國立東南大學、中華職業教育社、江蘇
省教育會合組暑期學校，定於 7 月 15 至 8 月 15 日在東南大學開課。學程分 6
組，其中圖書館學組開班有「分類法」、「兒童圖書館」、「學校圖書館」、「圖
書館集要」四門，袁同禮參與講授「分類法」和「圖書館集要」。此次舉辦暑
期學校，北京清華學校捐助 200 元。(《暑期學校》、《中華圖書館協會、國立
東南大學、中華職業教育社、江蘇省教育會合組暑期學校廣告》，載《協會會

報》1925 年 6 月 1 卷 1 期，8 頁，15 頁；《暑期學校》，載《協會會報》1925
年 8 月 1 卷 2 期，10 頁）

7 月 2 日上午，去清華學校見吳宓。（《吳宓日記》（第三冊 1925～1927），
39 頁）

7 月 6 日，與中華圖書館協會其餘 14 名董事聯名呈函執政府，請予補助
協會。後蒙批准 5000 元補助。（《政府補助》，載《協會會報》1925 年 8 月 1
卷 2 期，10～11 頁）

7 月 30 日下午，去清華學校見吳宓。（《吳宓日記》（第三冊 1925～1927），
51 頁）

8 月 20 日，與楊立誠、朱家治、陳長偉、施廷鏞等共 14 人，出席中華教
育改進社第四次年會圖書館教育組第一次會議，並當選為臨時主席。本日討
論議案 4 件，最後通過 2 件，即「規定學校圖書館購書經費案」、「請公立圖
書館及通俗教育圖書館增設兒童部案」。（《中華教育改進社第四次年會圖書館
教育組議決案》，載《協會會報》1925 年 10 月 1 卷 3 期，27～28 頁）

9 月 12 日，美國圖書館學專家杜威（Mevil Dewey，1851～1931）致函袁
同禮，曰：

> 鄙人被貴會推為名譽會員，無任榮幸。回憶一八九七年。鄙人
> 代表美圖〔國〕圖書館協會，出席在英倫舉行之維多利亞女皇執政
> 五十週年紀念典禮時，得晤貴國代表團秘書梁誠君。（梁君後任駐美
> 公使）吾與同舟航海，時相過從。對於貴國舊文字之束縛，與文字
> 政革之運動，多有討論。此種談話，使鄙人對貴國之興趣，更加奮
> 發。邇來貴國文字改革，收效匪淺，識字人數日見增加，鄙人無任
> 快慰。
>
> 圖書館事業增進平民教育之效能，較學校尤過之；故貴會對於
> 此種運動，自當積極參加。但幸勿以進步之緩，而興喪志之歎。四
> 十九年前，鄙人創立美國圖書館協會，未嘗不受人訕笑。當日會員
> 僅三十人，經費全無；鄙人服務其中，凡十五載，不僅無酬報，且
> 自付一切費用。今日會員將達一萬，「以最善之書籍用，最經濟之方
> 法供給大眾之閱覽」；輔助教育，影響卓著，各國群起仿傚之。是今
> 日美滿之果，未嘗非當日艱苦之力也。敝會成立將及五十年，國內
> 大各〔各大〕基金委員會，逐漸感覺援助圖書館協會，較其他公益

事業，尤為適當。敝會本年自得卡尼奇及其他補助金後，每日所費之款，較創辦時全年者尤巨焉。

　　如貴會辦理得當，對於偉大中華民國新生命之貢獻，定必無量，此鄙人所敢斷言者也。

（《杜威博士來函》，載《協會會報》
1925 年 10 月 1 卷 3 期，19～21 頁）

　　9 月 26 日，袁同禮呈請教育部為中華圖書館協會立案，並附上協會《組織大綱》、職員名單、《中華圖書館協會會報》、註冊費 20 元。10 月 17 日獲教育部批準備案。（《教育部立案》，載《協會會報》1925 年 10 月 1 卷 3 期，19 頁）

　　夏，其兄袁復禮與廖家珊（字鐵枝，上海市嘉定縣廖星石之三女）結為秦晉。（《袁復禮生平大事年譜》，載袁疆等編著《西北科學考察的先行者——地學家袁復禮的足跡》，新華出版社 2007 年版，293 頁）10 月 3 日，兄袁復禮婚禮在報子街聚賢堂舉行。（《吳宓日記》（第三冊 1925～1927），78 頁）

　　10 月，中華教育文化基金董事會（The China Foundation for the Promotion of Education and Culture，可簡稱「中基會」）與教育部擬定合組國立京師圖書館契約十條﹝註 23﹞。在「中基會」與教育部合組京師圖書館期間，聘定梁啟超、李四光分任正副館長之消息一出，袁同禮、嚴文郁、許達聰三人互相驚問，「何以該會創辦一所現代化圖書館而不用受過專門訓練的人，反以高薪敦聘名流學者掛名首長之職？」於是，嚴、許二君催促他明日去探個究竟。次日，袁先生果然去該會，帶回來好消息說，范源廉（「中基會」董事兼執行幹事）先生面許加聘他為圖書部主任，「各組職員由他物色，商承館長任用。」1926 年 1 月，教育部以政局多故，未能履約，所以「中基會」於 2 月 28 日常會時決定緩行條約，先行獨任，遂有 1926 年 3 月 1 日北京圖書館之成立（1928

﹝註 23﹞ 此事背景是：「民國十三年九月，政府設立中華教育文化基金董事會，為保管及處置美國第二次退還庚款之機關，十四年六月，董事會舉行第一次年會，議決文化事業，暫從圖書館入手。嗣以京師為人文薈萃之地，宜有規模宏大之圖書館，以廣效用。又以教育部原有之京師圖書館所藏中文書籍甚富，其中且多善本，徒以地址偏僻，館舍亦復簡陋，致閱覽者多感不便。如能兩方合辦，並擇適宜之地，建築新館，則舊館書籍，既得善藏之所，而新館亦可騰出一部分經費，為購置他種圖書之用。爰於十月間與教育部擬定合組國立京師圖書館契約十條，旋經雙方簽字，正式成立。」（袁同禮，本館略史〔J〕，北京圖書館月刊，1928，1（1）：1～6。）

年 10 月改名為北平北海圖書館）。梁啟超、李四光任北京圖書館正副館長，袁同禮任圖書部主任。（袁同禮《本館略史》，載《北京圖書館月刊》1928 年 5 月 1 卷 1 期，1～6 頁；嚴文郁《提攜後進的袁守和先生》）

秋，結識李璜（字幼椿）。（李璜《憶民十四五在北大教書時的四位好友》，載（臺北）《傳記文學》1967 年（民國五十六年）10 卷 5 期，23～26 頁）

11 月 21 日晚，童錫祥請宴於東華飯店，葉企孫、吳宓亦在。（《吳宓日記》（第三冊 1925～1927），98 頁）

11 月，其執行部部長職務由戴志騫接收。（《戴志騫先生接收部長職務》，載《協會會報》1925 年 10 月 1 卷 3 期，22 頁）

袁同禮在清室官產中為中華圖書館協會謀得房舍一處，作總事務所之用。地址在西城府右街十八號，計瓦房 19 間。12 月 15 日，協會執行部與清室善後委員會訂立租賃合同。但協會因經費困難，一時難以遷入。（《總事務所地址》，載《協會會報》1925 年 12 月 1 卷 4 期，17～18 頁）後來，該處為軍隊佔用，難以設法。（《中華圖書館協會第二週年報告（十五年五月至十六年六月）》，載《協會會報》1927 年 10 月 3 卷 2 期，3～9 頁）1927 年 3 月 1 日，中華圖書館協會總事務所由石虎胡同七號松坡圖書館遷入北海北京圖書館內。（《遷移總事務所》，載《協會會報》1927 年 2 月 2 卷 4 期，16 頁）

12 月 15 日，梁啟超致函袁同禮，言為《圖書館學季刊》撰寫之《經錄》（即《佛家經錄在中國目錄學上之位置》）一文脫稿，寫副寄上；該刊發刊辭明日能寄上。同日，再致一函，言發刊辭已趕成，一併寄上；為袁同禮允任京師圖書館圖書部長感到高興，希望日後館中事務能仰賴李四光和袁同禮二人。（《梁任公先生年譜長編（初稿）》，569 頁）

12 月 20 日，梁啟超致函李四光、袁同禮，建議制定中國圖書分類法，推薦查修、梁廷燦二人在京師圖書館協助、學習，建議購書不可忽略日本文獻，尤其是幾種重要雜誌。函文為：

> 遷館事初定後，即當從事編目，但非編目方針確定，則無從著手。鄙意宜自創中國之分類十進法，不能應用杜威原類，以強馭中國書籍，致陷於削趾適履之弊。守和兄研究有素，對於此問題當早有具體的方案，極盼早日寫出，經一番討論後，即行決定，照此進行。弟前頗欲由圖書館協會分類編目兩組開會討論，惟現在交通梗塞，開會或不易，則合在京少數人作一次談話會亦得。最好定一日

作較長的談話，從下午兩三點鐘起直到夜分。弟擬在北海松館預備晚飯，奉約各人，請守公代定應約之人何如？在談話以前，最好能預備具體方案，根據以為討論之資，庶不致漫無歸宿耳。方案不妨有數個，但總以具體的為好，請守和兄預備進行何如？此間查士修兄，弟甚盼其能協助本館事業，曾略與談及，士修言極願，不受報酬，得在館多閱書籍，以自廣其學，不審館中需用之否？若需用，弟當與戴志騫兄交涉，請其許分餘日以資相助。又有舍侄廷燦，從弟檢點書籍多年，彼於目錄學頗有興味，極欲得圖書館新智識，將來亦欲不受報酬，在館學習（每星期兩日或三日），守和兄若肯收為弟子而栽成之，最所願望。

　　購書事日本方面不可忽略，弟意欲將彼國研究中國史及佛教之書，先行搜羅。最要者為幾種專門雜誌，最好能自第一號搜起，購一全份，例如《史學雜誌》、《史林》、《支那學》、《佛教研究》、《宗教研究》、《佛教學雜誌》、《東洋學藝》、《外交時報》等。不審兩兄有日本熟書坊可委託否？望留意。人總不免私心，弟自己切需此等資料，故極欲假公濟私，一笑。右各事拉雜奉商，餘俟面談，此請學安不一。（民國十四年十二月廿日《致仲揆、守和兩兄書》）

（《梁任公先生年譜長編（初稿）》，569～570 頁）

12 月，所作《永樂大典現存卷目》在《中華圖書館協會會報》第 1 卷 4 期上發表。每種卷目均按卷數、韻、標題、葉數、現藏 5 項排列。（袁同禮《永樂大典現存卷目》，載《協會會報》1925 年 12 月 1 卷 4 期，4～10 頁）

冬，結識彭昭賢（字君頤，1897～1979，後任國民黨政府要員）。（彭昭賢《追念袁守和先生》）

是年，為中華圖書館協會捐款五十元。（《捐款鳴謝》，載《協會會報》1925 年 8 月 1 卷 2 期，10 頁）贈送中華圖書館協會圖書館西文打字機一架、《南洋大學圖書館目錄》（外國文部）一冊、《內學》（第一期）一冊。（《本會圖書館通告》，載《協會會報》1925 年 8 月 1 卷 2 期，21～22 頁）

是年，致函武昌華中大學圖書館學系（後改為文華圖書館學專科學校），請求一名畢業生幫助整理北大圖書館的西文書籍。秋季開學後，嚴文郁赴北平做他的助手，編西文書目，一共進行了九個多月。他給嚴文郁的印象是：

「雖沉默寡言，但平易近人」，有「溫良氣質和學者風度」。嚴君回憶那時的起居生活說：「袁先生住在北大附近的東皇城根曉教胡同一座四合小院內。因為我們都是單身漢，所以他歡迎我同他住在一起。他住北房，我住東房。他從南橫街老家帶來一個男工，為我們燒飯、收拾屋子。週末他多半回老家去住，留下我和工人守著那所房子。不久另一同學許達聰兄搬來住在西房，方才打破週末的寂寞。守和先生毫無嗜好，不知何為消遣，又不喜聊天，每晚吃過晚飯，各人回房，讀書寫信，或是編譯中華圖書館協會會報的文稿。間或我們到隆福寺街及東安市場逛逛書鋪，遇著有關目錄學書籍或書目收買一些。」（嚴文郁《提攜後進的袁守和先生》）

是年，在北京師範大學教授目錄學，王重民是其弟子。其時，王重民生活困難，他甚同情，介紹他到圖書館工作。（劉修業《王重民教授生平及學術活動編年》，載王重民《冷廬文藪》，上海古籍出版社 1992 年版，882～883 頁）

是年，任故宮博物院圖書館副館長。（陳垣任館長，沈兼士、袁同禮任副館長。）（施廷鏞《故宮圖書記》，載《圖書館學季刊》1926 年 3 月 1 卷 1 期，53～59 頁）（一說 1926 年 3 月才任副館長。）

約在是年，當選為北京圖書館協會會長，副會長馮陳祖怡，書記查修。（《各市圖書館協會章程匯錄》，載《協會會報》1926 年 3 月 1 卷 5 期，7 頁）

1926 年（民國十五年，丙寅） 32 歲

1 月 31 日下午，在南橫街二十號招宴友人。英國人貝納特（E. S. Bennett，副領事）、葉企孫、楊宗翰、吳宓等赴宴。（《吳宓日記》（第三冊 1925～1927），144 頁）

3 月 3 日，美國圖書館協會秘書米蘭（Carl H. Milam〔註 24〕，一譯作米來車）寄啟事一則給袁同禮，請代為發表。美國圖書館協會將於 10 月舉行五十週年慶典，邀請各國圖書館員及圖書館學者參加，啟事即為慶典相關內容。（《美國圖書館協會五十週年慶典邀請各國圖書館學者及館員赴會》，載《協會會報》1926 年 3 月 1 卷 5 期，23～24 頁）後來，中華圖書館協會派定裘開明、桂質柏、韋棣華赴會，由袁同禮電告美國圖書館協會。（《中華圖書館協

〔註 24〕嚴文郁先生曾寫到：「美國人稱 Carl H. Milam 為 Mr. A.L.A.，袁同禮堪稱為 Mr. C.L.A.，互相輝映」。（嚴文郁，袁同禮先生：中國的杜威〔G〕//（臺灣）中國圖書館學會輯印，袁同禮先生百齡冥誕紀念專輯，1995：4～6。）

會參加國際圖書會議代表派定裘開明桂質柏韋棣華》，載《協會會報》1926 年
10 月 2 卷 1 期，14 頁）

　　3 月 10 日，參加北京大學三院反俄援僑大會，遇李璜、彭昭賢等人。大
會中，國家主義派與共產黨人雙方各一百多人，大打一場，互有損傷，北大
三院禮堂木椅玻璃被搗毀。（注：袁同禮並非國家主義派成員。）（李璜《憶
民十四五在北大教書時的四位好友》；彭昭賢《追念袁守和先生》）之前，袁
同禮還兩次參加反俄援僑座談會，一次在北大三院，一次在北大三院所在地
沙灘的右側亮果廠一號李璜〔註 25〕家裏。據彭昭賢回憶，袁同禮「有一幅英
挺俊秀的儀表。西裝穿得很整潔，皮鞋擦得嶄亮，說起話來不緊不慢，一口
純粹的北平音，吐字清楚，聲調沉著而有力。一個字一個字送進你的耳朵。
但他並不是一個善於辭令的人，好像也不大喜歡多說話。話雖不多，卻能抓
住要點」。例如，在座談會上，他發表對俄國的看法：「俄國是一隻狗熊。狗
熊永遠不會變成綿羊。它現在雖然高聲喊叫打倒帝國主義，它自己卻變成了
赤色的帝國主義。將來為中國之禍害，或更甚於沙皇時代」。（彭昭賢《追念
袁守和先生》）後來，袁同禮一有空，便到亮果廠去，約李璜和張真如吃小館，
暢談國事，但並無意參加實際政治活動。（李璜《憶民十四五在北大教書時的
四位好友》）

　　3 月，《圖書館學季刊》第 1 卷 1 期出版。該刊由中華圖書館協會下屬之
出版委員會主持，但版權仍歸協會。在該期，袁同禮發表《清代私家藏書概
略》一文，剖析清代私家藏書之淵源流變，末總結曰：「可知有清一代藏書，
幾為江浙所獨佔，考證之學，盛於江南者，蓋以此也。明刻肊改錯訛，妄刪
舊注，清儒苦之，遂寶宋本。而喪亂之餘，古書多毀於火，書價大昂，遂開
藏書秘密之風。風氣所播，影響於古書之流通甚巨。然私家藏書，愈秘不示
人，愈不能永其傳。當其聚也，窮畢生精力而為之，縮衣節食，引而弗替，
迨其後也，非遭兵燹而散亂無遺，即為有力者捆載而去。一轉瞬間，已散為
雲煙，加以書目簡略，後世研究書史者，亦無所稽考。此又清代藏書家之普
遍現象也。蓋載籍之厄，以中國為最甚。全國缺乏公共收藏機關，實學術不
發達之主要原因。此則願今之服務典藏者，有以力矯之矣。」（袁同禮《清代

〔註25〕據李璜回憶，他當時與張真如同住，住所即在北大三院所在地沙灘右側的亮
　　　　果廠一號。（李璜，憶民十四五在北大教書時的四位好友〔J〕，（臺北）傳記
　　　　文學，1967（民國五十六年），10（5）：23〜26。）

私家藏書概略》，載《圖書館學季刊》1926 年 3 月 1 卷 1 期，31～38 頁）《圖書館學季刊》自劉國鈞主編以來，學術聲譽日隆。袁同禮除在該刊發表論文外，還時常為其索稿。例如，馬衡在《中國書籍制度變遷之研究》文前附識中就寫道：「這篇是北京大學史學會的演講稿，袁守和先生因其有關書籍的制度，要我在《圖書館學季刊》上發表。我覺得太膚淺了，還希望袁先生不要以此濫充篇幅才好」。（馬衡《中國書籍制度變遷之研究》，載《圖書館學季刊》1926 年 6 月 1 卷 2 期，199～213 頁）

　　4 月 18 日，梁啟超致函袁同禮，談接受耶魯大學所贈名譽博士學位等事。（《梁任公先生年譜長編（初稿）》，575 頁）

　　5 月 2 日，劉復致函袁同禮，討論林語堂《圖書索引之一新法》〔註 26〕，認為此法有理論價值，但使用不便。因是提出一種索引法，方法是：（1）「先數書名或人名之字數，作為第一個碼子，用漢字記之」；（2）「次數此書名或人名中各字之筆劃，依次用阿拉伯數字記之」；（3）「凡人名地名之多於三個字者，計數筆劃，亦只取首三字，其餘可以置之不問」；（4）「其不滿三字者，自然不必強湊」。並請袁同禮提出圖書館協會供討論。（《關於林語堂索引新法之通訊二則》，載《圖書館學季刊》1926 年 6 月 1 卷 2 期，371～373 頁）

　　5 月 3 日，覆函劉復。也認為林語堂的索引法「有點麻煩」，對劉復的方法提出兩點意見：（1）「中國書書名之字數，頗不易計算」；（2）「書名多於三個字者，僅取首三字，恐怕號數最容易重複」。（《關於林語堂索引新法之通訊二則》）

　　5 月，因中華圖書館協會上屆董事 15 人中，顏惠慶、袁希濤、梁啟超、范源廉、袁同禮 5 人及執行部部長戴志騫，副部長杜定友、何日章均已任滿，於是經會員公選，舉顏惠慶、梁啟超、袁希濤、張伯苓、戴志騫 5 人為董事。繼由董事推舉梁啟超為部長，戴志騫為書記；袁同禮為執行部部長，杜定友、劉國鈞為副部長。（《中華圖書館協會第二週年報告（十五年五月至十六年六月）》，載《協會會報》1927 年 10 月 3 卷 2 期，3～9 頁）而據中華圖書館協會 7 月 12 日公布的選舉結果看，任董事者不能兼任執行部部長，所以得票最多者梁啟超（47 票）專任董事，其所遺之執行部部長職務由票數次多之袁同禮（37 票）擔任。（《中華圖書館協會本屆選舉結果》，載《協會會報》1926

〔註 26〕該文載《圖書館學季刊》1926 年 3 月 1 卷 1 期 155～197 頁。

年 10 月 2 卷 1 期，13 頁）自此，袁同禮長期連任執行部部長（後改為理事長）。

　　6 月 18 日，梁啟超致函李四光、袁同禮，商議為北京圖書館購書事。（《梁任公先生年譜長編（初稿）》，577 頁）

　　7 月 5 日，梁啟超致函李四光、袁同禮，言及為北京圖書館購書、病況、《公私圖書館小史》一文中止、館中建築等事。（《梁任公先生年譜長編（初稿）》，578 頁）

　　7 月 12 日，梁啟超致函袁同禮，言擬憑記憶撰《公私圖書館小史》，並關心館中建築等事。（《梁任公先生年譜長編（初稿）》，578 頁）

　　7 月 13 日，梁啟超致函李四光、袁同禮，言為北京圖書館籌款事宜及病況。（《梁任公先生年譜長編（初稿）》，578～579 頁）

　　7 月 20 日，梁啟超致函李四光、袁同禮，言為北京圖書館籌款致函財政部、教育部當局，請求一次撥給一年經費四萬八千元。（《梁任公先生年譜長編（初稿）》，579 頁）

　　7 月，正式主持北京圖書館（館址時在北海慶霄樓，原為乾隆皇帝讀書處）。嚴文郁、許達聰等一同前往任事。（嚴文郁《提攜後進的袁守和先生》）

　　11 月 14 日，梁啟超致函李四光、袁同禮，商量接待暹羅（泰國舊稱）貴族事。函曰：「今日晤陳寅恪，言及有一暹羅貴族來遊歷，可與酬應，便索彼國所印之巴利文四阿含佛藏，且言此事已與守兄譚及云云。弟意暹人來遊，我國人士本不容絕對冷視，況更有所求耶？擬由館中（在北京飯店）招待一午餐或晚餐，並陪往參觀各遺物，請守兄調查其到京期，即發請帖何如。所費即請飯館中會計先支付，在弟薪水項下扣還為盼。（民國十五年十一月十四日《與仲揆、守和兩兄書》）」（《梁任公先生年譜長編（初稿）》，587～588 頁）

　　11 月 26 日，梁啟超致函袁同禮，請其代約施永高，並商量繕寫《四庫全書》以補助圖書館經費事。（《梁任公先生年譜長編（初稿）》，588 頁）

　　11 月 28 日，北京圖書館協會假歐美同學會，歡宴美國國會圖書館代表、植物學家施永高博士，並請其演講。施氏因出席泛太平洋學術會議之便，來華遊歷。（《北京圖書館協會歡宴施永高博士》，載《協會會報》1926 年 12 月 2 卷 3 期，10 頁）

12 月，所撰《楊惺吾先生（一八三九～一九一五）小傳》一文〔註27〕，在《圖書館學季刊》第 1 卷 4 期上發表。先簡述楊守敬的生平，再總結其在金石、地理、目錄與輯佚、刻書與藏書方面的貢獻（因任職故宮博物院圖書館，得閱楊守敬部分藏書）。（袁同禮《楊惺吾先生（一八三九～一九一五）小傳》，載《圖書館學季刊》1926 年 12 月 1 卷 4 期，637～642 頁）

是年起，北京圖書館開始廣泛徵求家譜。（《北京圖書館徵求家譜》，載《協會會報》1926 年 6 月 1 卷 6 期，15 頁）袁同禮曾寫到：「搜集譜牒，本館實為嚆矢。」（袁同禮《本館略史》，1～6 頁）中華圖書館協會執行部開始調查全國書店名稱地址，並請各地圖書館協助進行。（《調查書店》，載《協會會報》1926 年 12 月 2 卷 3 期，10 頁）以後在《中華圖書館協會會報》上不斷有調查結果發表。

1927 年（民國十六年，丁卯）　　33 歲

2 月 1 日，美國圖書館協會秘書米蘭（Carl H. Milam）致函袁同禮，就去年美國圖書館協會五十週年大會達成的協議，詢問中華圖書館協會，並附相關報告。函略曰：

> ……十三國之代表參與美國圖書館協會會外遊覽者，極希望此國際圖書館互助精神之賡續，爰有下列事項一致請美國圖書館協會執行。

> 由美國圖書館協會發起通告世界各國圖書館協會，建議組織一「國際圖書館委員會」並徵求各協會意見，但此種討論之正式提出，當在明年愛丁堡集會之時，其最後之決定，須取於屆時各國圖書館總機關特派之代表。

> 茲美國圖書館協會，特以此議案奉達貴會，……。

> 依各國諸代表所表示之願望，敝會特請貴協會以促進國際圖書

〔註27〕在該文末，略述了楊守敬逝世後藏書的命運，其中有關於袁同禮的事蹟，錄此供參考：「四年一月九日卒於都中，享年七十有七。其藏書以七萬餘金，鬻諸政府。藏於政事堂。日久頗多散佚。七年冬徐總統以一部分，撥付松坡圖書館，約十之五六。所餘者儲於集靈囿。十三年秋，余由歐返國，供職國務院，曾以公開閱覽，進言於黃君膺白。未幾黃君去職。事遂寢。本年一月，由國務院撥歸故宮博物院保存，儲於景山西之大高殿，為故宮博物院圖書分館。余忝任典守之役，得以寢饋於古香古色之間，因記其小傳如右。」

　　館合作之建設的意見見賜，至先生個人之意見亦所歡迎，四月底以
前收到之一切意見書，擬由美國圖書館協會國際聯合委員會編為綱
要，分布與各國圖書館協會……

（《國際圖書館聯合之進行》，
載《協會會報》1927 年 2 月 2 卷 4 期，19～21 頁）
中華圖書館協會覆函，表示贊同該議案。

　　2 月 28 日，袁同禮與劉國鈞合編的《永樂大典現存卷數續目》在《中華
圖書館協會會報》第 2 卷 4 期上發表，每種卷目仍按卷數、韻、標題、葉數、
現藏 5 項排列。其列舉現藏地主要有：嘉業藏書樓、北京圖書館、倫敦 Luzac
書店、傅增湘、羅振玉、蒲殿俊、慕玄父。（袁同禮，劉國鈞《永樂大典現存
卷數續目》，載《協會會報》1927 年 2 月 2 卷 4 期，9～13 頁）

　　5 月 30 日，智育合作國際協進社科學聯合部部長斯定威克致函袁同禮，
寄上是年召開的圖書館專家會議議決案（其中有成立「圖書館事務處」之擬
議，將在英國愛丁堡大會上討論），並徵詢意見。（《國際圖書館之聯絡》，載
《協會會報》1927 年 8 月 3 卷 1 期，14～15 頁）中華圖書館協會覆函表示贊
同。

　　6 月 29 日，中華教育文化基金董事會在天津開第三次年會，議決將北京
圖書館圖書部主任袁同禮升為副館長，敦勸范源廉任館長。（《北京圖書館館
長之更動》，載《協會會報》1927 年 6 月 2 卷 6 期，19～20 頁）范源廉於是
年 12 月 23 日逝世。（《范靜生先生逝世》，載《協會會報》1927 年 12 月 3 卷
3 期，21 頁）翌年 2 月 23 日，周詒春兼代館長職務。

　　6 月，遊日本，觀《永樂大典》27 冊，並記其卷數。（袁同禮《永樂大典
現存卷數續目》，載《協會會報》1927 年 8 月 3 卷 1 期，9～11 頁）

　　7 月 1 日，為王重民《老子考》（中華圖書館協會 1927 年出版）作序，多
鼓勵語：「王君重民從余治目錄學，近輯《老子考》一書，其書其志均足繼朱
謝二氏之後。雖資力方有限，未能著錄無遺，然其博訪窮搜之功，於治斯學
者貢獻多矣。故樂而為之序」。（見該書《序》）

　　7 月，「北京圖書館委員會」改組，委員有周詒春（委員長）、任鴻雋（書
記）、李四光（會計）、張伯苓、戴志騫、袁同禮。（《中國國家圖書館百年紀
事》）

　　8 月，將在日本訪查《永樂大典》情況與近來在北平續訪情況，撰一續目

（《永樂大典現存卷數續目》），發表於《中華圖書館協會會報》第 3 卷 1 期上。文中列舉的典藏地主要有：東洋文庫、京都府立圖書館、東京帝國圖書館、大阪府立圖書館、內藤虎次郎、小川睦之輔、北京圖書館、燕京大學圖書館、徐世昌、朱先生。（袁同禮《永樂大典現存卷數續目》，載《協會會報》1927 年 8 月 3 卷 1 期，9～11 頁）

9 月，「北京圖書館」特設建築委員會，聘周詒春、李四光、戴志騫、袁同禮、安那 5 人為委員。（《中國國家圖書館百年紀事》）

11 月 29 日，瑞典皇家圖書館館長、國際圖書館及目錄委員會主席柯林（Isak Collijn）致函袁同禮，寄上在愛丁堡大會上經 15 國圖書館協會全權代表所簽署之議決案一件，希望中華圖書館協會贊同，並推舉代表行使職權。後，中華圖書館協會董事部以其關係國際圖書館之聯絡甚大，決定正式加入該委員會，推舉戴志騫、袁同禮、沈祖榮 3 人為本會代表。（《國際圖書館界之聯絡》，載《協會會報》1928 年 2 月 3 卷 4 期，17～21 頁）並函告該委員會查照。該會於 1928 年 1 月 31 日在羅馬舉行常務委員會時，曾代表中華圖書館協會報告之。（《中華圖書館協會第三週年報告》，載《協會會報》1928 年 10 月 4 卷 2 期，3～6 頁）

11 月，故宮博物院成立管理委員會，略微變更組織。另設古物館，圖書館及總務處，每館設館長 1 人，副館長 2 人，主任 4 人。其中，圖書館聘定傅增湘為館長，袁同禮、許寶蘅為副館長，徐森玉、陳寶泉、張允亮、凌念京為主任。（《故宮博物院改組》，載《協會會報》1927 年 12 月 3 卷 3 期，21 頁）

12 月，所作《中國加入國際交換出版品協約之經過》在《中華圖書館協會會報》第 3 卷 3 期上發表。其中談到，1925 年 9 月，中國出版品國際交換局成立後，他曾參與籌劃，前後與 10 餘個締約國發生關係。北京圖書館在出版品國際交換局開展的事務中，多有襄助，如編印館藏政府出版品目錄，編目庋藏收到之交換出版品等。1927 年 10 月 24 日，國際聯盟行政院將比利時政府關於徵詢加入新公約〔註 28〕之調查函告各國，並以智育互助委員會第九次會議討論之結果及其建議，以及 9 月 2 日行政院之議決案徵求各國意見，

〔註 28〕1924 年 7 月，智育互助委員會在日來弗（即日內瓦）召集專家會議，討論改進國際交換事業辦法，其中，對於科學及文學出版品之交換尤為注意，於是擬定新公約。它相對於 1886 年的公約（包括《交換公牘及科學文藝出版品公約》和《快捷交換官報與議院記錄及文牘公約》）而言。

並請對第二段予以答覆。對此，政府當局向袁同禮徵詢，於是他用英文代擬改良國際交換方法函，提出建議4項：「（1）交換各國通行的一般性質的各種國家書目；（2）交換所有可獲得的官方出版品目錄；（3）原籍國直接分發出版物至私人地址，而不需要通過目的國來提供郵遞該文獻的服務；（4）出版品的國際郵資免稅，以用於國際交換事業」。（袁同禮《中國加入國際交換出版品協約之經過》，載《協會會報》1927年12月3卷3期，3～20頁）該文後作為單冊出版，定價5分。（《北京圖書館出版書籍目錄》，載《協會會報》1928年10月4卷2期，27頁）同月，《明代私家藏書概略》在《圖書館學季刊》第2卷1期上發表，是文概述了明代私人藏書之大略情形，認為明代學術空疏，「然二百年間，頗多縹緗之貯，對於空疏之習，多所糾正。而自嘉靖以降，海宇平定，私家藏書，極稱一時風尚」。末曰：「明人好鈔書，頗重手鈔本。藏書家均手自繕錄，至老不厭，每以身心性命，託於殘編斷簡之中。而兵火迭侵，一生卒勤之力，頃刻雲散者，亦數見不鮮。豈天地菁英，有聚必散耶？抑當時缺乏公共收藏機關，有以使之然耶？吾人記其概略，益因之而有感矣。」（袁同禮《明代私家藏書概略》，載《圖書館學季刊》1927年12月2卷1期，1～8頁）

近年底時，提出可以在北京為哈佛大學圖書館購買一些有價值的館藏。裘開明在《漢和文庫年度工作報告》（1927年7月1日至1928年6月30日）中寫到，「袁同禮與 T. Franklin Currier 相識，並熟悉哈佛中文文庫。他在給 T. Franklin Currier 的信中提出可以通過北京圖書館為哈佛購買好書。由於1928年簽訂了燕京大學為哈佛大學採購圖書的協議，因此暫不接受袁同禮可提供的幫助，但今後隨時需要均可安排。」（程煥文《裘開明年譜》，廣西師範大學出版社2008年版，27頁）

是年，與袁慧熙在北京結婚，梁啟超為其主持婚禮，並親筆書寫對聯祝賀。夫婦二人同姓，在當時有忌諱，但他們突破傳統，毅然結婚。（2009年9月14日筆者採訪袁清先生；袁疆，袁靜，袁玫等《袁復禮三兄弟》，載北京市政協文史資料委員會編《名人與老房子》，北京出版社2004年版，214頁）有人曾就此事問他：「同姓不婚，古有明訓。你是否為貪戀她的美麗，便不顧一切？」他說：「禮教隨時代而變。古時人口稀少，聚族而居的多為同姓，皆有血緣關係，故有不婚之限制。今則一姓分布全國，年代久遠，各有其獨特的傳統。我是河北人，她是浙江人，我愛她，她愛我，結為婚姻有何不可？

假使制禮之先聖生於現代，必改為同宗不婚。」（彭昭賢《追念袁守和先生》）

是年，所編《明清私家藏書史料》待付刊。（《中華圖書館協會第二週年報告（十五年五月至十六年六月）》，載《協會會報》1927 年 10 月 3 卷 2 期，3～9 頁）

1928 年（民國十七年，戊辰）　34 歲

2 月，對毛坤《關於中國圖書大辭典之意見》一文進行回應，文曰：

> 毛君此文，頗可供編纂者之參考。關於名稱問題，「大辭典」既不甚妥，而「圖書目錄」亦不能將此項工作性質標出。毛君所引之合眾國圖書目錄，其性質僅著錄當代之出版物，並無考訂之工作，即英文中所謂之通行目錄（Current bibliography）者是也。至北京圖書館編纂中之大辭典，係對於以往之典籍，加以整理，實兼有著錄及考訂兩項工作，即英文中所謂之 Retrospective bibliography 者是也。敞意廈門大學國學院前有「中國圖書志」之計劃，與此吻然相合，似可採取其名。至英文名稱，則可譯為「Bibliotheca Bibliographica Sinica」，不識適宜否？至毛君所述之標題及排列問題，敞意中國典籍，內容複雜，制定標題，必須互相聯貫（Cross reference）而後可。惟工作極大，恐非二年內所能告成也。但如每類之中，多分子目，亦非絕對不能救濟。以中國書之性質及索引方法之困難而言，如有一詳細分類目錄，末附著者及書名索引，當較字典式之目錄為便。（圖書館學季刊第一卷之字典式索引，亦未能盡合吾人之所期）。此則願與諸同志共商榷者也。

> （毛坤《關於中國圖書大辭典之意見》，
> 載《協會會報》1928 年 2 月 3 卷 4 期，3～5 頁；
> 袁同禮的回應文字見該期 5～6 頁）

2 月，所作《中國音樂書舉要》在《中華圖書館協會會報》第 3 卷 4 期上發表。文曰：「中國歷代論樂之書，為數頗繁；向無專目，記其存佚。茲篇所記，僅限於現存之書，依著者年代之先後而次之；稀見者注明現藏何處，其收入叢書者，則注明某某叢書本，以便檢查。至已佚之部分，當更為目記之。

下列之書，雖為研究中國音樂史者不可不備之書，然此外如正史之樂志律志，政書之樂志，類書之樂部，與夫散於文集及筆記者，均為重要資料。

讀者舉一反三，可依類求之，茲不贅。」

　　書目分樂書、琴書、其他樂器、雜書 4 類。末附「西人關於國樂之著作」，多為論文。此目中有 13 種為趙元任增入。（袁同禮《中國音樂書舉要》，載《協會會報》1928 年 2 月 3 卷 4 期，6～17 頁）

　　3 月 17 日，致函梁啟超，言北京圖書館購書費、圖書大辭典總報告、館地被占等事。函曰：

　　　　日前王重民君返京，借悉尊體安康，聞之欣慰。館中購書經費，前定三十萬元，中西文書為二與八之比，近以購入越縵堂書，又改為三與七。然購入者西文二萬餘冊，中文書七萬冊，已用盡十餘萬元，如購書費不能增加，則新館告成時，恐館藏仍不能完備。前先生曾有集中（美款）用途之意見，不識仍擬提出否，為念。

　　　　董事會將於下月二十左右舉行年會，圖書大辭典之總報告如能於下月十日左右送下，尤所企盼。館地為汽車隊佔用，迭經交涉，迄未移出，故尚未能動工。惟數月以來，畫繪工作圖樣頗有進步耳。三月十七日曾寄思成兄英鎊五十鎊，由倫敦使館轉交，未接覆信，不識曾收到否？便中尚祈一詢為禱。（民國十七年三月十七日袁守和《致任公先生書》）

　　　　　　　　　　　　　　　　（《梁任公先生年譜長編（初稿）》，626 頁）

　　3 月，所作《宋代私家藏書概略》在《圖書館學季刊》第 2 卷 2 期上發表，是文略述宋代私家藏書之情況，認為宋代「雕板流行，得書較易，士大夫以藏書相誇尚，實開後世學者聚書之風」。末曰：「宋代私家藏書，多手自繕錄，故所藏之書，鈔本為多。……然自雕版流行，得書較易，直接影響於私家藏書者亦甚巨，印書之地，以蜀贛越閩為最盛，而宋代私家藏書，亦不出此四中心點之外。印售之書既夥，藏之者亦因之而眾。北宋藏書家多在四川江西，南宋藏書家多在浙江福建，此其大較也。」（袁同禮《宋代私家藏書概略》，載《圖書館學季刊》1928 年 3 月 2 卷 2 期，179～187 頁）

　　4 月 28 日，為清華學校成立十七週年紀念日。下午 2～3 時，袁同禮與吳宓交談。（《吳宓日記》（第四冊　1928～1929），53 頁）

　　4 月，在《中華圖書館協會會報》上發表兩篇書評，分別是評李小緣的《中國圖書館計劃書》和評范志熙的《四庫全書總目韻編》。前者對計劃書提出了

一些不同意見，如認為圖書館行政與政治應脫離關係；國立圖書館舉辦事業，應加入搜集日人關於中國問題及漢學研究之著作、滿蒙回藏文書、苗民生活狀況資料等；圖書館分部過多，反有礙效率；圖書館中設博物院不妥，等等。後者稱范志熙的《四庫全書總目韻編》（其藉〔藕〕香簃舊鈔本為北京圖書館購得）可與汪輝祖的《史姓韻編》、李兆洛的《歷代地理韻篇》〔註29〕鼎足而立。他對後來編製四庫索引的各類著作略作說明，指陳得失，認為「如有一適當之索引，則群受其賜，實無重複之必要。惜范氏書未能早出，供編製諸人之參考也」！（和《（評）中國圖書館計劃書》、《（評）四庫全書總目韻編》，分別載《協會會報》1928 年 4 月 3 卷 5 期，23 頁，23～24 頁）

5 月 8 日上午，錢稻孫見吳宓。袁同禮囑錢君轉告，已遵從吳宓意，將趙萬里月薪增至 120 元。（《吳宓日記》（第四冊 1928～1929），57 頁）

5 月 27 日中午，清華同學會在騎河樓 39 號舉行，袁同禮、周詒春招宴友人，吳宓、瞿世英、劉復等到會。（《吳宓日記》（第四冊 1928～1929），66 頁）

5 月，《北京圖書館月刊》創刊。欄目包括專著、館藏善本書提要、新書介紹及批評、入藏中西文書目、館訊、受贈誌謝等，並逐期取宋元精槧書葉或名人題跋墨蹟影印插圖。後該刊分別於 1928 年 9～10 月、1929 年 7 月、1930 年 1～2 月依次更名為《北平北海圖書館月刊》、《國立北平圖書館月刊》、《國立北平圖書館館刊》。（見《北京圖書館月刊》各期；又見《協會會報》1928 年 8 月 4 卷 1 期 20 頁「新書介紹」相關內容）該刊偏重文獻學、目錄學、校勘學、古籍整理、圖書館學等內容，其編輯與作者都是學界知名人士，這使其成為一流的學術刊物。

約在 5 月，為《圖書館學季刊》向馬廉索稿。馬氏在《大連滿鐵圖書館所藏中國小說戲曲目錄》一文前的附識言：「近日守和先生為圖書館學季刊索稿，乃檢出舊錄稿紙，略為按類排比，錄之以公同好。十七年六月一日記」。（馬廉《大連滿鐵圖書館所藏中國小說戲曲目錄》，載《圖書館學季刊》1928 年 12 月 2 卷 4 期，641～648 頁）

夏初，參觀中央大學國學圖書館。（「公牘」之「致袁守和函」，載《中央大學國學圖書館第二年刊》，1928 年，30 頁）

6 月 9 日，中華教育文化基金董事會第四次年會議決請丁文江為北京圖書館館長，因其未到，由袁同禮代理館長職務。（《北平北海圖書館第三年度報

〔註29〕應為《歷代地理韻編》。

告》，1929 年，1 頁，轉引自：李致忠主編《中國國家圖書館館史資料長編：1909～2008（上）》，國家圖書館出版社 2009 年版，75 頁）

6 月 16 日，大女兒袁靜出生。（2009 年 9 月 14 日筆者採訪袁清先生）

6 月 18 日，梁啟超致函袁同禮，談編纂《中國圖書大辭典》成績情形。（《梁任公先生年譜長編（初稿）》，631 頁）

中華圖書館協會舉行職員選舉，結果袁同禮連任為執行部部長，杜定友、劉國鈞為副部長。因事務繁忙，袁同禮於 7 月 7 日致中華圖書館協會全體會員，望准予辭去其執行部部長職務。（《本會本屆選舉職員結果》，載《協會會報》1928 年 8 月 4 卷 1 期，13～14 頁）

7 月 15 日，傅斯年致函袁同禮，希望能借北平圖書館藏書目錄，以供中央研究院歷史語言研究所抄錄。（臺灣中央研究院歷史語言研究所藏本複印件）

7 月 17 日，北京圖書館協會在北京圖書館舉行常會，並歡迎韋棣華女士〔註30〕。副會長錢稻孫主持。因政局關係，該會會務停頓逾年餘，亟待振作。袁同禮提議採用委員制，經表決，推定修改會章起草委員 5 人，先行起草，另日召開大會再議。（《北京圖書館協會將改組》，載《協會會報》1928 年 8 月 4 卷 1 期，15 頁）

7 月，「北京圖書館委員會」改組，委員有任鴻雋（委員長）、袁同禮（書記）、胡先驌（會計）、周詒春、丁文江、陳垣、張伯苓、戴志騫、葉企孫。（《中國國家圖書館百年紀事》）與張群、羅家倫、陳布雷、陳紹寬等在北平合影。（陳布雷《陳布雷回憶錄》，北京東方出版社 2009 年版，目錄前照片第 7 頁）

8 月 24 日，梁啟超致函袁同禮。言因身體舊恙復發頻繁，決意歸還《中國圖書大辭典》兩月編纂津貼費，但因經濟困難，欲贈已編成稿以豁免歸還，但為求自潔而不願開口，請袁同禮視情形提出董事會商討，如有違言，則不必提議。（《梁任公先生年譜長編（初稿）》，636 頁）

8 月，在《中華圖書館協會會報》上發表一則短訊：「北京〔註31〕之國際目錄學院成立已將十載，今年之年會定於九月十七及十八兩日在德國考龍舉行。本屆所討論者，為比國增補分類法及世界聯合目錄諸問題，曾來函請本

〔註30〕韋女士於 6 月 22 日抵平，7 月 18 日啟行返鄂。（韋棣華女士遊平〔J〕，中華圖書館協會會報，1928，4（1）：15。）
〔註31〕「北京」疑為「比京」之誤。

會派員列席云。」（和《國際目錄學院之年會》，載《協會會報》1928 年 8 月 4 卷 1 期，18 頁）

9 月，所作《皇史宬記》在《圖書館學季刊》第 2 卷 3 期上發表。是文略述皇史宬（建於 1534 年，為明清兩代藏《實錄》《聖訓》之所）之沿革及現狀，希引起當局注意保護之。（袁同禮《皇史宬記》，載《圖書館學季刊》1928 年 9 月 2 卷 3 期，443～444 頁）

10 月 7 日，中央大學國學圖書館館長柳詒徵致函袁同禮，望就傳鈔原京師圖書館《永樂大典》續行事宜就近探明賜示。（「公牘」之「致袁守和函」，載《中央大學國學圖書館第二年刊》，1928 年，30 頁）

10 月，北京圖書館更名為北平北海圖書館。同月，中華圖書館協會決定第一次年會由原定是年 9 月延至翌年 1 月召開，函請南京圖書館協會組織籌備委員會，並派戴志騫前往相商。（《本會年會展至明年一月舉行》，載《協會會報》1928 年 10 月 4 卷 2 期，23 頁）在籌委會中，袁同禮為當然委員。在年會事務組織各組中，袁同禮為議案組（審查各處提案之事，及排定議事日程）和論文組（管理徵求論文及講演等）負責人之一。在分組討論會各組中，他是圖書館行政組負責人之一。籌委會推定蔡元培為大會主席，袁同禮、戴志騫為副主席。（《本會年會籌備會之進行》，載《協會會報》1928 年 12 月 4 卷 3 期，22～24 頁）

11 月 24 日上午，吳宓到北平北海圖書館來訪，遞上毛彥文一紙履歷，請代薦職務。袁同禮答應向北平大學當局言之，並謂毛彥文之職務以女子師範學院之教員為最適宜。（《吳宓日記》（第四冊 1928～1929），166 頁）

秋，彭昭賢北上與袁同禮堂妹袁勤禮結婚，二人遂結郎舅之親。婚後，袁同禮在其新居設盛筵祝賀，慧熙夫人因與袁勤禮是北平女子師範大學前後班同學，今成姑嫂，更加親熱。「席間飲啄談笑，戲謔雜出，喜氣洋溢，暢快無比」。席散客去後，引彭昭賢進入內客室，二人談起國民黨在統一後如何治理這個國家時，袁同禮說：「我對國民黨總寄以很大的希望。我希望它真正能夠以天下為公的精神必信必忠的實行三民主義。民族，民生，固然很重要，尤其要忍心耐性善誘善導以推行民權主義，踏踏實實建立起民主政治的基礎。使今後國家政權之轉移，不是靠槍桿子而是靠人民的選票。這樣，可永無內戰發生，人民可永遠安居樂業。以中國之地大物博，何愁不富不強。我很希望蔣總司令能成為中國的華盛頓，以身作則，功成不居，為繼起者留下

一個好榜樣」。這是他在彭昭賢面前惟一一次表達對國民黨寄以衷心期待，以後就從不「談及國民黨的是非得失，也從不探問國民黨將如何如何。甚至連當前的時局問題，他似乎也避免和談及。然而他是個具有很濃厚的國家觀念的人」。（彭昭賢《追念袁守和先生》）

12 月 23 日，北平圖書館協會在燕京大學圖書館開 1929 年度第一次常會，所到會員甚多。由袁同禮主持，首先討論《北平圖書館協會簡章》，依上次推舉之修改會章起草委員所擬草案，逐條討論，經過修改，獲通過。次由洪有豐演講「圖書館問題之最近趨向」。之後，袁同禮報告中華圖書館協會籌備在南京舉行年會情形，歡迎同人參加，請會員提出議案、預備論文。並提出如有可能，希望於新年時再集會一次。最後，照新修章程改選職員，結果是：執行委員 7 人，為袁同禮（被推為 1929 年度執委主席）、洪有豐、錢稻孫、田洪都、蔣復璁、羅靜軒、嚴文郁；監察委員 5 人，為徐家麟、王樹、孔敏中、汪長炳、章新民。（《北平圖書館協會之新簡章與職員》，載《協會會報》1928 年 12 月 4 卷 3 期，25～26 頁）

12 月 27 日，袁同禮覆函傅斯年，曰：「敝館藏書目錄現尚未有印行專本，中文分類目錄在敝館月刊中陸續發表，西文書只有卡片目錄，惟最近刊有英文季刊一種，亦有關於目錄之發表。茲特各檢一部奉上，以後即按期逕寄貴所，用備參考，並祈賜教為荷。」（臺灣中央研究院歷史語言研究所藏本複印件）

12 月 31 日，國民政府教育部部長蔣夢麟發公函給袁同禮，稱請撥北平養蜂夾道迤西前公府操場空地作將來擴充館址之用一事，雖已獲批准，但如有變更，不須使用該項房地時，當交還此處官產。（《國民政府教育部訓令第一五二號》，載《北平北海圖書館月刊》1929 年 2 月 2 卷 2 期，187～188 頁）

是年，東北大學校長張學良決定在校舍中央，建築一規模較大之圖書館。建築費定為 30 萬元，並電請袁同禮前往計劃。袁同禮到後，與該校當局議定，建築採用西洋式，以與周邊環境協調，閱覽室可容 600 人，書庫可容 50 萬冊。每年購書費暫定 5 萬元，以後逐年遞增。擬建築圖樣由建築師繪成後，即招商投標，大約翌年春可竣工。（《東北大學建築新圖書館》，載《協會會報》1929 年 2 月 4 卷 4 期，22 頁）

約在是年冬，為配合中華圖書館協會第一次年會的召開，敦勸王重民撰寫論文。王重民因此寫成了《刀筆考》一文，他在文前附識中寫道：「茲值協

會開會，承袁守和先生以論文敦促和勸勉，於收集材料時期，先寫成此《刀筆考》初稿」。（王重民《刀筆考》，載《圖書館學季刊》1929 年 6 月 3 卷 1、2 期合刊，131～133 頁）

是年，美國圖書館協會編輯《外國政府定期出版品目錄》（List of Serial Publications of Foreign Governments），由普林斯頓大學圖書館主任吉羅德（J. T. Gerould）主持。對於中國政府定期出物品，他擬委託袁同禮、李小緣代為調查。（剛《美國協會編外國政府期刊目》，載《協會會報》1928 年 12 月 4 卷 3 期，32 頁）

1929 年（民國十八年，己巳）　35 歲

1 月 4 日，中華教育文化基金董事會第三次常會在杭州舉行，推舉袁同禮為北平北海圖書館館長。（《袁館長就職》，載《北平北海圖書館月刊》1929 年 2 月 2 卷 2 期，185 頁）

1 月 13 日，北平圖書館協會假清華同學會舉行 1929 年度第二次常會。袁同禮被推舉為圖書館設計委員會五名組織成員之一。（《北平圖書館協會十八年度集會紀要》，載《北平圖書館協會會刊》1929 年 10 月第 3 期，末 1～4 頁）

1 月 17 日，就任北平北海圖書館館長。（《袁館長就職》，載《北平北海圖書館月刊》1929 年 2 月 2 卷 2 期，185 頁）

1 月 28 日至 2 月 1 日，中華圖書館協會第一次年會在南京舉行。28 日下午 2 時，舉行開幕典禮。來賓約 200 餘人，名宿雲集，盛況空前。大會主席蔡元培先生因事赴滬，託楊杏佛代替。先是副主席戴志騫報告開會並致詞，次由楊杏佛、陳劍翛（教育部長蔣夢麟代表）、章警秋（江蘇省政府鈕惕生主席代表）、俞慶棠（中央大學校長張君謀代表）、陶知行（中華教育改進社）、陳景唐（金陵大學校長）諸先生相繼演說，多獎勉之語。然後由袁同禮致答辭，以申謝意。末由主席報告會序，宣告散會。是晚 6 時，南京圖書館協會借金陵大學東樓，設宴歡迎全體會員。先由劉國鈞代表南京圖書館協會致辭，繼由柳詒徵發言，杜定友代表會眾答謝。7 時半，在科學館開檢字法講演會，由杜定友主席。（《中華圖書館協會第一次年會紀事》，載《協會會報》1929 年 2 月 4 卷 4 期，5～14 頁）

1 月 29 日上午，舉行分組會議，會場在金陵大學北大樓。8 時 40 分開始，12 時止，分為二時間，中間休息 15 分鐘。第一時間為行政、建築、索引檢字三組。行政組公推袁同禮為主席，柳詒徵為副主席，施廷鏞為書記。因會員

多出席行政組，故建築組未正式開議。索引檢字組由沈祖榮主席，萬國鼎為書記，討論完善檢字法之標準，未果而散。在第二時間，行政組繼續討論。同時，編纂與分類編目二組亦舉行會議。前者由李小緣主席，繆鳳林為副主席，劉紀澤為書記；後者由杜定友主席，劉國鈞為副主席，蔣復璁為書記。在行政組議決通過的 42 件議案中，袁同禮提出了 3 件，分別是《調查及登記全國公私板片編製目錄案》（與劉純共同提出）、《請協會通告全國各大圖書館搜集有清一代官書及滿蒙回藏文字書籍案》（與葉恭綽共同提出）、《請各大圖書館搜集金石拓片遇必要時得設立金石部以資保存案》。而以北平圖書館協會名義提出的議案有 7 件。下午 2 時，在科學館舉行會務會議第一次會議，杜定友為主席。主席報告開會後，首由董事沈祖榮報告董事部年來情況等。繼由執行部長袁同禮報告會務之進行與現狀，並有報告分發會員。之後，出版委員會主席劉國鈞、編目委員會主席李小緣先後報告情況。最後由戴志騫報告年會籌備經過。報告畢，由主席杜定友提出討論案，因時間促迫，只討論總事務所及添設分事務所二案，原提案人為上海圖書館協會及曹祖彬、周延年、沈孝祥、顧天樞、袁同禮、孫心磬。經表決，一致通過「事務所仍在北平，不再添設分事務所」。討論結束，由金陵大學圖書館備上精美茶點，並贈叢刊兩種為紀念。4 時，舉行歡迎會。校長代表劉國鈞及館長李小緣，先後致歡迎詞，並導眾參觀金大圖書館。晚 7 時，舉行公開講演，由戴志騫主席。先由德國圖書館協會代表萊斯米博士（Dr. G. Reismuller）演說「德國圖書館發展史」，袁同禮傳譯。次由胡慶生講演「圖書館館員應有之責任及其工作」，恢諧幽默。次由沈祖榮講演「文華圖書科概況」，並代表韋棣華女士表示慶祝。又次何日章講演「河南之圖書館與古物及政治」，末由上海通信圖書館代表宋青萍講演「上海通信圖書館概況」。散會時，已 10 點矣。（《中華圖書館協會第一次年會紀事》）

　　1 月 30 日上午，繼續召開分組會議，行政組仍占二時間。教育及分類編目二組占第一時間，編纂及索引檢字二組占第二時間。各組均有議案通過。編纂及索引檢字組會議，至此已畢。下午 2 時，在科學館宣讀論文，袁同禮主席。此次，會員共提出 24 篇論文。袁同禮提出的論文是《國際目錄事業之組織》。因各種關係，僅宣讀 5 篇，袁文在宣讀之列。繼由各地代表報告各處圖書館情形。散會時，已 5 時。晚 7 時半，在科學館舉行交際會，以收娛雅之效。開始，由陳獨醒報告「經營浙江私立流通圖書館之經過及現狀」，極可

感。繼由黎維岳演說國語羅馬字，因其善效各省方言，聽眾粲然皆笑。次馮陳祖怡演說「訓政時期之圖書館工作」，亦動聽。大夏大學王慶勳奏訶牟尼迦二闋，聆者神傾。最後，李小緣、杜定友均用幻燈，分別講演美國國會圖書館內部情形和世界圖書館情形之比較。會眾盡興而散。(《中華圖書館協會第一次年會紀事》)

1月31日上午，繼續召開分組會議。第一時間為行政、教育二組，第二時間為分類編目及建築二組。行政組又議決通過9件議案，其中，袁同禮有1件，為《請協會通告全國各圖書館注重自然科學書籍案》。在教育組和建築組通過的議案中，北平圖書館協會各有1件。至此，分組會議全部結束。正午12時，中央大學在學大體育館開歡迎會。首由中央大學秘書長劉海萍致歡迎詞，杜定友致答謝詞。繼由蔡元培先生演說圖書館事業對學術界之重要及其功用。諸會員請萊思密博士報告德國國際出版品交換局情形，並與討論交換辦法。嗣同赴宴席，至下午2時餘，始攝影散。宴罷，參觀中央大學圖書館，該館書架全為鋼鐵所制，在國內屬罕見。出館，分乘汽車20輛，參觀中國科學社圖書館、通俗圖書館及國學圖書館。國學圖書館特置點心，舉行歡迎會。晚6時，假金陵中學，舉行會員公宴。晚8時，在金陵大學科學館舉行會務會議，杜定友主席，通過組織大綱二十四條，並決議明日上午召開選舉會。10時半，會畢。(《中華圖書館協會第一次年會紀事》)

2月1日上午9時，召開會務會議，選舉職員。結果戴志騫、袁同禮、李小緣、劉國鈞、杜定友、沈祖榮、何日章、胡慶生、洪有豐、王雲五、馮陳祖怡、朱家治、萬國鼎、陶知行、孫心磐當選為執行委員。並臨時議決聘請蔡元培、戴季陶、蔣夢麟、楊銓、胡適、葉楚傖為名譽會員。繼選舉監察委員。(《中華圖書館協會第一次年會紀事》)正午12時，舉行執行委員會第一次會議，12人出席，由杜定友主席，劉國鈞記錄。其中，推定洪有豐、袁同禮、劉國鈞、杜定友、馮陳祖怡為常務委員，袁同禮為委員長。各執行委員簽訂任期，袁同禮所簽為兩年。(《本會執行委員會第一次會議》，載《協會會報》1929年2月4卷4期，16頁)午後1時許，會員出發遊覽，先後參觀金陵女子大學、清涼山、北極閣等處。4時半，赴國民黨中央執行委員會之歡迎會。首由戴季陶致歡迎詞，次由胡展堂發言，繼由戴志騫致詞答謝，並由馮陳祖怡致感謝詞。散會後，赴教育部設於安樂酒店之宴會。席間，先由蔣夢麟致歡迎詞，次由蔡元培代表會員致答，繼由吳稚暉、李石曾、馬夷初演說。

嗣由袁同禮致詞告別，其時約過 10 點鐘。中華圖書館協會第一次年會以此宴為結束，不再舉行閉會儀式。(《中華圖書館協會第一次年會紀事》)

為執行中華圖書館協會第一次年會各種議決案，以及共同研究學術起見，協會新組織幾個委員會。其中，袁同禮擔任建築委員會書記和《中華圖書館協會會報》編輯部主任。(《本會新組織之各委員會》，載《協會會報》1929年 4 月 4 卷 5 期，26～27 頁)

第一次國際圖書館會議擬於 6 月中旬在意大利羅馬舉行。為籌備該會，大會主席柯林在 1 月 29 日和 3 月 7 日兩次致函袁同禮，告知相關事宜，希望中華圖書館協會寄示提交大會之論文總目，並籌備參加大會之國際圖書展覽會。(《中華圖書館協會籌備參加國際圖書館會議報告》，載《協會會報》1929年 4 月 4 卷 5 期，4～25 頁)

2 月 17 日，參加在北京廣惠寺舉行的梁任公追悼大會。(《梁任公先生年譜長編（初稿）》，645～646 頁)

2 月，北平北海圖書館成立購書委員會，委員有任鴻雋（委員長）、胡先驌（會計）、袁同禮（書記）、周詒春、張伯苓、戴志騫、陳垣、丁文江、葉企孫。(《中國國家圖書館百年紀事》)

北平故宮博物院改組，分為古物館、文獻館、圖書館三部。在 3 月 1 日國民政府第二十二次國務會議上，議決派易培基兼任北平故宮博物院古物館長，馬衡為副館長；張繼兼文獻館長，沈兼士為副館長；莊蘊寬兼圖書館長，袁同禮為副館長。(《故宮博物院之新館長》，載《協會會報》1929 年 2 月 4 卷 4 期，19 頁)

3 月 7 日，北平北海圖書館建築委員會舉行會議，推舉周詒春為主席，袁同禮為副主席。(《館訊：建築委員會》，載《北平北海圖書館月刊》1929 年 3、4 月第 2 卷 3、4 期合刊，361 頁)

3 月初，中華圖書館協會特約國內圖書館專家撰寫參加國際圖書館會議論文。最後，共收到 4 篇英文論文〔註 32〕。又請留美研究圖書館學者撰文，裘開明、桂質柏各允 1 篇。3 月 8 日，組織參加第一次國際圖書館會議委員會，敦聘楊杏佛、戴志騫、劉國鈞、柳詒徵、傅增湘、徐森玉、洪有豐、袁同禮、趙萬里、張元濟、王雲五、楊立誠、劉承幹、沈祖榮、杜定友、金梁為委員。

〔註 32〕這 4 篇英文論文在北平匯印成冊，名為 Libraries in China，1929 年 5 月底出版，是協會叢書第三種。

其中，南京及北平各委員為常務委員。3 月 12 日，在北平的各委員舉行會議，商討籌備事務之進行。(《中華圖書館協會籌備參加國際圖書館會議報告》)

3 月 31 日下午 2 時，北平圖書館協會在南池子門神庫政治學會圖書館舉行 1929 年度第四次常會。首先由袁同禮報告會務進行情況。次由叢書、期刊兩聯合目錄委員會分述編輯與調查情形。繼由袁同禮邀請之德國石派耶（Speyer）市圖書館館長萊斯米（Reismuller，一譯萊士米勒）博士講演「德國研究中華文化之概況」，鄭壽麟任翻譯（也係袁同禮邀請）。後由陳宗登報告政治學會圖書館的沿革與現狀。末討論下次開會地點及該會徽章圖案。進茶點，歡談而散。(《北平圖書館協會常會》，載《協會會報》1929 年 4 月 4 卷 5 期，27 頁；鄭壽麟《從永樂大典與圖書集成說起——袁守和先生與中德文化之溝通》)

3 月，呈請北平特別市市政府，請求在新建築南牆另闢大門，後經核准。(《本館大門》，載《北平北海圖書館月刊》1929 年 3、4 月第 2 卷 3、4 期合刊，362 頁)

在籌備第一次國際圖書館會議之圖書展覽會中，中華圖書館協會承擔部分展覽品，其中，刻本書及鈔本書由傅增湘、袁同禮負責徵集籌備。為使展覽順利進行，中華圖書館協會多方准備，如向意大利委員會函詢中國展覽會場大小；函請駐意公使郭泰祺（字復初）協助；致函羅馬大學漢文教授 D.Vacca 博士，請其調查羅馬各圖書館所藏中國善本書，並開具目錄，以便協會選擇，商借陳列；致函德國萊比錫圖書博物館（Buchmuesum, Leipzig），商借有關中國圖書沿革的所有文具，運費由協會承擔；由袁同禮以私人名義函請郭泰祺公使及駐意使館秘書朱英，請其會同使館職員協助展覽；由袁同禮致函德國支那學院衛理賢（Richard Wilhelm）博士，請其協助。(《中華圖書館協會籌備參加國際圖書館會議報告》)

徵集參會展覽品大致齊備後，4 月 28 日下午 2 至 5 時，在北平北海公園蛸青書室舉行展覽預備會，以資審查。觀眾十分踴躍，展品美不勝收。從《國際圖書展覽會中國部出品預備會目錄》可知，袁同禮捐展的有：

A 關於圖書者

二〇〇 印本

　二三〇 清本

　　二三一 軟體字刻本

（《中華圖書館協會籌備參加國際圖書館會議報告》）

　　展品寄運，前由袁同禮與駐平意大利使館參贊羅斯（G. Ros）接洽，得免費由意輪運往羅馬，會畢，仍由意輪運回，往來保險費由協會承擔。不料 4 月底至 5 月初，沒有任何輪船赴意。於是，只好將輕便之展覽品先行郵寄，交中國駐意使館點收；而不易郵寄者，由赴會代表攜往。當時，公推沈祖榮為赴會代表。(《中華圖書館協會籌備參加國際圖書館會議報告》)袁同禮請教育部派代表參加，並請款協助。教育部指令如下：

教育部指令　　字第一二九九號

令中華圖書館協會執委會主席袁同禮

　　兩呈暨附件均悉。查國際圖書館大會，訂於本年六月間在羅馬開會，關係學術前進，洵屬重要。所有本部應派代表，即派該會代表沈祖榮兼充，隨令發去委任令一份，仰即查收轉發。至所需旅費，本部原無此項預算，但該會經費有限，亦係實情。茲由本部酌撥津貼銀三百元，託上海銀行匯寄，並仰照收轉發，取具收據呈部備案。原請提交行政會議之處，應毋庸議。此令。

教育部所撥津貼與實際支出相差太大，於是中華圖書館協會向國立中央研究院、中華教育文化基金董事會請求補助，然皆未獲允。（《國際圖書館大會續志》，載《協會會報》1929 年 6 月 4 卷 6 期，7～10 頁）協會只好向各機關會員函請捐助，得中央大學、東北大學、北海圖書館各捐 100 元，清華大學捐 50 元。但仍與實支相差甚遠，於是呈請教育部繼續提出行政院行政會議，給予津貼 2000 元，終獲准允。（《中華圖書館協會第五次會務報告》，載《協會會報》1929 年 10 月 5 卷 1、2 期合刊，27～33 頁）協會委託戴志騫與財政部、教育部接洽領款，款項於 10 月 24 日匯至事務所。（《參加羅馬大會補助費之具領》，載《協會會報》1929 年 10 月 5 卷 1、2 期合刊，40 頁）

　　5 月 11 日，出席北平北海圖書館新館建築奠基典禮。在任鴻雋、安那工程師、周詒春之後發表演說。會畢，全體攝影，用茶點而散。（《新建築奠基禮》，載《北平北海圖書館月刊》1929 年 5 月 2 卷 5 期，439 頁）

　　5 月 23 日，沈祖榮抵北平，會見袁同禮。袁同禮為其講述西方圖書館情形，給其介紹信若干〔註 33〕，以方便考察。並特意囑咐沈，除調查各國圖書館情況外，還須注意出版界與書店之狀況。沈在調查報告中說：「袁委員長所以汲汲於此者，亦以我國圖書與英美出版界時相來往，互有聯絡，而於歐洲

〔註33〕從沈祖榮《參加國際圖書館第一次大會及歐洲圖書館概況調查報告》一文知，袁同禮給以下人士寫了介紹信：（1）普魯士省立圖書館（Preussische Staatsbibliothek）赫勒（Hülle）先生，他是該館東方文庫部主任，擅長中國語言。（2）柏林大學圖書館（University of Berlin Library）西門華德（Walter Simon）先生，他是該館採訪主任，擅長多國語言。（3）倫敦大學圖書館學校（University of London School of Librarianship）校長貝克（Baker）先生。（4）日內瓦國際聯盟圖書館（League of Nations Library）館長斯文司馬（Sevensma，一譯作塞文斯馬）先生。

各國及其售書事業，亦應明瞭，故協會乘榮赴會之便，特致意焉」。是日，沈祖榮帶上協會為其辦妥的旅俄護照、車票、旅行支票，以及兩巨箱展品，離平赴俄，擬經西伯利亞至羅馬。（沈祖榮《參加國際圖書館第一次大會及歐洲圖書館概況調查報告》，載《協會會報》1929 年 12 月 5 卷 3 期，3～29 頁）

　　6 月 14 至 30 日，第一次國際圖書館會議在羅馬如期舉行。其中，「國際圖書館協會」更名為「國際圖書館協會聯合會」（International Federation of Library Association），以發揚協作精神。大會之國際圖書展覽會自 6 月 20 日開始，中國與德國同一個房間，中國駐意使館秘書朱英及張參贊協助沈祖榮布置一切。會畢，沈祖榮考察德、意、法、英、荷蘭、瑞士、俄、奧等國圖書館及出版界和書店情況，費時兩月，9 月 1 日歸國。考察期間，袁同禮的介紹信助益不少。（沈祖榮《參加國際圖書館第一次大會及歐洲圖書館概況調查報告》）

　　6 月 23 日上午，在故宮博物院圖書館舉行北平圖書館協會 1929 年度第六次常會。約 30 個機關會員、60 餘個人會員到會。先至各書庫參觀，後由袁同禮報告故宮圖書館概況，繼由蔣復璁、汪長炳分別報告叢書及期刊兩聯合目錄工作情況。關於創辦時〈暑〉期學校事項，俟洪有豐回平再議。《北平圖書館協會會刊》第二期於是日出版〔註 34〕，分發給會員。至 11 時，攝影散會。（《北平圖書館協會常會》，載《協會會報》1929 年 6 月 4 卷 6 期，13 頁）

　　6 月 29 至 30 日，中華教育文化基金董事會第五次年會在天津舉行。6 月 30 日，議決：「增加北海圖書館建築費二十五萬元，又購書費三十萬元，從明年起分四年支付」、「將現在中海居仁堂之北平圖書館，合併於北海圖書館，改名為國立北平圖書館。俟新館建築完峻後，即行遷移。一面由教育部與董事會，合聘蔡子民為該圖書館館長，袁同禮為副館長」。（《文化基金會議決八要案已閉會》，載天津《大公報》1929 年 7 月 1 日（2 張 5 版））國立北平圖書館一切進行事宜，由教育部及董事會合組之國立北平圖書館委員會主持。該委員會設委員 9 人，皆屬名譽職，除館長、副館長為當然委員外，其餘 7 人須聘任。後聘請任鴻雋、周貽春、陳垣、傅斯年、劉復、孫洪芬、馬敍倫為第一任委員。（《新組織之國立北平圖書館》，載《協會會報》1929 年 10 月 5 卷 1、2 期合刊，43～46 頁）

　　約在上半年，北海圖書館將王國維手批手校書共 190 餘種，約 700 餘冊

〔註 34〕第一期出版於 1924 年，因資力拮据而停頓。1929 年 6 月復刊，為第二期。

全部購入，並擬過錄其批校語，刊印成書。（《北平北海圖書館入藏觀堂批校書》，載《協會會報》1929 年 2 月 4 卷 4 期，19 頁）駐平意大利使館館員羅斯（G. Ros）搜集關於中國之圖書，達 30 餘年之久。上半年，燕京大學圖書館將其一部分中文書購去，北海圖書館則將其西文書約 3000 餘冊全部購入，滿鐵大連圖書館購得 1000 餘種圖書資料。（《義國使館羅斯書藏之分散》，載《協會會報》1929 年 4 月 4 卷 5 期，29 頁）

上半年，北海圖書館從美國購入一架攝書機（Photostat），即直接複印機，願代辦影照圖書。此外，為保護木刻板片，該館訂有寄存簡章，一俟新館落成，即可代為寄存板片。（《北海圖書館攝印善本寄存板片》，載《協會會報》1929 年 6 月 4 卷 6 期，12～13 頁）

7 月 20 日下午 3 時，中華圖書館協會監察委員會在浙江省立圖書館舉行第一次常會。楊立誠報告，是日晨得袁同禮函，袁約於明後日來杭州出席監察委員會，報告執行委員會經過及工作情形，並附送該會十七年度決算書及會務報告一冊，請監察委員會審查。（《中華圖書館協會第五次會務報告》，載《協會會報》1929 年 10 月 5 卷 1、2 期合刊，27～33 頁）

8 月 30 日，教育部正式下聘書，聘請蔡元培、袁同禮為國立北平圖書館正、副館長〔註35〕。（北京圖書館業務研究委員會編《北京圖書館館史資料彙編（1909～1949）》，書目文獻出版社 1992 年版，301 頁）傅振倫回憶了袁同禮上任後的日常工作情形：「袁先生身為一館之長，不用工友，自己拿著鑰匙，一切勞役一身兼任之，免除舊規陋習。飲水則自己到觀眾飲水室飲用白開水，辦公室從不備茶水。除處理公文及事務外，每天親到各工作室、閱覽室查看日常工作，有事則隨時指點，或用紙簽留言。把官僚機構改造成了為民眾服務的學術機關。外間以袁館長名義而贈給的書刊，袁先生一律交館中收藏，其化私為公的精神，深為館員所欽佩」。認為他用人有方：「館員中有大學畢業或學有專長者，不分配行政工作而聘為編纂，編纂館刊，圖書館學季刊，或從事學術研究。職員羨而嫉妒之，時有怨言，袁先生以學術為重，堅持不移。編纂如王重民、孫楷第、趙萬里、王庸、劉節、徐中舒、賀昌群、謝國楨等，都培育成了專家，知名國內外」。（傅振倫《袁同禮先生行誼》（手稿複印件），1982 年 10 月 3 日，1～7 頁）張秀民對他也有類似印象：「手中常拿文件與鉛筆一支，奔走於館中各部組之間。事必躬親，連廁所亦每日視察數

〔註35〕蔡元培先生長住上海、南京，社會活動較多，館務實際由袁同禮主持。

次。下班後，職工均回家，而他一人仍在館長室辦公。有時星期日亦來館處理工作，身體健康，從無請假之日」。（張秀民《袁同禮先生與國立北平圖書館》，載《國家圖書館學刊》1997 年 3 期，53～59，92 頁）

國立北平圖書館委員會第一任委員接到聘電後，於 8 月 30 日在北平舉行會議，籌劃進行事宜。8 月 31 日，由委員會將兩館接收清楚，國立北平圖書館即自是日合組成立。在新館未落成以前，中海之圖書館為第一館，北海之圖書館為第二館，各就原址，照常進行。（《新組織之國立北平圖書館》，載《協會會報》1929 年 10 月 5 卷 1、2 期合刊，43～46 頁）

9、10 月間，國立北平圖書館委員會推請周貽春、丁文江、戴志騫、袁同禮、任鴻雋、劉復、孫洪芬 7 人，組織建築分委員會；推請陳垣、丁文江、胡先驌、葉企孫、任鴻雋、陳寅恪、傅斯年 7 人，組織購書分委員會。此外，議定《國立北平圖書館組織大綱》，並繼續派定各部主任、組長。其中，袁同禮兼任期刊部主任。各部主任均為編纂委員會當然委員，另有葉渭清、趙萬里、胡鳴盛、顧子剛也是編纂委員會委員。又在日、英、法、德、美、俄，聘定國外通信員 6 人，在國內聘請鋼和泰（Alexander von Staël-Holstein，1877～1937）、余紹宋等名譽編輯 4 人。（《新組織之國立北平圖書館》，載《協會會報》1929 年 10 月 5 卷 1、2 期合刊，43～46 頁）1930 年 7 月 7 日，袁同禮又擬寫了聘請法國伯希和與美國勞佛為北平圖書館通訊員的函件。（《北京圖書館館史資料彙編（1909～1949）》，324 頁）

10 月 5 日，北平圖書館協會在國立清華大學工字廳舉行 1929 年度第七次常會。該校備午餐招待會員。飯畢開會，首先由袁同禮報告會務，繼由聯合目錄委會員蔣復璁報告工作情形，復由洪有豐報告清華大學圖書館概況，嗣由劉國鈞講演「中西分類法比較研究之所得」。講畢，由袁同禮報告，大意為：「北平市內各館，統計每年有三十萬元之購書費，頗不為少，然圖書浩繁，經濟有限，極應以協會之力使各館間於採購上有所連絡，庶可避免重複之工作，又圖書館既購藏珍貴書籍，閱覽人之程度，亦必設提高，指導使其利用，所費乃不致虛糜」。會員為不拘形式之討論，散會。（《北平圖書館協會近訊》，載《協會會報》1929 年 10 月 5 卷 1、2 期合刊，49～50 頁）

10 月 6 日下午 3 時，在清華大學見吳宓。談梅貽琦事（梅於 1928 年 11 月赴美，任清華大學留美學生監督），並詢吳宓與陳心一離婚事。吳宓告與心一性情不合，略有誤會，但未說出與毛彥文之關係。（《吳宓日記》（第四冊 1928

～1929），300頁）

10月10日，國立北平圖書館在中海居仁堂舉行圖書展覽會，陳列第一、第二兩館所藏善本書，至10月14日閉幕。觀者甚眾，開幕之日，多達2500餘人。（《國立北平圖書館之圖書展覽會》，載《協會會報》1929年10月5卷1、2期合刊，46頁）

10月18日，楊立誠致函袁同禮，請其為明春在杭州舉行之展覽會計劃及徵集各館圖書：

> 守和吾兄學長：久未函候，至以為歉。協會二屆年會與中協監委發起之展覽會，行將於明春在杭舉行，此時聚全國圖書館人才於一堂，羅天地萬物形象於一室，弟頗欲利用書機會，屆時開浙江全省圖書館學講習會，敦請各專家講職，以為圖書館學之擴大宣傳。所有開講時一切費用，擬請浙省政府，酌量撥助。至展覽會應需陳列之圖書，擬懇吾兄撰一有系統之計劃，及徵集各館有價值之圖書，請其屆時自行送會，以資便捷，而節費用。未悉尊意以為然否？

10月22日，袁同禮覆函楊立誠，寄上徵集羅馬國際圖書展覽會出品細則及近期北平圖書館圖書展覽會目錄各一份，以供參考，至中華圖書館協會第二次年會之舉行，尚須與執委商量，期望楊立誠先期計劃會員食宿等項：

> 以明我兄惠鑒：頃展瑤函，拜悉種切。承賜大箸，感幸彌深。關於展覽會陳列圖書計劃。〈，〉今春協會所擬徵集羅馬國際圖書展覽會出品細則中，第一條所列，即可應用。茲特奉上一份，尚希酌奪。又北平圖書館，近於國慶日曾舉行圖書展覽會，其目錄或亦可供參考，一併寄呈。協會次屆年會之舉行，當與諸執委會商。大概，第一次觀望者為時局，第二以貴館新舍何時落成為轉移。至開會時會員眾多，其食宿招待等項，須均先期計劃，此亦極盼指示者也。專此敬覆。

（以上二函均見《本會次屆年會之討議》，載《協會會報》1929年10月5卷1、2期合刊，41頁）

10月26日，北平圖書館協會在國立北平圖書館第一館舉行茶會，歡迎美國艾歐瓦（即愛荷華，Iowa）州立圖書館館長畢力漢氏（Johnson Brighom）來華，畢氏年已83歲。（《北平圖書館協會近訊》，載《協會會報》1929年10月5卷1、2期合刊，49～50頁）由袁同禮致歡迎辭，畢氏演說，由劉國鈞任

翻譯。(《北平圖書館協會十八年度集會紀要》，載《北平圖書館協會會刊》1929 年 10 月第 3 期，末 1～4 頁)

　　10 月，《近十年來國際目錄事業之組織》在《北大圖書部月刊》創刊號上發表。該文介紹了近十年來國際目錄事業發展之情況，包括「國際學術研究會議」、「國際學士院協會」、「國際智育互助委員會」、「專門雜誌篇目之提要」、「書目總目之編纂」、「國際交換出版品協約之增改」、「物理學雜誌撮要」、「生物學書目之編纂」、「經濟學書目之編纂」、「文字學書目之編纂」幾部分。(袁同禮《近十年來國際目錄事業之組織》，載《北大圖書部月刊》1929 年 10 月 1 卷 1 期，7～18 頁) 同月，《永樂大典現存卷數表續記》發表，其所載《永樂大典》部分卷目係河內遠東學院 (Ecole Française d'Extrême-Orient, Hanoi) 來函告知。(和(袁同禮)《永樂大典現存卷數表續記》，載《國立北平圖書館月刊》1929 年 3 卷 4 期，458 頁)

　　是年秋，國立北平圖書館購入寧夏發現之西夏文書 100 冊(皆為元刻本譯經)，價 1 萬元。購入前，曾請鋼和泰及陳寅恪審查。該館並與中央研究院商定，由研究院設立獎學金，鼓勵學者從事西夏文書研究。(《國立北平圖書館入藏西夏文書》，載《協會會報》1929 年 12 月 5 卷 3 期，29～30 頁) 後館中決定以 1930 年館刊 4 卷 3 期作西夏文專號，以為得書之紀念。(《國立北平圖書館館刊西夏文專號》，載《協會會報》1932 年 10 月 8 卷 1、2 期合刊，51～52 頁)

　　12 月 2 日，國際圖書館協會聯合會書記斯文司馬 (T. P. Sevensma) 致函中華圖書館協會，寄上「國際圖書館協會聯合會組織大綱」一件，請協會予以認可，並詢問繳納年費標準事宜。後經中華圖書館協會執行委員會商議，決定認可該組織大綱，並以協會所收會費的 5%提交為年費。(《國際圖書館協會聯合會之組織》，載《協會會報》1930 年 2 月 5 卷 4 期，13～16 頁)

　　12 月 13 日，在 *North China Daily News* (《字林西報》)發表 *Modern Libraries in China* (《中國之現代圖書館》)一文。(T.L.Yuan, "Modern libraries in China", North China Daily News, December 13, 1929.)

1930 年(民國十九年，庚午)　36 歲

　　1 月 5 日正午，北平圖書館協會在西長安街忠信堂舉行新年聚餐，共有甲種會員(圖書館) 21 名，乙種會員(個人) 39 名參會。飯後，袁同禮報告會務進行近況，旋即選舉本屆新任職員。結果，袁同禮、洪有豐(被推為 1930

年度執委主席）、劉國鈞、錢稻孫、蔣復璁、羅靜軒、汪長炳當選執行委員；嚴文郁、李文裿、陳尺樓、胡樹楷、張一航當選監察委員。其間，浙江私立流通圖書館館長陳獨醒為宣傳流通圖書館之演說。近 4 時，始散會。（《北平協會之新年聚餐及新職員》，載《協會會報》1930 年 2 月 5 卷 4 期，17 頁；《北平協會近聞》，載《協會會報》1930 年 4 月 5 卷 5 期，37 頁）

自 1 月起，國立北平圖書館開始出版《新增西文書目錄》，每兩月一次，定價 2 角，預訂全年者，僅收 1 元。（《國立北平圖書館出版新增西文書目錄啟事》，載《協會會報》1930 年 2 月 5 卷 4 期，33 頁）自是月起，中華圖書館協會委託顧子剛每月向國外各著名圖書館學雜誌，通訊國內圖書館界消息一次，以資宣傳。（《中華圖書館協會第五年度報告（十八年七月至十九年六月）》，載《協會會報》1930 年 8 月 6 卷 1 期，3～10 頁）

2 月 10 日，將中華圖書館協會執行委員會第二次事務報告提交給監察委員會，以備審查。（《本會執行委員會第二次報告》，載《協會會報》1930 年 2 月 5 卷 4 期，16 頁）

2 月，《中華圖書館協會會報》發布了《韋棣華女士來華服務三十週年紀念大會啟》和《中華圖書館協會執行委員會啟事》，由其可知，袁同禮是該紀念大會 133 名發起人之一和 47 名募款委員之一。（見《協會會報》1930 年 2 月 5 卷 4 期，2～4 頁）

3 月 2 日，英國牛津大學蘇錫爾（W. E. Soothill）教授致函袁同禮，再次申請影繪利瑪竇地圖（Matteo Ricci Map），希望中國歷史博物館同意。（臺灣中央研究院歷史語言研究所藏本複印件）從該函件可知，1929 年 12 月 24 日和 1930 年 1 月 16 日，袁同禮曾致函蘇錫爾討論影繪事宜。

3 月 7 日，袁同禮、馬衡代表故宮博物院致函鋼和泰，感謝其從洛克菲勒先生那裡爭取到經費，用於修葺故宮裏的四座喇嘛廟，並請轉達對洛克菲勒先生的謝意。（王啟龍，鄧小詠《鋼和泰學術評傳》，北京大學出版社 2009 年版，227～228 頁）

3 月 16 日，故宮博物院開會歡迎圖書館代理館長江瀚。上午 10 時開會，到會者有該院秘書長李宗侗、圖書館副館長袁同禮、古物館副館長馬衡、總務處長俞同奎，和專門委員盧弼、朱希祖、劉國鈞、趙萬里、余嘉錫，以及職員等 30 餘人。首先由袁同禮報告，略謂江瀚先生於故宮博物院關係密切，曾長前京師圖書館，富有經驗，今後必多貢獻等。次由李宗侗代表院長致詞，

繼由江瀚致答詞。末由袁同禮報告最近工作情形，大意為：「前清史館所存各種書籍，業經提出，送館整理保存。但塵土太多，又兼重複及斷爛者亦不少，整理殊費時間，擬整理竣事後再添雇訂書匠四人裝裱，以期完整。對於所提各種志書，其世所罕見及缺乏者，擬行影印或排印，以廣流傳。前者影印善本書影及墨譜二種現已出版，殊域周咨錄現正在排印，總得三四個月後始能出書。至於圖書館事業，以編目為準則。因各宮殿中所有各種書籍尚未提竣，俟提竣後，即加緊工作編目。其方略館實錄大庫中所存漢文滿文各朝實錄，擬與文獻館各存一部，清史館清史稿本，亦擬分別提撥文獻館一部，以資研究保存」。至 12 時餘，吃茶點，攝影，散會。（《故宮圖書館之代理館長》，載《協會會報》1930 年 4 月 5 卷 5 期，38 頁）

3 月 19 日，袁同禮致函傅斯年，認為蘇錫爾申請影繪利瑪竇地圖，「事關傳播文化」，希望其惠允。（臺灣中央研究院歷史語言研究所藏本複印件）

3 月 24 日，北平圖書館協會本年第二次常會在北平第一普通圖書館舉行。（《北平協會近聞》，載《協會會報》1930 年 4 月 5 卷 5 期，37 頁）

4 月初，山東全省圖書館委員會〔註 36〕成立，山東省政府第 78 次及 84 次會議議決，延聘袁同禮等人為委員。（《山東全省圖書館委員會》，載《山東省立圖書館季刊》1934 年 3 月第 1 集第 1 期，80 頁）

4 月 19 日晚，與韓權華等在北京飯店觀跳舞，遇吳宓等人。（《吳宓日記》（第五冊　1930～1933），58～59 頁）

5 月 20 日，致函燕京大學圖書館代理館長鍾慧英（Clara Hui-yin Chung）：「此前，裘開明委託國家圖書館幫助哈佛燕京學社購買中文書籍，並轉交燕京大學幫助運寄。目前，我已代其購得《梅蘭芳戲曲譜》（Selections from Mei Lanfang）2 卷。我會將其以獨立包裹寄出，並附賬單。請於方便的時候將此函轉給哈佛。」（程煥文《裘開明年譜》，48 頁）

6 月 7 日，北平圖書館協會在故宮博物院圖書館舉行本年第三次常會。先由袁同禮報告會務並宣讀紀錄，恰值胡適至該館觀書，故邀其講演。胡適曰：「北平近數年來，圖書館事業大有進步，實皆賴諸君提倡之功，與袁守和君之努力。」接著，胡適略謂：圖書館為真正之好教師；北平各館為全國圖書館界之冠；各館最近編製之聯合目錄，成績頗豐；各館在購書方面應實行分

〔註 36〕一說為「山東全省圖書委員會」，除當然委員外，還聘定袁同禮等人為委員。（《山東全省圖書委員會》，載《協會會報》1930 年 4 月 5 卷 5 期，39～40 頁）

工合作，減少重複浪費和無謂競價；購舊書最大之競爭在國際，所以要有規劃，比如，從各館經費中抽出若干，集為準備金，以應購大宗珍籍之用，等等。言畢，聽眾熱烈鼓掌。至是，接袁同禮前所報告，繼續討論，散會。散會後，分兩組參觀，一組至磁器庫，一組至文淵閣，復登神武門禁城遊覽。(《北平協會席上之胡適講演》，載《協會會報》1930 年 6 月 5 卷 6 期，18～19 頁)

6 月 18 日，大公子袁澄出生。(2009 年 9 月 14 日筆者採訪袁清先生)

6 月 20 日，武昌私立文華圖書館專科學校董會〔註37〕之十九年年會，在文華公書林舉行。袁同禮、周貽惠、戴志騫、陳宗良、馮漢驥因路途遙遠，未能出席，但均來電指示及議提各相關事宜。(《文華專科學校之新計劃》，載《協會會報》1930 年 8 月 6 卷 1 期，40 頁)

6 月起，開始兼任北平圖書館期刊部主任，直至 1935 年 2 月為止。(國立北平圖書館館務報告(民國二十三年七月至二十四年六月)：27。[R/OL]，[2011-01-29]，http://www.cadal.zju.edu.cn/book/16002259/。)

7 月，國立北平圖書館以江南書價廉且多善本，派趙萬里赴寧、滬、蘇、杭各地採訪古書，所獲頗多，待編目後，即可供閱覽。同時，該館在北平購得「樣子雷家」工程模型 37 箱，此係圓明園及三海、普陀峪陵工程各項模型。(《國立北平圖書館之新藏與新預算》，載《協會會報》1930 年 8 月 6 卷 1 期，31～32 頁)

夏，裘開明自美國哈佛大學啟程返國。在 11 月 15 日致 George Henry Chase 函中提到：「我的家與袁同禮(Yuan Tung-li)住在同一個院子裏」。(程煥文《裘開明年譜》，49～50 頁) 12 月 23 日，George Henry Chase 覆函給裘開明，「……與袁(同禮)先生住在一起肯定很有幫助，我很高興你與國家圖書館館長的關係很好。……」(程煥文《裘開明年譜》，50 頁) 在 1931 年 10 月裘開明致田洪都的信函中，再次提及與袁先生同住一地之事，云「敝內已於上月來平，現與袁同禮先生同居一屋(南長街五十三號)。此屋前係劉國鈞先生所住，劉君因事不能來平，故弟得租來居住，可謂幸矣」。(程煥文《裘開明年譜》，70 頁)

第一次全亞教育會議(First All Asia Educational Conference)由全印教育

〔註37〕袁同禮擔任該校董事，嚴文郁回憶說：「籌措經費，推薦教授，凡是校中不得解決的問題，只要校長沈紹期師商量他，他沒有不盡心竭力予以臂助的。」(參見嚴文郁《提攜後進的袁守和先生》一文)

協會聯合會（All India Federation of Teachers』Associations）負責組織，定於是年 12 月 26 至 30 日在本奈爾（Benares）舉行。該大會特別注重圖書館事業，因成立圖書館業務組（Library Service Section），推阮岡納贊（S. R. Langanathan）為書記。該會決定搜集亞洲各國之圖書館運動完全報告。接函後，中華圖書館協會積極響應，約於是年夏秋間，將中國圖書館概況寄贈該會多份。（《第一次全亞教育大會》，載《協會會報》1930 年 8 月 6 卷 1 期，43～44 頁）

9 月 1 日中午，在中海居仁堂北平圖書館招宴友人，梁啟勳（仲策）、梁思成、林徽音、梁思永、周國賢等到宴。宴畢，共觀圓明園及北海模型，並至養蜂夾道該館新建館舍參觀，梁思成、林徽音等多有指陳。（《吳宓日記》（第五冊　1930～1933），108 頁）

經袁同禮協商，國立北平圖書館有與美國哥倫比亞大學訂立交換圖書館員之約，自本年起實行。北平圖書館派西文編目組組長嚴文郁前往，定於 9 月赴美。此為中國與外國交換館員之創始。另有蔣復璁受浙江省教育廳委派，赴德國考查圖書館事業、研究圖書館學，已於 8 月 4 日抵柏林。（《嚴蔣兩君分遊歐美》，載《協會會報》1930 年 8 月 6 卷 1 期，31 頁）

10 月 1 日，時在倫敦的吳宓晤翟林奈（Lionel Giles，即小翟理斯），投袁同禮介紹函，因是，翟氏導觀敦煌經卷及中國藏書。（《吳宓日記》（第五冊　1930～1933），131 頁）

10 月 10 日至 12 日，國立北平圖書館擇近兩年來所得之精良善本，開圖書展覽會。此間參觀人數達三、四千人。（《國立北平圖書館之展覽會及新委員》，載《協會會報》1930 年 10 月 6 卷 2 期，17 頁）

10 月 22 日，國立北平圖書館委員會開會，進行改選。結果：任滿之劉復、孫洪芬連任委員，選舉陳垣為委員長，馬敘倫為副委員長，孫洪芬、袁同禮分別繼任會計和書記。（《國立北平圖書館之展覽會及新委員》，載《協會會報》1930 年 10 月 6 卷 2 期，17 頁）

10 月 25 日，朱啟鈐致函袁同禮，欲寄存其收購德人穆麟德（P. G. von Mollenderff，1848～1901）22 箱藏書。

10 月，《民國十九年來出版之地志書簡目》在《中華圖書館協會會報》第 6 卷 2 期上發表。該目錄首列地區名，然後按地方志名稱、卷數、編纂人、刊印年及刊印方式排列。（見《協會會報》該期 7～13 頁）

12 月 21 日，北平圖書館協會在輔仁大學圖書館舉行本年第四次常會，機

關會員 17 名、個人會員 32 名出席。會前，在室外合影紀念。開會時，先由輔仁大學教授兼圖書館主任謝禮士講演德國圖書館發達小史，繼由袁同禮口譯，再由徐致遠報告該館情況。最後討論會務，擬重編北平圖書館指南及會員錄，于震寰提議編製北平各圖書館所藏日文期刊聯合目錄，獲通過。閉會，輔仁大學圖書館備茶點。(《北平圖書館協會常會》，載《協會會報》1930 年 12 月 6 卷 3 期，15 頁)

　　約在是年冬，朱啟鈐致函袁同禮，希望將其與梁士詒、周自齊集資購買的德人麥倫多夫所藏關於中國問題之西文書籍，寄存於國立北平圖書館。原函曰：

> 守和仁兄館長大鑒，啟者：民國三年，曾任寧波稅務司德人麥倫多夫在華逝世，身後鬻其藏書，弟曾與梁燕蓀周子□（廠字頭，下面一個巽）兩君，集資購得，計裝二十二箱，當時因掌內務，籌辦古物陳列所諸事，以傳心殿為辦事地點，此書購到即置殿旁閒屋，旋以出京多年，迄未搬取，本年九月，始悉移存保和殿夾室，乃與古物陳列所柯主任商妥，提至咸安宮內會議開箱點查，並承執事撥派岳君良木，及打字生四人，幫同清理，箱內華洋各書，始得全份草目，並以乙份奉上，計已賜閱，嗣因敝宅插架未齊，暫存咸安宮右側屋內，並接該所來函，轉即隨時移運在案，弟在當年因莫利遜遺書，已為外人購去，動於激刺，故將此書全份購存，並置之完全著名國家之圖館書〔圖書館〕，整個保存，仍不令原藏此書之人姓字湮沒，茲值貴館新築落成，插架宏富，中外圖書，類別群分，麥氏生前於東方文史，搜集甚勤，弟近日研究中國營造整理故籍，追懷麥氏頗具同感，閱貴館收受寄存圖書條例，知有專室庋藏，公開閱覽，及附加條件各項辦法，殊於處置此項書籍最為適宜，但該規則第三款各項記載，在事實上非俟全份書籍清理完竣，不能著手，此項書籍，擬請先向古物陳列所就近移取，置館專室庋藏，一面剋日整理，一面由弟處隨時接洽，根據現存規則，商訂限制條件正式結約以期完善，茲先附上憑函一件，即祈貴館派員會同弟處代表，向古物陳列所接洽搬取書箱，此外各節，如荷同意，亦希示覆，為幸，此頌臺綏！朱啟鈐。

接函後，該館即著手整理，翌年有望能公開閱覽。(《麥倫多夫藏書寄存北平

圖》，載《協會會報》1930 年 12 月 6 卷 3 期，15～16 頁）

約在是年，經洪業介紹，朱士嘉得以向袁同禮請教有關美國國會圖書館藏中國地方志的情形。據朱氏回憶：「他欣然接見，並以該館 CLAYTOR 所編館藏方志草目見贈。由於得到他的支持，充實了我在 1935 年編著的《中國地方志綜錄》的內容，同時獲得參考北平圖書館館藏大量地方志的機會。」（朱士嘉《我所瞭解的袁同禮先生》，載《圖書館學通訊》1985 年 3 期，90～92頁）

約在是年，住在南京時，每天都在夫子廟、大行宮、水西門等地搜羅古玩或舊書。一次花了 120 多塊大洋買回一本舊書，異常高興地說：「真難得！太便宜了！真正的宋版！只合一塊錢一頁。」（彭昭賢《追念袁守和先生》）

約在 1929～1931 年間，袁同禮為裘開明所著《中國圖書編目法》「附錄二編目參考書舉要」三校清樣給予指點。（程煥文《裘開明年譜》，33 頁）

是年，國立北平圖書館出版部分珍本秘籍，如《全邊略記》《通志條格》《埋劍記》等，頗有益於學術。（《讀書月刊》1931～1933 年第 1、2 卷均有廣告介紹）

1931 年（民國二十年，辛未）　37 歲

3 月 21 日，國立北平圖書館與中國營造學社在中山公園水榭公開展覽圓明園文獻、遺物，包括工程做法、燙樣模型、進呈圖樣、線法圖繪以及繪畫題詠、中外人士之紀事雜錄等數百餘品。（《圓明園文獻遺物展覽會》，載《協會會報》1931 年 4 月 6 卷 5 期，29～30 頁）

4 月 5 日下午 3 時，北平圖書館協會在藝文中學仁山圖書館舉行本年第一次常會。機關會員 15 名、個人會員 28 名出席。首先由主席袁同禮宣布開會，恭讀總理遺囑，全體起立。袁同禮言，此次常會早應召集，但因無適當講演員而推至今日，以後打算以研究、討論實際問題代替講演，這或可糾正理論空泛之弊。此次的議題為「北平中小學校圖書館問題」。先討論諸君預備之議案 6 件。其間，羅靜軒提出兒童讀物出品較少，選擇困難。針對此點，袁同禮提議，致函各大出版家，請其注意發展辦法，獲眾認可。李文祁提有「本市各中小學均應添設圖書館案」，說明大意後，由袁同禮提付討論，議決致函教育局採擇施行。再討論中學圖書館之困難問題。畢，舉行本屆執行、監察委員選舉，結果，袁同禮、羅靜軒、于震寰、馮陳祖怡、洪有豐、薛培元及汪長炳當選執行委員，李文祁、岳良木、翟曾桐、張一航及趙福來當選監察

委員。又議決請各會員自由按區認定調查北平市內各中小學圖書館實況。散會後，仁山圖書館上茶點招待。(《北平圖協會常會》，載《協會會報》1931 年 4 月 6 卷 5 期，27～29 頁)

5 月 1 日，圖書館學家、圖書館事業家、教育家韋棣華女士逝世。袁同禮題挽詞「館閣集琳瑯卅載辛勤堪不朽，聲名溢中外一朝風燭倍傷神」。(《韋棣華女士追悼大會紀略》一文的「附錄韋棣華女士追悼會挽詞及來華三十週年紀念題辭」的「貳 朋友挽詞之屬」部分，載《文華圖書科季刊》1931 年 9 月 3 卷 3 期，396 頁)

5 月，梅蘭芳、余叔岩發起的「國劇學會」成立。「學會成立那天，到會祝賀的有李石曾、胡適、袁守和、于學忠、溥西園、劉半農、劉天華、梁思成、焦菊隱、王泊生、王夢白、管翼賢、徐凌霄等各界人士數十人」。(李伶伶著《梅蘭芳和孟小冬》，江蘇文藝出版社 2008 年版，198 頁)

是年春，中華圖書館協會舉行改選，結果，執行委員會任滿之袁同禮、李小緣、胡慶生、沈祖榮、杜定友，及監察委員會任滿之柳詒徵、楊立誠、毛坤，均得連任。袁同禮得票數最多，為 170 票。(《本屆選舉結果》，載《協會會報》1931 年 4 月 6 卷 5 期，22～23 頁)

是年春，接英國漢學家翟林奈 (Lionel Giles) 來函，得知在英國所存四冊《永樂大典》的相關情況。爰將此信息揭之《國立北平圖書館館刊》，名為《永樂大典現存卷數表再補》。(和 (袁同禮)《永樂大典現存卷數表再補》，載《國立北平圖書館館刊》1931 年 3、4 月 4 卷 2 期，42 頁)

6 月 25 日，位於北海公園迤西的國立北平圖書館〔註38〕舉行新廈落成典禮。該工程始於 1929 年春，1931 年夏始完成。新館富麗堂皇，中外人士交相讚譽。是日，共兩千餘人到場。與會者均受贈《國立北平圖書館概況》一冊，及《開會秩序單》一紙。上午 9 時，由館長蔡元培主席而開會，並作報告。繼由教育部代表蔣夢麟、中華教育文化基金董事會代表任鴻雋、市黨部代表董唯〔為〕公 (即董霖)、市長胡若愚致詞。畢，先後由李石曾、協和醫學校校長顧臨及陳衡哲發表演說。之後，副館長袁同禮致答詞，大意謂：「今日本館舉行落成典禮，承蒙諸君惠然來臨，謹先代表本館同人深致謝意，一切招

〔註38〕所在地原為明代玉熙宮、清代御馬圈舊址。因館內藏有文津閣《四庫全書》，所以改館前的「三座門大街」為「文津街」。(張秀民，袁同禮先生與國立北平圖書館〔J〕，國家圖書館學刊，1997 (3)：53～59，92。)

待欠周，並請原諒！查本館之落成，實各界聯合努力之結果，故非常高興，本館藏書價值數百萬元，以往均藏置普通建築之房中，時有遭遇火險等恐慌，去年復出資六十餘萬元，購置多卷圖書，本館負擔益重，偶一不慎，損失不資。現圖書等均已移置新館之安全屋中，同人責任頓覺減輕若許，惟希望此後閱覽人等能儘量利用為幸。本館落成，教部及文化基金會為力實深，工程師設計師及監工人等，均極努力：不得不特致謝意，而平市府及工務局亦均極力幫忙，更須致謝者，為朱桂莘先生，因本館一切彩畫，其圖案均經過先生之審定者。此外尤應特別感謝梁任公家族，以任公所藏全部圖書七萬餘卷，及任公信札等均存於本館。而協和醫學院亦有專門雜誌捐贈，各外國圖書館賀電紛來，統此致謝。」袁先生復以外賓甚多，爰將上述答詞用英文譯述一次，聽眾頗覺便利。時已 10 時半，遂全體攝影，之後入館參觀。來賓於正午始盡興而去。（李文裿《國立北平圖書館新築落成開幕記》，載《協會會報》1931 年 6 月 6 卷 6 期，4～7 頁）次日，天津《大公報》刊發了國立北平圖書館落成禮的 4 幅照片，其中左上幅為袁同禮先生致詞時的全身照，右下幅為董霖、胡若愚、蔣夢麟、袁同禮、蔡元培、任鴻雋等人的合影。右上和左下兩幅照片分別為北平圖書館大門、到會群眾及門前之華表。（《北平圖書館落成禮》，載天津《大公報》1931 年 6 月 26 日（1 張 4 版））新館建成後，袁同禮認為新書太少，於是儘量發信給外國圖書館、出版界，自我介紹。結果收到各處贈書不少。（沈亦雲《紀念袁守和先生》）

　　6 月 30 日，《國立北平圖書館之使命》一文在《中華圖書館協會會報》第 6 卷 6 期上發表。大意謂：民智通塞與圖書館事業盛衰相為表裏；「吾國之正式有近代式的國立圖書館」自京師圖書館始；北平圖書館與北海圖書館合併後，在藏書方面，注重中西文並舉，成績顯著；國立北平圖書館的使命是「成為中國文化之寶庫，作中外學術之重鎮，使受學之士，觀摩有所，以一洗往日艱閟之風」、「通中外圖書之郵，為文化交通之介」、與全國同仁互相提攜，發揚光大圖書館事業，「以期為國家樹長治久安之基」。（袁同禮《國立北平圖書館之使命》，載《協會會報》1931 年 6 月 6 卷 6 期，3～4 頁）

　　7 月 1 日，國立北平圖書館正式對外開放閱覽。（張秀民《袁同禮先生與國立北平圖書館》）

　　是年夏，國立北平圖書館與北戴河海濱公益會合組海濱圖書館，公益會關觀音寺全所為館址，北平圖書館提中西文重複書入藏，並派員從事。7 月 1

日至 8 月 31 日開館，圖書可閱可借，成績較佳。(《北戴河海濱圖書館》，載《協會會報》1931 年 10 月 7 卷 2 期，15 頁)

是年夏，袁同禮向東北大學圖書館推薦桂質柏為館長人選。(《遼寧東北大學圖長人選正物色中》，載《協會會報》1931 年 8 月 7 卷 1 期，19 頁)

10 月 20 日，鄭壽麟致函袁同禮，擬將德國研究會附設於北平圖書館內，請求袁同禮協助，並願將所藏德文圖書附送之。袁同禮覆函表示願意襄助。(《北京圖書館館史資料彙編（1909～1949）》，358～363 頁)

10 月，鄭壽麟創辦德國研究所（後取名「中德學會」），袁同禮在北平圖書館內撥一靜室，作為鄭氏的研究室兼德國研究所的通訊處。該研究所在此共維持 18 個月才搬出。(鄭壽麟《從永樂大典與圖書集成說起——袁守和先生與中德文化之溝通》)

是年，「徐森玉與袁同禮、趙萬里等集資，為北平圖書館購入明萬曆丁巳（1617 年）刻本《金瓶梅詞話》一部，計一百回，並以古佚小說刊行社的名義，影印了一百二十部。當時魯迅在上海亦購了一部。後被富晉書社翻印謀利，涉訟法庭。」(鄭重《徐森玉》，文物出版社 2007 年版，96～97 頁)

1932 年（民國二十一年，壬申）　38 歲

1 月 10 日，北平圖書館協會假國立北平圖書館舉行本年第一次常會。上午 11 時許，會員陸續到齊，其中機關會員 16 人，個人會員 33 人。北平圖書館招待用餐。下午 1 時許舉行常會，袁同禮從五方面報告上年度工作概況：「(一) 兒童書目印刷過半，約兩星期即可出版。(二) 圖最低限度應備之期刊目錄，現已印妥。(三) 中小學校圖調查工作亦將完成，擬於第六期會刊中發表。(四) 北平各圖日文期刊聯合目錄，不久亦可完成。(五) 本會擬重編會員錄，會員住址更移者，請即通知，以便增訂。」議決通過下次常會在中法大學舉行。次選舉執監委員，結果：袁同禮（被推為 1932 年度執委主席）、馮陳祖怡、羅靜軒、施鳳笙、汪長炳、田洪都、李文褍當選為執行委員，胡樹楷、陸華深、張一航、謝禮士、邵世英當選為監察委員。選畢，為會員分贈《故宮圖書館概況》及《圖必備之期刊目錄》各一冊。至 3 時始宣告散會。(《北平圖書館協會第一次常會》，載《協會會報》1932 年 2 月 7 卷 4 期，19～20 頁)

在洪業 4 月 1 日提交的《哈佛燕京學社北平辦事處圖書館建設備忘錄》

中，指出袁同禮對該建築設計圖和細節提出了一些建議：「1.機械安裝的預算（國幣 32000 元）有些低；2.設計的辦公室有些小；3.把印刷和裝訂區分離出去；4.整個預算用應從國幣 240120 元提高到國幣 300000 元；5.建築特色與建築工程同等重要，不能忽視。」（程煥文《裘開明年譜》，79 頁）

4 月 7 日，裘開明致函 George Henry Chase，談關於編印國立北平圖書館中文館藏卡片目錄項目的意見。附件《關於編印中文書籍卡片目錄的備忘錄》曰：

> 由袁同禮（Yuan Tung-li）先生提出的計劃極好，但是以下幾點值得商榷，希望他們接受……1.採用『單元卡』體系：袁先生計劃每年編印 1 萬種書的卡片目錄，每種由 4 張卡片組成，印製 20 套。我認為，以袁先生給出的樣片來看，為 1 種書準備 4 張不同的卡片完全沒有必要。我建議採用單元卡體系的原則，即每種書僅 1 張主卡，上面包括全部的著錄信息。這種『主卡』（key card）可以按作者順序排列，也就是卡片第一行反映作者信息。其他對於圖書館來說必須的卡片目錄……可以通過手工在卡片上做標記的方法來排列組織。……2.僅用一種顏色印製卡片：袁先生計劃採用兩種顏色印製卡片，作者名用紅色，其他著錄信息用黑色。這種雙色的辦法實在沒有必要，只會增加印刷成本。……3.國立北平圖書館與燕京大學圖書館合作：儘管編印卡片目錄的工作主要委託國立北平圖書館，……但是還是應該讓它與燕京大學圖書館密切合作。這種合作最好由哈佛燕京學社圖書館派一到兩名成員加入合作編目委員，該委員會是一個監督機制，……兩所圖書館合作更重的方面在於，在所有的卡片底部同時印上國立北平圖書館和燕京大學圖書館的索書號……如果一所圖書館既不想採用國立北平圖書館的分類體系，也不想採用燕京的分類體系，他們可以把他們的號碼印在卡片底部。……4.卡片目錄上逐條著錄的格式：關於卡片目錄採用逐條著錄的格式，並著錄全部信息，意見非常不同。……我認為那些卡片目錄上關於作者的信息太簡略，無法確定一本著作。國立北平圖書館的卡片上僅給出作者的姓名和朝代。而我們的卡片目錄，則按照《四庫全書目錄》的完善形式，著錄作者的姓名、字號、在世期……

（程煥文《裘開明年譜》，79～81 頁）

在 4 月 11 日哈佛燕京學社董事會上，George Henry Chase 在談及圖書館卡片印刷時指出：「上次董事會議中，圖書館館長的報告提出一項建議，即圖書館卡片應該採用鉛字印刷，代替現在使用的 Ditto 複製方式。我曾寫信給司徒雷登博士，請他從北平國家圖書館館長袁同禮（Yuan Tung-li）先生那裡瞭解有關使用鉛印方法印刷卡片的計劃和成本。袁同禮先生回覆告知，每套卡片（10000 條目錄，每條目錄 8 張卡片）估價 960 美元，如果開始小規模地印刷 20 套，每年的成本將少於 20000 美元。考慮到學社下一年收益將會極大地減少，學社下一年將不開展該項計劃。」（程煥文《裘開明年譜》，81～82 頁）

春，費正清為完成牛津大學論文來北平，胡適、陶孟和等為其介紹袁同禮。不久，費正清結識了袁同禮，他認為，「袁館長是位有魄力，苦幹，懇篤而辦事有效率的人物。」之後，袁先生為費正清配備一名研究員，協助他使用中文資料。其時，袁先生在圖書館中已設立協助外國學者使用中國史料的專門部門，由顧子剛負責。（費正清《我所認識的袁守和先生》，見《思憶錄》，13～14 頁）

5 月 1 日〔註 39〕，致函陳垣，請求還書，曰：「前尊處借用《元秘史》、《華夷譯語》、越縵堂手稿本及《新會縣志》等書，如已用畢，擬請費神檢出，交去人攜下為感。內中有數種擬交伯希和一看，渠日內來平也」（陳智超編注

〔註 39〕 《陳垣來往書信集》認為此信寫於 1933 年 5 月 1 日，據李固陽考證是在 1932 年 5 月 1 日。（李固陽.《陳垣來往書信集》編年錯誤幾例〔J〕，讀書，1994（4）：149～150。）筆者認同李先生的看法。另有三函，暫不能確定年或月，先錄此，待考證再入年譜。
「援庵先生：
　　奉上擬與商務訂立合同草案，請尊酌。應如何修正，亦希標注，俾有遵循。此係依據常熟瞿氏底本略予改正者。順候時祉。同禮頓首。八日。」（陳智超編注《陳垣來往書信集》，上海古籍出版社 1990 年版，443 頁）
「援庵先生惠鑒：
　　茲送上燉煌照片十四種（見附單），何者可印，何者應刪，請審定示覆，俾有遵循。無任感荷。順候著祺。同禮頓首。四月一日。
　　王重民《巴黎燉煌殘卷敘錄》可供參考。」（陳智超編注《陳垣來往書信集》，上海古籍出版社 1990 年版，443～444 頁）
「援庵先生：
　　李木齋書目茲有所需，請擲交去人帶下。又前寄上之燉煌照片，何者可印，何者不印，並請賜示，俾有遵循為感。暑假中令媛實習事，擬請在圖書館協會實習兩月（或壹月，由渠自定。中南海增福堂）。請轉告是荷。順頌大安。同禮頓首。十七。」（陳智超編注《陳垣來往書信集》，上海古籍出版社 1990 年版，444 頁）

《陳垣來往書信集》，上海古籍出版社 1990 年版，443 頁）

　　5 月初，交通部訂定郵票加價辦法，中華圖書館協會執行委員會於 5 月 3 日致電行政院長汪精衛，就圖書館界立場，痛陳其不可，結果書籍印刷品郵費仍照原來辦法。(《電爭書籍印刷品郵資加價》，載《協會會報》1932 年 6 月 7 卷 6 期，26 頁）

　　5 月 31 日，致函外交部，請求辦理汪長炳赴美國留學護照：「逕啟者，茲派本館館員汪長炳赴美國留學，就便考查美國圖書館狀況。該員定於七月二十二日乘胡佛總統號輪船由滬放洋，擬懇貴部按照政府公務員待遇發給護照一紙（official passport），以便啟程。相應檢同該員照片十張及護照費國幣捌元，函請察照辦理」。(《北京圖書館館史資料彙編（1909～1949）》，365～366 頁）

　　春，國民政府由南京遷都洛陽。〔註 40〕彭昭賢和袁勤禮也將家由南京遷至開封。國難會議結束後，二人到北平探親。是時，袁同禮和袁敦禮共同租住在東城大取燈胡同顏惠慶的公館裏，因房屋較多，因此安排他們住下。其間，袁同禮說過幾句沉痛的話：「在這裡多住幾天吧！南京都準備放棄了，北平還能保持多久？吾輩報國有心，請纓無力，只能做到不做敵人的順民而已」。(彭昭賢《追念袁守和先生》)

　　6 月 4 日，洪業函告袁同禮，大意謂，「裘開明對國立北平圖書館目錄卡片印刷項目進行了評估，但由於學社下一年度的經費縮減，董事會無法繼續資助國立北平圖書館目錄卡片印刷的項目。」(程煥文《裘開明年譜》，86 頁)

　　6 月 30 日上午 11 時 9 分，蔡元培乘平浦車抵北平，此行為參加中華教育文化基金董事會第八次年會。袁同禮與胡適、蔣夢麟、任鴻雋、傅斯年、陶孟和、金叔初、周詒春等約百餘人到站歡迎。(《蔡元培昨午抵平，教育界名人多到站歡迎，出席文化基金年會後即南返》，載天津《大公報》1932 年 7 月 1 日（1 張 4 版）)

　　夏，袁同禮致函毛坤，囑其就返鄉之便調查四川省各圖書館。信中言及調查之目的與方法，據毛坤轉述，約為：「(一) 此次協會調查之動機：(1) 中華圖協會，乃為全國圖事業及會員謀利益者，為明瞭各地情形之故，各省各市皆在著手調查，川省自亦在調查之列；(2) 四川近年頗注意於建設，凡

〔註 40〕1932 年，日本侵略上海的「一‧二八」事變發生。國民政府於 1 月 30 日宣布遷都洛陽。5 月 5 日，《淞滬停戰協定》簽定，蔣介石遂率各部、院、委於 5 月 30 日返回南京，其他機構於 12 月 1 日前陸續遷返。南京國民政府遷都洛陽實際只有 4 個月的時間。

道路市街公園圖多有可觀者，藉此調查知其優劣之處何在，可以借鏡，或補助也。（二）此次調查之目的，其總原因在於設法使川省圖事業，得以發展促進；發展促進之道，不外兩途：一曰聯絡，一曰輔助，所謂聯絡者，約分數端：第一須使各圖中之館員自相聯絡，以謀智識或工作之利益；第二須使四川各圖與各館員互相聯絡，即組織各縣市協會及全省圖協會等；第三須使省縣市各協會，各圖，各館員，與中華圖協會互相聯絡，加入協會互通聲息。所謂輔助者，亦分數端：第一對於會員個人之能力方面，如遇困難問題，不能解決，詢問協會，協會得量力輔助之；第二對於各圖方面，如建築購訂用人及求各地會社之捐贈書報等，函告協會，協會得量力輔助之；對於省縣市協會方面有所提議，或開展覽會，或辦補習學校，或新創立圖等報告協會，協會得量力輔助之。」毛坤每到一地，「有報紙者，即以此意揭諸報端；調查之時，遇各圖負責之人，即以此意詳為解釋焉。」（毛坤《調查四川省圖報告》，載《協會會報》1932 年 12 月 8 卷 3 期，1～6 頁）是年，中華圖書館協會執行委員會還委託沈祖榮調查國內圖書館及圖書館教育狀況。沈於 1933 年 4 月出發，往返費時 1 月，歷 10 餘城，調查圖書館 30 所，詳情參見《中國圖及圖教育調查報告》一文。（沈祖榮《中國圖及圖教育調查報告》，載《協會會報》1933 年 10 月 9 卷 2 期，1～8 頁）

9 月，北平圖書館通函全國各省屬縣徵求新修縣志。後各省縣多有覆函。（《志書銷沉一斑》，載《協會會報》1932 年 12 月 8 卷 3 期，6～10 頁）

在第八年度（1932 年 7 月至 1933 年 6 月）中，中華圖書館協會執委會會務改變方針，對於一切應討論事項，「先由在平執委開會議決作為建議方案，分發平外各執委徵求意見，俟覆信多數通過後，即為議決案，然後由事務所分別實行」。該年度第一次執行委員會議決案有 8 項，包括：改組各委員會案；督促各委員會實際工作俾中途不致停頓案；各委員會人選建議案；增加圖書館館員學識案；交換複本案；各圖書館工作報告案；籌劃本會基金案；徵求紀念捐款案。（《本年度第一次執行委員會議決案》，載《協會會報》1932 年 12 月 8 卷 3 期，13～15 頁）

仲秋，為何澄一所編《故宮所藏觀海堂書目》作序。認為是目所錄為其他書目所不及者，為古鈔本和醫書。（袁同禮《觀海堂書目序》，載《圖書館學季刊》1933 年 3 月 7 卷 1 期，111～112 頁）

12 月 23 日，召開該年度中華圖書館協會執行委員會第二次會議，袁同禮

主持。議決案共 6 項，多屬在北平舉行年會事宜，具體包括：關於第二次年會會期案；關於組織第二次年會籌備委員會案；第二次年會各組委員案；年會會員提案；年會會員資格案；板片調查委員會主席柳詒徵君辭職案。（《第二三兩次執行委員會議議決案》，載《協會會報》1933 年 2 月 8 卷 4 期，17～18 頁）

是年，鑒於北平圖書館編輯之《北平學術機關指南》較為實用，中華圖書館協會決定擴大範圍，編纂《全國學術機關指南》，先通函於各省市教育機關代為調查，蒙各處協助不少。（《擬編全國學術機關指南》，載《協會會報》1932 年 12 月 8 卷 3 期，15 頁）

是年，為世界著名作家歌德逝世一百週年，北大德籍教授洪濤生（Hundhausen）與鄭壽麟合辦《歌德紀念特刊》（Dem Andenken Goethes），作為天津《德華日報》（Deutsch Chinesische Nachrichten）的副刊，但須貼補一部分印費。幸得袁同禮出面，由北平圖書館認購 200 份，為他們免除了債務負擔。（鄭壽麟《從永樂大典與圖書集成說起——袁守和先生與中德文化之溝通》）

是年，邀請西門華德以「交換館員」身份，來北平圖書館研究。（西門華德（Walter Simon）撰，陳祚龍譯《悼念袁同禮博士》）

是年，給來華學習研究的顧立雅（Herlee. G. Creel，1905～1994）賓至如歸之感。同時，派一名傑出的金石學家（即劉節），幫助他。在隨後的兩年中，劉節每週都給他幾小時的幫助。（H. G. Creel（顧立雅）《A Confucian Accolade》，見《思憶錄》（英文部分），16～17 頁）

約在是年，袁同禮為中華圖書館協會圖書館捐贈《新橋字典》一冊。（《本會圖受贈圖書誌謝》，載《協會會報》1933 年 2 月 8 卷 4 期，18～22 頁）

1933 年（民國二十二年，癸酉）　39 歲

1 月 3 日，召開該年度中華圖書館協會執行委員會第三次會議，議決案有 5 項，包括：關於第二次年會出席會員招待案；徵求贊助會員案；機關永久會員會費明確規定案；加推何日章君為年會籌備委員案；議決以上所列各案，由本會通告平外其他執委，同意後即日施行。（《第二三兩次執行委員會議議決案》，載《協會會報》1933 年 2 月 8 卷 4 期，17～18 頁）

1 月 10 日，中央研究院歷史語言研究所假歐美同學會宴請伯希和（Paul

Pelliot），除該所研究員、特約研究員外，另請北平研究院李聖章、李書華（潤章），故宮博物院李宗侗，北京大學陳受頤、羅庸，清華大學馮友蘭、蔣廷黻、黎東方，燕京大學許地山，輔仁大學余嘉錫，北平圖書館袁同禮、徐森玉、劉節、謝國楨、孫楷第，營造學社梁思成，西北科學考察團袁復禮、黃仲梁諸人作陪。（《法國漢學家伯希和蒞平》，載《北平晨報》1933 年 1 月 15 日；轉引自：桑兵《國學與漢學》，中國人民大學出版社 2010 年版，118 頁）

1932 年冬，北平協和醫學院圖書館編目部長章新民因病請假。而圖書日積月累，亟待編目，於是該館主任戴志騫夫人託袁同禮代為物色人選，袁氏推薦李鍾履前往任事。李於 1933 年 2 月 1 日至 7 月 31 日在該館服務，達半年之久。（李鍾履《北平協和醫學院圖書館館況實錄》，載《圖書館學季刊》1934 年 3 月 8 卷 1 期，159～173 頁）

4 月 28 日，裘開明致函美國圖書館協會編輯 Emily V. D. Miller，談袁同禮委託他撰寫關於中國民眾圖書館概況的文章。原函為：「北平圖書館副館長袁同禮（Yuan Tung-li）先生因為沒有時間完成鮑士偉（Arthur E. Bostwick）博士委託撰寫的一篇關於中國（民眾圖書館概況）的文章，因此促請我撰寫這篇文章。對此，我深感榮幸，並已與圖書館商量，給我一些自由的時間來完成這個工作。如無意外，我將可以在 5 月份完成這篇文章，並在 6 月的第一周提交文稿。為了中國和袁先生，我非常樂意完成這篇文章。如果忽視了這個責任的話，我將會一直對袁先生和中華圖書館協會感到有所虧欠。但是，如果能更早通知由我來做這個工作的話，我現在就已經完成了這篇文章。請告知交稿的截止日期，我將盡可能按時交稿。」（程煥文《裘開明年譜》，98頁）

1932 年，鄭壽麟發起創辦了德國研究會，然因經費關係，未得擴充。一年後，由鄭壽麟、張嘉森（君勱）、袁同禮等發動中德人士，一起組織籌備委員會，籌組溝通中德文化之機關。籌備委員共 11 人，包括徐道麟、張嘉森、葉企孫、袁同禮、鄭壽麟、馬德潤、飛師爾、謝理士、洪濤生、衛德明、石坦安。籌委會先後開會數次，擬定章程，籌備款項。1933 年 5 月 4 日下午 5 時，在德國使館舉行茶會及中德文化協會成立大會，中方到會者有蔣夢麟、梅貽琦、丁文江、袁同禮、周昌芸、楊丙辰、劉鈞、賀麟、吳屏、鮑鑒清諸人，德方有陶德曼（駐華公使）、洪濤生、石坦安、謝理士、衛德明、艾克、曲齋寶、藍道福斯、西門諸人。由陶德曼主席，衛德明報告籌備經過，並通

過章程，定名為「中德文化協會」。推朱家驊、陶德曼為名譽會長。丁文江、胡適、蔡元培、蔣夢麟、梅貽琦、傅斯年、蔣作賓等 17 人被推舉為董事，組織董事會。董事會下設幹事部，內分 3 組，即總務組、編譯組、圖書組，組長分別為葉企孫、張嘉森、袁同禮。該協會位於北平遂安伯胡同七號，其「目的在為中國介紹德國文化並供給關於德國研究之材料」。最先創設者是圖書館與雜誌室，暫定每週一、四下午 4 至 6 時為閱覽時間。(《中德文化協會成立，推朱家驊陶德曼為名譽會長，丁文江胡適等十七人為董事》，載天津《大公報》1933 年 5 月 7 日（4 版）；《中德文化協會圖》，載《協會會報》1934 年 2 月 9 卷 4 期，16 頁）

是年春，中國考古會在辣斐德路海廬開第二次籌備會議。蔡元培、葉恭綽、劉體智、劉海粟、關百益、顧鼎梅、田玉芝、王濟遠、滕固等到會，公推蔡元培主席，王濟遠紀錄。議決事項之一，推請如下人士為發起人：沈兼士、劉復、傅斯年、沈尹默、徐森玉、容庚、謝英伯、陳蘧生、馬衡、商承祚、柯昌泗、李濟（字濟之）、陳垣、陳寅恪、董作賓、蔡哲夫、胡毅曾、傅韜、李博仁、周輝域、陳世凱、周慶雲、文素松、張靜江、張溥泉、衛聚賢、張鳳、鄭師許、王獻唐、袁同禮、戴季陶、朱子橋、朱啟鈐、梁思成、張家謀。(《中國考古會之發起》，載《協會會報》1933 年 4 月 8 卷 5 期，20 頁）

約在上半年，袁同禮委託武昌文華圖書館學專科學校招考免費生一名。(《圖學免費新生招考》，載《協會會報》1933 年 6 月 8 卷 6 期，24～26 頁）

7 月 5 日，時在上海的蔡元培與袁同禮聯名致函教育部長王世杰，談影印《四庫全書》未刊珍本事。原函曰：

> 敬啟者，聞大部現擬影印四庫全書未刊珍本，仰見發揚文化，嘉惠士林之至意，無任欽佩。竊查此書校寫，遠在一百五十年前，或著錄各省採進之本或輯自永樂大典殘帙，內中雖間有採自稿本，然大多數固多有刊本也。今茲選印，如標以「未刊」二字，於名稱上似覺未妥。此應請大部予以考慮者一也。又四庫罕傳之本，有原書未亡，而館臣未及搜討者；有據殘本入館，而全帙至今尚存者。且館臣於原書面目，任意竄改，脫簡遺文，指不勝屈。今如以本館近年所收宋元明舊刊或舊鈔之本，一一比勘，尤足證明館臣竄改摧毀之處，不一而足。且館臣未及見之孤本秘笈，今則巋然尚存天壤，今茲影印，凡有舊刻或舊鈔足本，勝於庫本可用以代替者，允宜採

用原帙，以存古書之面目。此應請大部予以考慮者二也。至此外四庫所收之書，今無舊本流傳，非影印庫本，別無補救之法者，為數甚多。內中雖不無罕傳之本，但如明人關於經史之著述，其內容在學術上多無價值，今如以機械方式一一影印，非特為一無意義之舉，而貽誤後學，關係尤非淺鮮。擬請大部延聘通人，或組織委員會，詳為審查，嚴定去取，藉收集思廣益之效。此應請大部予以考慮者三也。又四庫集部諸書，概無目錄，翻檢為艱，本館近年以來，補輯此項篇目，業已竣事，自應排印於每書卷首，以資檢查。管蠡之見，是否有當，敬希鑒核。謹呈教育部長。國立北平圖書館館長蔡元培、副館長袁同禮。附四庫罕傳本擬目一冊。

此函建議於教育部者有四：一、「未刊」二字於名稱未妥；二、用宋元明舊刊或舊鈔本校勘庫本；凡有舊刻或舊鈔足本勝於庫本者，宜用原帙；三、應延聘通人，或組織委員會，對影印之書嚴定去取；四、四庫集部諸書概無目錄，查檢不便，北平圖書館已輯完此項篇目，建議排印於每書卷首。（《蔡元培等向教部貢獻影印四庫全書意見》，載《申報》1933 年 8 月 5 日（4 張 16 頁）；另見於：《北平圖書館館長副館長上教育部呈》《教育部部長覆蔡袁二君函》，載天津《大公報文學副刊》第 293 期，1933 年 8 月 14 日（3 張 11 版））為此事，袁同禮還曾親自赴南京，向教育部貢獻意見，但未獲採納。（該刊編者《最近關於影印四庫全書之文獻》，載《浙江省立圖書館館刊》1933 年 8 月 2 卷 4 期，123～128 頁）

　　7 月 13 日，張元濟覆函袁同禮和趙萬里，繼續商討影印《四庫全書》未刊本事宜，認為「二公高見與教部原意，分之兩利，合之兩妨」，宜將庫本和善本分別印行。原函為：

　　　　守和，斐雲，先生大鑒：敬覆者，昨得斐雲兄十一日手書，展誦祗悉。影印四庫未刊本，二公主張擬用善本替代，並聯合南北各學術團體及各地學者，即日草具公函，向教育部當局建議，甚盛甚盛。惟弟竊以為茲二事者不妨兼營並進，而不必並為一談。四庫所收，非盡善本，且有殘缺訛誤，無庸諱言。但其間頗有未經刊行或雖已刊行，而原本不易購求者，如能及早影印，俾得流傳，當亦大雅之所許。曩者敝公司兩次陳請借印，業奉正式批示，裝箱待發，忽生阻梗，事敗垂成。流光荏苒，今已十餘年矣。此十餘年來歷劫無算，是書巋然尚

存，可稱萬幸。過此以往，殆不可知。此次教部以印事見委，敝公司
灰燼之餘，雖喘息未定，不敢稍有推諉，固為自身了夙願，亦為學術
效微勞也。至流通善本，尤為弟之素志，今得二公提倡，海內公私藏
書家苟願出其所藏，贊成茲舉，撫衷欣幸，豈可言喻。二十餘年來，
先後輯印續古逸叢書四部叢刊百衲本二十四史者，皆此意也。若無一
二八之變，四部叢刊續集，又早已發行矣。至以善本代庫本，則鄙見
竊以為不必，且於事勢亦有所不能。善本難遇，乞假尤難，往返商榷，
更多耽閣，如是則觀成無期。且善本亦正無窮，先得一明本，以為可
以替代矣，未幾而有元本出，又未幾而有宋本出，若以明本自畫，則
於目的有違，若必進而求元本，更進而求宋本，則觀成更無期。故弟
竊以為二公高見與教部原意，分之兩利，合之兩妨。方臺駕蒞滬之初，
辱承見教，弟均以此意上答。今斐兄復傳述守兄雅意，殷殷垂誨，當
與王李二君商酌，均以為於印行庫本外，所有公私善本，允假敝館影
印者，苟於照相製版技術上認為可能，極當勉力承印，與庫本並行不
悖。此則敝公司願竭其綿薄，而與各學術團體及學者通力合作者也。
謹布區區，伏為亮察，順頌署祺百益。張元濟謹啟，二十二年七月十
三日。〔註41〕

（《張元濟對於影印四庫全書意見》，
載《申報》1933 年 8 月 10 日（4 張 15 頁））

　　7 月 18 日，浙江省立圖書館致函袁同禮，索影印四庫罕傳本擬目，並質
款。（《浙江省立圖書館館刊》，1933 年 2 卷 4 期，236 頁）

　　7 月 19 日，教育部長王世杰覆函蔡元培和袁同禮〔註42〕，大意謂：《四庫
全書》雖多刊本，而未刊者確有 300 餘種，此次即重在於此，故定名未刊珍
本。四庫所收，非盡善本，然版本追究與典籍採訪，頗費時日，且庫本與刊
本並印，不符存四庫真相之原意，所以仍主張機械方式一一影印。教育部預

〔註41〕是函與《張元濟全集・第 3 卷・書信》（商務印書館 2007 年版）第 5 頁所載
　　　　打字稿略有出入，讀者可對照閱讀。

〔註42〕在影印《四庫全書》未刊珍本一事中，教育部回覆學者們的信，大多是由蔣
　　　　復璁執筆。時任教育部長的王世杰對蔣復璁說：「不要說話，所有的話由教育
　　　　部來講，而實際上由你來作文章」（蔣復璁等口述，蔣復璁口述回憶錄〔M〕，
　　　　黃克武編撰，臺北：中央研究院近代史研究所，2000（民國八十九年）：54。
　　　　（中央研究院近代史研究所史料叢刊 42 輯））

定組織一委員會，審定目錄。望北平圖書館能承擔籌印四庫底本事宜，如果同意，可擬定計劃，報部備案。(《蔡元培等向教部貢獻影印四庫全書意見》，載《申報》1933 年 8 月 5 日（4 張 16 頁）；另見於：《北平圖書館館長副館長上教育部呈》《教育部部長覆蔡袁二君函》，載天津《大公報文學副刊》第 293 期，1933 年 8 月 14 日（3 張 11 版））其意與張元濟類同。

7 月，國內學者大多贊成北平圖書館主張，於是聯名上書教育部。函件載於 8 月 13 日《申報》上，署名有董康、傅增湘、葉恭綽、朱啟鈐、江瀚、沈士遠、朱希祖、李盛鐸、沈兼士、陳垣、張允亮、徐鴻寶、馬廉、冒廣生、馬衡、徐乃昌、張之銘、顧燮光、顧頡剛、劉復、湯中、陳寅恪、陶湘、趙尊岳、劉承幹。他們對影印《四庫全書》未刊本的意見，大抵與北平圖書館相同：認為用「未刊」名不妥，不如用「罕傳」；四庫書有他本可代者，應採用他本。惟又提出分甲乙編相輔而行（甲編為無他本可代之庫本，乙編為質量高於庫本之善本或庫本所自出之底本），擬定名「四庫萃珍」，則稍殊耳。(《董康等對籌印四庫全書意見》，載《申報》1933 年 8 月 13 日（5 張 18 頁））後董康、劉承幹又轉向贊同教育部做法。(《董康等覆函王世杰，請速景印四庫全書》，載《中央日報》1933 年 9 月 15 日（1 張 3 版））

8 月 3 日，袁同禮返平。《申報》記者往訪，他詳談影印《四庫全書》未刊本意見。談話內容發表於 8 月 5 日《申報》上，謂：

> 此次政府決定選印四庫全書，北平圖書館同人，曾提出兩種主張：①文津閣本抄寫最晚，且據善本重校，故卷中訛誤較少。乾隆在熱河行宮時，每日翻閱，屢飭館臣詳校，遇有錯字，罰令重寫，故卷中剜改之處甚多。一一比勘，擇善而從，每書之後，並附校勘記，不得置文津本於不顧。②四庫本經館臣竄改，已大失原書面目，內中以宋元人文集奏議及史部各書為尤甚。此次影印，凡公私所藏舊刻或舊鈔，可用以替代庫本者，應採用最古之本，而廢庫本，以存其真。本館並擔任向各藏書家，商借影印，匯為大觀，為學術前途計，雖採訪稍費時日，亦所不惜。換言之，非至不得已時，不用庫本。本館為貫徹此項學術上主張起見，特印行「景印四庫全書罕傳本擬目」分寄國內外學術機關及藏書家，徵求意見。一月以來，各方覆信一致贊同，足徵本館之主張，已成全國學術界之共同主張。本人在滬時，曾與館長蔡子民先生聯名上教育部一呈，申述吾人立

場。滬上精通目錄版本之學者，如董康、張元濟、徐乃昌、劉翰怡、葉恭綽、冒光〔廣〕生諸先生，均力贊此項主張，並由葉君主稿，聯名致函教部，貢獻同樣之意見。誠以此項工作，決非機械式之影印，便可了事，內中如版本之校勘目錄序跋之增補，工作繁重，亦非短時期所能舉辦，吾人為國家文化事業，似不宜草率從事也。近接王部長覆函，對於吾人之主張，似未能容納，但本人既負典守之責，見聞所及，自當力圖補救。現又派本館編纂趙萬里先生南下接洽作最後之努力，如當局仍主張以機械方式，一一景印，則北平圖書館之參加，尚待考慮云。

（《蔡元培等向教部貢獻影印四庫全書意見》，
載《申報》1933 年 8 月 5 日（4 張 16 頁））

8 月 4 日下午 4 時，在國立北平圖書館召開中華圖書館協會第二次年會第一次籌委會。到會者有施廷鏞、王文山（唐貫方代）、馮陳祖怡、田洪都、陳尺樓、袁同禮（主席）、李文裿、何日章（馮陳祖怡代）。首先由袁同禮報告，大意為：「此次在南方晤及京滬執委，多數主張第二次年會既一再延期，似不宜再緩，並決定年會地點在清華大學較為合宜。適清華梅校長亦在南京，商定八月廿八日至三十一日假該校開會。遂一方面在北平發致各會員通知，一方面在南京向教育部接洽轉咨鐵道部，照章減價乘車，惟此項辦法，輾轉進行，不無迂緩，擬由協會致函各地方協會集中各地方會員同時起程，直接向各路局接洽，兼程並進，較為迅速。至於此次會議所討論之範圍，以圖書館經費及民眾教育為中心，其他專門問題亦附討論。最要者各處圖書館與民眾教育館決不應與地方政治發生關係，應努力造成為一種學術機關，至於各圖書館經費過少不易發展，此次特付討論，以便喚起教育當局之注意焉」。籌委會議決事項共 10 項：（1）招待組計分食宿遊覽交通三項，推北平及清華圖書館擔任。（2）註冊組分收費，證章及印刷品，發饍券等項，推協會及燕大圖書館分別擔任。（3）文書庶務會計三組統由協會擔任之。（4）廿六，廿七，廿八，三日派人赴東西兩車站迎候會員，大陸長途汽車亦按時到站以便來平會員逕赴清華。（5）會員遊覽地點為玉泉山，頤和園，故宮博物院，古物陳列所，歷史博物館，團城，以上各處分別接洽免費後，再補公函。（6）制定年會日程。（7）推定分組討論負責人員。在圖書館行政組，有袁同禮（主席），

洪有豐（副主席），馮陳祖怡，姚金紳（書記）。（8）聘請大會講演員及公開學術講演員。（9）推定王文山、沈祖榮、袁同禮為大會主席團成員。（10）議決向下列各機關進行募款：行政院駐平政務整理委員會、北平市政府、河北省政府、北平圖書館、國立清華大學、燕京大學、國立北京大學、中法大學、北平大學、師範大學、地質調查所、故宮博物院。（《第二次年會之籌備》，載《協會會報》1933 年 8 月 9 卷 1 期，12～15 頁）

8 月 10 日，《申報》登載張元濟對影印四庫未刊本的意見，仍是折衷北平圖書館和教育部之主張。（《張元濟對於影印四庫全書意見》，載《申報》1933 年 8 月 10 日（4 張 15 頁））此後，聞風繼起者迭出，其主張大抵包括正、反及折衷三方面。（該刊編者《最近關於影印四庫全書之文獻》，載《浙江省立圖書館館刊》1933 年 10 月 2 卷 5 期，131～148 頁）此不贅述。

8 月 11 日，教育部明令公布《編訂四庫全書未刊珍本目錄委員會組織章程》，以希通過該委員會，對南京國立中央圖書館籌備處編輯的《四庫全書未刊本草目》加以修訂。委員人選由蔣復璁擬定，教育部批准，共 17 人，包括陳垣、傅增湘、李盛鐸、袁同禮、徐森玉、趙萬里、張允亮、張元濟、董康、劉承幹、徐乃昌、傅斯年、顧頡剛、柳詒徵、張宗祥、葉恭綽、馬衡。8 月 14 日發出聘書。（《影印四庫全書，現正編訂珍本目錄》，載《中央日報》1933 年 8 月 12 日（2 張 2 版）；《影印四庫全書目錄已定》，載《協會會報》1933 年 10 月 9 卷 2 期，28～32 頁）最後，經認真考核，「編訂四庫全書未刊珍本目錄委員會」全體同意三項辦法，即「庫本及善本宜並重」、「校記及目錄宜補印並行」、「叢刊各書宜抽印單行」，並已致函教育部，得其採納照辦。商務印書館負責影印《四庫孤本叢刊》；北平圖書館負責籌印《四庫善本叢刊》，已編成《四庫善本叢刊擬目》一種，連同影印辦法、與商務印書館訂立的合同草案，皆呈部備案。教育部並派董康、袁同禮赴日本訪求佚書。（《影印四庫全書目錄已定》，載《協會會報》1933 年 10 月 9 卷 2 期，28～32 頁）

8 月 14 日，覆函張元濟：

> 菊生先生尊鑒：前奉七月十三日手教，以有青島之遊，未及作覆為歉。流通古籍，採用善本，我公提倡最先，海內欽仰。此次選印四庫，同人擬議以善本代替庫本，蓋本我公向來之主張，聊備當局之採擇而已。曩者貴公司兩次陳請借印，以政治關係，功虧一簣，但先後均以貴公司名義，影印發行。此次則係由政府主持而祇從事

於抽印，與以前兩次情形，微有不同。同禮職司校讎，而於文津文淵兩本，又與子民叔海兩公共負典守之責，見聞所及，不得不圖補救。區區苦衷，當為國人所共諒。誠以當局如有貽誤，匪特在學術上為致命，傷於國家顏面，尤不能不顧到也。矧近年來中國學術上之進步，已迥非十年前所可比擬，而目錄之學，則已蔚為大觀，駸駸乎司群學之樞鍵，而司其營養焉。善本難致，似已無庸過慮，同人不敏，深願勉盡棉薄，共襄盛舉，以期能底於成，不敢再蹈前人之失。至尊函所述耽擱一層，自當力圖避免。但吾人為國家辦文化事業，亟應屏除敷衍苟且之陋習，而萬不宜草率將事也。茲聞編訂目錄委員會業已組織成立，其中委員如先生等又為版本大師，此後進行，當可脫離政治，而入純粹學術範圍。想貴公司諸公當亦樂觀其成也。謹布區區，伏維亮察。順頌著祺。袁同禮拜啟。廿二年八月十四日

（《影印四庫全書往來箋》，載《青鶴》1933 年 8 月 1 卷 20 期，1～4 頁）同日，發表《選印四庫全書平議》（與向達合撰）一文，歷數近來影印《四庫全書》之起滅，旋舉此次選印之可議處二端，復提出選印之學理標準。考慮教育部長王世杰覆函中的「版本追究無窮，採訪尤費時日，善本雖有，乞假非易」的現實困難，提出折衷辦法：「今即假定庫本原書，以機械方式，一一為之景印，其中至少須附加兩步工作：（一）現無傳本，如從永樂大典輯出之書，應取文津文淵兩本辜校，必要時取文瀾原本作參考，如有異同，條記於後，為校勘記。（二）現有舊本流傳，則以原本校庫本，亦附校勘記於書後，其有庫本卷數不足，舊本可補者取足本景印，附於庫本之後，庶幾讀者可得完善，而庫本謬妄，不致貽誤後人」。（袁同禮、向達《選印四庫全書平議》，載天津《大公報文學副刊》第 293 期，1933 年 8 月 14 日（3 張 11 版）；又《北平晨報副刊學園》，8 月 14 日；又《國風半月刊》3 卷 4 期，8 月 16 日；又《時事新報》8 月 16 日；又《讀書月刊》2 卷 12 號，9 月 10 日）

　　8 月 22 日下午 4 時，在國立北平圖書館召開第二次籌委會。到會者有田洪都、陳尺樓、何日章、馮陳祖怡、袁同禮、施廷鏞、王文山、李繼先、李文裿。首由袁同禮報告年會預算及籌備捐款之經過，已捐款之機關及認捐數目。次議決事項十三項，第一項為向如下機關捐款，包括古物陳列所、北平研究院、歷史博物院、生物調查所、社會調查所、北平協和醫學院、營造學

社、中國大辭典編纂處、中國文化經濟協會、西北科學考查團理事會，公推袁同禮負責。(《第二次年會之籌備》，載《協會會報》1933 年 8 月 9 卷 1 期，12～15 頁)

8 月 28 日，上午 9 時，在清華大學禮堂舉行中華圖書館協會第二次年會開幕典禮。來賓 200 餘人，皆欣喜於色。鐘鳴開會，清華大學軍樂隊奏樂。大會主席團推定袁同禮主席，李文裿司儀，行禮如儀，主席致開會詞。繼由駐平政務整理委員會趙尊岳、北平市黨務整理委員會龐鏡塘、北平市市長袁良、清華大學校長梅貽琦、北京大學樊際昌、中法大學李麟玉相繼致詞。最後由劉國鈞代表中華圖書館協會全體會員致答詞。會畢攝影，已是正午。中央大學圖書館及何其鞏先生以電報申賀。下午 2 時，在清華大學生物學館開圖書館行政組會議，袁同禮主席。首由圖書館代表報告各館行政概況，繼討論議案。因此組提案最多，至 5 時尚未議完，乃決定下次會議再議。5 時半參觀清華大學全校。晚 7 時，杜定友演講《民眾檢字心理之研究》。至 8 時，清華大學圖書館同人舉行茶會歡迎與會人員。(于震寰《中華圖協會第二次年會紀事》，載《協會會報》1933 年 10 月 9 卷 2 期，22～26 頁)

8 月 29 日，會員晨起阻於雨，10 時始往第三院開會務會。主席戴志騫尚未到，由袁同禮代之。主要議案為募集協會基金，並議定下屆年會在武昌、杭州、廣州三市擇地舉行。下午 2 時半，仍在三院開分組會議，先後為分類編目組和索引檢字組。4 時，會員同乘汽車往燕京大學參觀，並赴該校圖書館所設茶會。返清華，晚飯後 7 時，俞慶棠在三院講演《從歐遊感想到圖之大眾化》。8 時半，圖書館經費組和圖書館教育組同時舉行會議。(于震寰《中華圖協會第二次年會紀事》)

8 月 30 日，上午 8 時舉行分組會議。先為民眾教育組，由俞慶棠主席。後為圖書館行政組，仍由袁同禮主席。至 10 時，陶蘭泉講演《清代殿板書之研究》。隨後會員宣讀提交論文。午飯後，群乘汽車往頤和園、玉泉山遊覽。晚 6 時，清華大學公宴會員。至 8 時，在清華禮堂舉行閉幕式。王文山主席，李文裿司儀。主席致詞，各組報告議決案，劉國鈞宣讀閉幕宣言，散會。(于震寰《中華圖協會第二次年會紀事》)

8 月 31 日，上午 7 時，全體會員入城，先至國立北平圖書館參觀宋元刊本展覽會及德國印刷展覽會，復遊覽該館閱覽室、書庫等處。10 時，赴故宮博物院參觀，途經團城，拜瞻玉佛。參觀故宮博物院後，赴北平圖書館協會

之歡迎宴會。宴罷，返回參觀故宮三大殿和古物陳列所。下午 5 時，出東華門，赴外交部迎賓館北平 22 個機關之歡迎茶會。6 時開會，首由北平市長袁良致歡迎詞，繼由北大校長蔣夢麟致詞，復由侯鴻鑒代表會員答謝。攝影散會，時已晚 7 時。（于震寰《中華圖協會第二次年會紀事》）

9 月 1 日，會員分組遊覽孔廟、國子監、雍和宮、天壇等處。次日正午，河北省教育廳、天津市教育局及天津各圖書館，在天津法租界永安飯店聯合宴請與會會員。（于震寰《中華圖協會第二次年會紀事》）

9 月 25 日，蔡元培、袁同禮上呈教育部，曰：

> 案奉大部七月十九日函委本館擔任籌印善本事宜，妥擬計劃，報部備案各節，仰見大部發揚文化，嘉惠士林之至意，莫名欣感。遵即與國內公私藏家及商務印書館再三審議，擬定辦法兩項，理合另紙錄陳，並檢同四庫善本叢刊擬目一冊，（其他存目及未收擬目，容編次告竣，再行呈部），本館與商務印書館訂立合同草案一份，具文呈請鑒核備案，實為公便。謹呈教育部長。附擬目一冊，合同草案一份，辦法一紙。國立北平圖書館館長蔡元培，副館長袁同禮。
>
> 九月二十五日

> （《大規模影印善本書，北平圖書館與商務草訂合同》，
> 載《申報》1933 年 10 月 6 日（3 張 10 頁））

9 月末，自南京訪書過杭州，參觀浙江省立圖書館，贈其所攜油印本《四庫孤本叢刊擬目》一帙。（張崟《最近景印四庫書三種草目比較表》，載《浙江省立圖書館館刊》1933 年 10 月 2 卷 5 期，1～45 頁）

約在 9、10 月間，代表中華圖書館協會呈請教育部推行該協會第二次年會議案。呈文曰：「……各地圖代表出席者，共有十七省市，以民眾教育及圖經費為討論中心，綜計各項提案判為四類：（一）推廣民眾教育；（二）訂定圖經費標準；（三）專材之培植與指導事業；（四）善本之流傳，綜上四端，經到會代表，本其經驗悉心討論。其最稱扼要而便於實施者，共予通過十一案，靡不繫於圖事業之發展。惟是推行實踐，固為本會所當盡力。而獎勸策勵仍有仰賴大部之提攜。理合開列各項議決案，分類清單一紙，原案理由辦法一冊，具文呈請核鑒。懇准分別施行，實為公便……」（《呈教育部推行議案》，載《協會會報》1933 年 10 月 9 卷 2 期，26 頁）

10月，在《中華圖書館協會會報》第9卷2期上，袁同禮與劉國鈞、何日章、杜定友、沈祖榮、馮陳祖怡、陳訓慈、王文山、田洪都、楊立誠、陳東原、李燕亭聯名介紹中國圖書館服務社。該社以「提倡圖書館學術，服務圖書館界」為宗旨，除供給圖書用品外，還設有參考宣傳等部，對促進圖書館事業有較大貢獻。(《介紹中國圖服務社啟事》，載《協會會報》1933年10月9卷2期，封底廣告頁)

11月2日，袁同禮致函張元濟，請其便中寄下商務印書館影印書書目，並寄上日本書志學會近印善本書影清單，供參考。(《張元濟全集・第3卷・書信》，北京商務印書館2007年版，1～2頁)

11月6日，張元濟覆函袁同禮，主要曰：「屬錄商務印書館照存各書清單，除在日本借照各書已見前呈日本訪書志外，茲分別錄出，計共十二葉。正擬郵呈，適奉本月二日手教，垂詢及此，遲遲甚愧，謹交郵局以快件遞奉，即祈察入為幸。再承開示日本書志學會近印善本書影清目，與敝處所收到者增出二種，異時需閱當再乞借」。(《張元濟全集・第3卷・書信》，1頁)

11月20日，下午4時半，由北平圖書館與中德文化協會主辦之「現代德國印刷展覽會」在北平圖書館舉行開幕式。到會約200餘人，大多為德國人。國內學界聞人陶孟和、任鴻雋、梁思成、張君勱等，及新聞記者亦參加。開會後，首先由袁同禮用德語致詞，復譯成國語，大意謂：「今日開會，承諸位先生光臨，極為感謝；此次展覽之舉行，曾經許多努力，尤以德國書業聯合會所予之助力為極大，該會於接得此次展覽消息後，立即將代表德國印刷技術之全部書籍送來，此外德國公使陶德曼先生及其他館員之贊助與合作，又西門，謝禮士，嚴文郁諸先生及王宜暉女士等之幫忙，應均表示感謝，此展覽會在北平陳列一個月後，將再運往南京，上海，漢口等地陳列；至於開會之意義，係使中國知道現代德國印刷之進步，藉以改良中國印刷工業，想不僅專門學者感覺興趣，即對普通喜歡書籍者，亦有莫大益處。」繼由德國公使陶德曼演說，張君勱口譯。陶德曼特別感謝袁先生，略謂：「鄙人方面，聲明對於袁館長深為致謝，緣袁館長提倡開此展覽會，並於預備開會以前，頗為勤勞，並特意將國立圖書籍借出展覽」。嗣由輔仁大學圖書館主任謝禮士演說，畢，由袁同禮譯其大意，其全文在《圖書館學季刊》發表。會眾進茶點後，入會場參觀。展覽之印刷品，皆置玻璃箱內，按 ABC 等類依

次陳列。A 類為關於印刷術之書籍，B 類為各種插圖之代表，C 類為珍貴版及私家刻版，D 類為影印本，E 類為宗教書籍，F 類為關於中國之書籍。印有精美目錄，每冊二角。（《現代德國印刷展覽會》，載《協會會報》1933 年12 月 9 卷 3 期，20～22 頁）袁同禮為其作《現代德國印刷展覽會目錄序》，發表於《中華圖書館協會會報》第 9 卷 3 期上。該序略述歐洲印刷術之演進，德國印刷業的發展，中國印刷術之輝煌，末感慨曰：「而印刷發明最早之東方古國，至今反聲光日墜，以視其先人且猶不逮，寧不大可哀乎？此所以有現代德國印刷展覽會之舉。國人覽此，庶幾足以發思古之幽情，啟憤悱於未來耳」。（袁同禮《現代德國印刷展覽會目錄序》，載《協會會報》1933 年 12 月 9 卷 3 期，1～2 頁）

12 月 29 日，王雲五覆函袁同禮，稱商務印書館願意襄助北平圖書館和中德文化協會在滬舉辦「現代德國印刷展覽會」，但不願擔任主人名義。函曰：「守和先生臺鑒：奉二十日手書，承示貴館與中德文化協會舉辦現代德國印刷展覽會，定於明年一月十六日在滬開會，具仰宏揚文化之盛，敬佩敬佩。前囑由敝館及中德文化協會擔任主人名義一節，因思此事係貴館及中德文化協會所創辦，前在京平兩處開會均由貴館具名，今滬上開會改用敝館名義，恐非所宜，茲擬仍由貴館及中德文化協會為主人。至於會前布置及會場招待等事，敝館均當派人協助辦理，以副雅意。日昨已請人至八仙橋青年會詢問□之。祗得尊處一電，『各事如何進行，尚未接洽』等語。中德文化協會在滬（想有會址）主持者為何人，乞見示，以便趨洽為荷。專此奉覆，祗頌臺安」。（商務印書館致袁守和信札［OL］，孔夫子舊書網，[2011-03-30]，http://www.kongfz.cn/end_item_pic_5521592/。）

是年，為王彥威輯、王亮編《清季外交史料》作序。內中有「希隱（王亮字）以同禮曾有助於斯舉，殺青既竟，徵序於余」等語。（見該書《序》）

武昌文華圖書館學專科學校，新設兩獎學金，一為袁同禮先生為紀念其母親所設「袁母韓太夫人紀念免費學額」，一為文華圖書館學專科學校北平同學會為紀念韋棣華女士所設，名為「紀念韋棣華女士獎學金」。（《文華專校新設兩獎學金》，載《協會會報》1934 年 2 月 9 卷 4 期，27 頁）

1934 年（民國二十三年，甲戌）　40 歲

東方圖書館為便於募捐書籍，在國內外重要地點組織贊助委員會。國內在南京、杭州、北平、廣州、濟南、漢口、長沙共設 7 處，分別由羅家倫、

郭任遠、袁同禮、金湘帆、何思源、楊端六、曹典珠負責。據稱，各地贊助委員會均已先後組織成立。(《東方圖進行復興》，載《協會會報》1934 年 2 月 9 卷 4 期，21～23 頁)

北京大學擬增建圖書館，建築形式由平津著名建築專家沈理原設計。製就後，擬由建築委員會委員胡適、周炳琳、劉樹杞、蔣夢麟、汪申、袁同禮、毛準、鄭天挺審定。(《北大圖新築將動工》，載《協會會報》1934 年 2 月 9 卷 4 期，15 頁)

北平圖書館、中國工程師學會、中美工程師學會為發展中國工程事業，集中書籍共同籌辦了「國立北平圖書館工程閱覽室」。2 月 8 日下午 4 時半，舉行開幕禮，並展覽工程書籍，約 80 餘人到場。袁同禮主席，報告籌備經過。繼由中國工程師學會代表顧毓琇、中美工程師學會代表李書田、塔德先後演說。至 5 時半，來賓進茶點，嗣由袁先生招待至圖書陳列室參觀。陳列品包括 5 類，即工程類、工藝工程類、水利類、各地水利類、農業工程類。(《北平圖近訊》，載《協會會報》1934 年 2 月 9 卷 4 期，12～14 頁)

奉教育部委派，將赴歐美考察圖書館事業，聯絡國際文化，並代表中華民國出席將在西班牙舉行的國際博物院會議。2 月 13 日，在歐美同學會吃午飯，陶孟和、傅斯年為他餞行。(胡適著，曹伯言整理《胡適日記全編·6》，安徽教育出版社 2001 年版，324 頁)

2 月 20 日下午，在胡適家開北平圖書館委員會。會畢，即在胡適家中為袁同禮餞行。(胡適著，曹伯言整理《胡適日記全編·6》，安徽教育出版社 2001 年版，330 頁)

2 月 22 日下午 4 時 25 分，乘北寧路車至天津搭輪船赴美。擬在美停留兩月，再轉往歐洲。對協會執行委員會主席一職，袁同禮發函建議公推劉國鈞擔任，並建議李小緣、洪有豐、嚴文郁三人為常務委員。經大多數執行委員覆函，均表同意。而國立北平圖書館副館長職務，由該館委員會推舉孫洪芬代理。孫洪芬曾任中央大學理學院院長，此時任中華教育文化基金董事會執行秘書。(《執行委員會主席出國》，載《協會會報》1934 年 2 月 9 卷 4 期，9 頁)(另可參見：《袁同禮將出洋考察教育》，載《中央日報》1934 年 2 月 2 日 (1 張 3 版)；《袁同禮定期赴歐考察並出席國際博物館會議》，載《中央日報》1934 年 2 月 16 日 (1 張 3 版))

2月23日晨，乘日輪赴神戶。是日，《中央日報》載：「據袁談，此行赴歐美各國對文化圖書等事業，決作詳細之考察，同時並將我國文化及國粹，介紹於歐西各國。故宮所存之宋元明古代書畫影本，已裝妥兩箱，攜往陳列，將選擇一部分，分贈友邦云。」（《袁同禮放洋，在日勾留一周，渡美考察文化》，載《中央日報》1934年2月23日（1張3版））

2月27日，抵神戶。參觀一二所圖書館後，往訪日本青年圖書館員聯盟事務所，會談約20分鐘，即轉赴京都。在京都停留兩天，該聯盟為其擬定參觀次序。參觀畢，由橫濱乘亞細亞皇后號輪船赴美。（《袁守和先生抵美》，載《協會會報》1934年4月9卷5期，17頁）

2月，中華圖書館協會為更好地推動事業發展，發布募集基金啟事，成立募集基金委員會和基金保管委員會。袁同禮為募集基金委員會委員之一。（《中華圖書館協會募集基金啟》，載《協會會報》1934年2月9卷4期，封面後第一頁）

3月5日，哥倫比亞大學校長 Nicholas Murray Butler〔註43〕（1862～1947）致函袁同禮：

> 我非常高興地通知您，哥大董事會今天舉行會議，全體一致投票決定，將向您授予『大學卓越勳章』，授勳時間為1934年畢業典禮之際。哥大授您『大學卓越勳章』，是鑒於您在中國的學術（成就）和圖書館服務（成就）。
>
> 頒獎時間為6月5日下午授予畢業生學位之時。儀式詳情將及時向您寄送。
>
> 此信息直到畢業典禮儀式時哥大才向公眾宣布，在此之前，應該完全保密。
>
> 您獲此殊榮，順理成章，衷心祝賀！
>
> （王成志《袁同禮先生和哥倫比亞大學》）

3月，由北平圖書館與國際聯盟世界文化合作中國協會合辦之《圖書季刊》創刊。該刊分中文本、英文本及中英文合訂本三種，「以向國內外人士傳達中外學術界之消息，藉謀萬國人士在知識上之諒解，以為人類和平闢未來之新

〔註43〕美國著名哲學家、外交家、教育家，1931年獲諾貝爾和平獎。他於1902～1945年間，任職哥倫比亞大學校長。

路」。中英文內容互異，並非對照式譯文。《圖書季刊》由北平圖書館編輯〔註44〕，上海世界文化合作中國協會出版，年出 4 期，分專論、新書之批評與介紹、學術界消息、西書華譯目錄等欄目。執筆者均是知名學人或目錄學專家，所以是刊頗獲學術界好評，銷行極廣。(《圖書季刊》，載《協會會報》1934 年 4 月 9 卷 5 期，38 頁；徐家璧《袁守和先生在抗戰期間之貢獻》，載（臺北）《傳記文學》1966 年（民國五十五年）8 卷 2 期，40～45 頁，是文收入《思憶錄》80～92 頁）

4 月 17 日，時在紐約的袁同禮覆函哥倫比亞大學校長 Nicholas Murray Butler，所用地址為下榻的華美協進社（China Institute）地址：紐約西 57 街 119 號 920 房。函曰：

> 您 3 月 5 日信函，我剛到紐約即收到〔註45〕。尊函非正規地通知哥大董事會投票決定於 1934 年畢業典禮時授我『大學卓越勳章』，我至為高興。
>
> 對我如此關注，讓我深受感動；如此殊榮，令我感銘心切，言語不能向您表達我感佩之萬一。此獎對我尤為重要，因為它是我深為敬愛的母校對我（肯定）的表達。
>
> 我自 1922 年從哥大畢業以來，校長閣下的偉大人格和卓越領導，使得這所偉大的高等學府有卓越發展，我一直關注並欽佩。
>
> 我敬愛的校長先生，請允許我再次表達我對您最誠摯的感謝，並請您向諸位校董轉達我最深的謝意。

（王成志《袁同禮先生和哥倫比亞大學》）

〔註44〕 曾任編輯有謝禮士（Ernst Schierlitz，至 3 卷 3 期起未任編輯）、翟孟生（R. D. Jameson）、曾覺之（Tsen Kio Tchi）、顧子剛（T. K. Tchi）、向達（Hsiang Ta）、賀昌群（1 卷 4 期起接替向達擔任編輯）。其中，顧子剛、向達、賀昌群為北平圖書館館員。(見《圖書季刊》1～3 卷各期「本刊編輯部」名單。) 抗戰復刊期間，由袁同禮任主編。(錢存訓，袁同禮先生對國際文化交流的貢獻〔G〕// (臺灣) 中國圖書館學會輯印，袁同禮先生百齡冥誕紀念專輯，1995：10～14。)

〔註45〕 袁同禮在紐約收到的其實是哥大校長 1934 年 4 月 10 日準備的複本，因為 3 月 5 日的信函已經寄往北平，不可能收到。哥大校長委託婁氏圖書館樓 401 號中文圖書館轉送此複本，以確保他能收到。(王成志，袁同禮先生和哥倫比亞大學〔C〕//國家圖書館編，袁同禮紀念文集，2012：239～248。)

　　4 月 18 日，同在紐約的 Butler 收信並回覆，略謂：「您在紐約時，我能與您晤面，如同在畢業典禮頒獎式與您見面一樣，幸莫大焉」，「我真誠地感謝您對母校無限美好的情意」。（王成志《袁同禮先生和哥倫比亞大學》）

　　4 月 24 日，與哥大校長 Butler 見面，交談甚歡。（王成志《袁同禮先生和哥倫比亞大學》）

　　4 月 25 日，哥大助理秘書致函袁同禮，地址仍為華美協進社，其中談到：「您上周送 Butler 校長禮物〔註46〕，非常美好，Butler 校長昨日放在桌子上。他的本意是親自向您致謝，同時請您告訴他一點禮物的故事。但是，與您談的事情多，他忘了禮物的事。所以他讓我特寫此便函向您致謝，並煩請您可否告訴我禮物的起源和歷史」。（王成志《袁同禮先生和哥倫比亞大學》）

　　4 月 26 日，袁同禮覆函哥大助理秘書。信函簡短，但附有一頁「重印欽定四庫全書」（Reprint of the Imperial Library of Emperor Chien-Lung）的文件，主要說明兩件事，即商務印書館將要印《四庫全書珍本初集》，已確定送哥大一套；國立北平圖書館與商務印書館合作，將重印館藏珍善本，也將送哥大一套。（王成志《袁同禮先生和哥倫比亞大學》）

　　4 月，祖母彭書舫逝世。時任美國駐華大使的詹森（Nelson T. Johnson）送紀念品以示哀悼，袁家予其鳴謝收條。（袁澄《勞碌一生的父親》）

　　5 月 8 日，哥倫比亞大學秘書 Frank Diehl Fackenthal（1883～1968）致函袁同禮，並附上哥大畢業典禮儀式相關文件，地址仍用華美協進社。王成志先生翻譯出信函的大致事項，即「首先告知應於 6 月 5 日，星期二，畢業典禮日下午 5 點 10 分之前，請到圖書館樓 211 室報到，以準備在校董廳與校董事會成員和其他嘉賓聚會。如果沒帶學位服，哥大將提供，但請告知胸圍，身高，和帽子大小，以及大學畢業學位；若大學學位不是哥大學位，則請告知授學位大學名稱。隨信還寄有袁先生自己用入場證一份；若家人參加，Fackenthal 先生要求告知幾人，再寄他們用畢業典禮入場證。緊接畢業典禮後，為諸位嘉賓方便計，將在男教授俱樂部提供非正規晚宴，如可能，請提前數日告知是否參加；因憑票入場，若參加，請告知帶幾位客人同來。《校友通訊》將在畢業典禮後發表獲獎者新聞和照片，故請寄 8×6 英寸近照一張。

〔註46〕據稱是一份小冊子和一些明信片。王成志先生推測，可能是有關四庫全書相關之物。（王成志，袁同禮先生和哥倫比亞大學〔C〕//國家圖書館編，袁同禮紀念文集，2012：239～248。）

《校友通訊》新聞自然在畢業典禮之後,但得提起數日準備好」。(王成志《袁同禮先生和哥倫比亞大學》)

5 月 16 日,裘開明致信山東大學圖書館館長黃星輝(Julius Hsin-hui Huang),歡迎他到漢和圖書館工作,並告知辦理簽證等相關事宜。信函中曰:「我還請袁同禮(Yuan Tung-li)先生致函貴校校長和教育部,這樣你就可以取得教育部的護照,而非普通學生護照。」(程煥文《裘開明年譜》,113 頁)袁同禮和馮漢驥曾向裘開明極力推薦黃星輝。(程煥文《裘開明年譜》,121 頁)

5 月 20 日,時在華盛頓的袁同禮回覆函哥大秘書 Fackenthal。王成志先生翻譯出函件大致內容,即「將非常高興地如期參加 6 月 5 日畢業典禮活動。並說,此次沒有帶學位服,需哥大提供。並請告知所需費用。自己胸圍 38,身高 5 英尺 2 吋〔註47〕,帽子 7.5。自己除在哥大獲文學學士學位外,自紐約州立圖書館學院獲圖書館學碩士學位。同時告知週二晚宴,因有它約,不能參加,非常抱歉。近照將於下周寄送。」(王成志《袁同禮先生和哥倫比亞大學》)

5 月 22 日,袁同禮致函裘開明:「茲附上我給山東大學黃星輝(Julius Hsin-hui Huang)先生的信。如果可能的話,請你寄給他一份圖書館名單,讓他在來劍橋的途中參訪。可能你也告訴了他,為了能有更多的時間參觀圖書館,要早作動身打算。我希望經過幾年在哈佛的工作,他有機會去參訪歐洲的圖書館,所以他可能就無法取道太平洋回中國。我記得我在劍橋的時候告訴過你,我計劃讓 C. P. Wang〔註48〕今年秋天到國會圖書館工作,他現在正在哥倫比亞大學中文圖書館工作。因為恒慕義(Arthur William Hummel)先生直到 6 月 22 日才能回來,故此事尚懸而未決。王〔汪〕先生 6 月 30 日離開哥倫比亞。不知漢和圖書館能否暫時聘用他兩個月,即從 7 月 1 日到 8 月 31 日……」(程煥文《裘開明年譜》,113~114 頁)

5 月 23 日,裘開明覆函袁同禮,曰:「由於圖書館假期沒有空缺,加之預算有限,無力安排 C. P. Wang 來館工作,請予諒解。建議致函加州大學或斯坦

〔註47〕 5 英尺 2 寸相當於 1.5748 米。袁剛先生認為袁同禮的身高應在 1.65 至 1.70 米之間。袁清先生也認為其父親身高在 1.70 米左右。

〔註48〕 筆者案:C. P. Wang 指汪長炳。程煥文先生在該信中將 Wang 譯作「王」,誤,應是「汪」。1932 年北平圖書館派汪長炳到美國哥倫比亞大學做交換館員,1934年期滿。袁同禮希望汪長炳在美國國會圖書館繼續實習,但因事情還未落實,所以託裘開明想法,看是否能讓汪長炳 7、8 月份在哈佛燕京漢和圖書館工作。

福大學圖書館的中文編目部詢問他們是否有可能暫時聘用 C. P. Wang。」（程煥文《裘開明年譜》，114 頁）

　　5 月下旬，中國駐美代表施肇基設午宴歡迎袁同禮，並邀請文教界人士十餘人參加，其中有國會圖書館館長普特南。此消息《華盛頓郵報》〔註 49〕有報導。（王成志《袁同禮先生和哥倫比亞大學》）

　　5 月 29 日，袁同禮致函哥大校友會助理編輯 Daniel C. McCarthy，隨信附寄個人信息和 8×6 英寸近照一張。其中談及個人愛好，有收藏書籍和網球。（王成志《袁同禮先生和哥倫比亞大學》）

　　袁同禮抵美後，美國及加拿大邀請他講演之處甚多。在旅行各地，他搜集各項材料，並積極宣傳中國文化建設之進步，增加國家正面形象。美國要人對中國圖書館事業多表同情，爭取援助尚不甚難。（《袁守和先生在美受名譽獎章》，載《協會會報》1934 年 6 月 9 卷 6 期，9 頁）例如，此間，袁同禮與紐約羅氏基金會（Rockefeller Foundation）商妥，為中國圖書館界設立圖書館學獎學金，以助更多人赴美深造。此為羅氏基金會補助人文科學研究之創始。首獲獎金者有李芳馥、黃維廉兩人。（《中華圖書館協會第十年度會務報告（二十三年七月至二十四年六月）》，載《協會會報》1935 年 6 月 10 卷 6 期，3～7 頁）二人於是年 9 月 11 日同乘美國傑佛遜總統號輪船赴美，在哥倫比亞大學深造。（《會員簡訊》，載《協會會報》1934 年 10 月 10 卷 2 期，17～18 頁；《會員簡訊》，載《協會會報》1935 年 8 月 11 卷 1 期，17～18 頁）旅美期間，袁先生不忘引導人才研究美國圖書館的經驗，曾囑咐在哥倫比亞大學深造的莫余敏卿（1934 年畢業於哥倫比亞大學後，曾在美參觀圖書館，1935 年夏返國，任國立北平圖書館參考組組長），參觀紐約附近的專門圖書館。莫氏因此而費 30 餘日參觀考察。（《北平圖協會常會紀》，載《協會會報》1935 年 10 月 11 卷 2 期，35～38 頁）

　　6 月 5 日，哥倫比亞大學授予他「大學卓越勳章」（University Medal for Excellence）一枚，以表彰其為中國圖書館事業所做出的卓越貢獻。據王成志先生講，不少文獻稱袁同禮獲得了哥大「名譽獎章」，是因為袁先生較為謙虛，在自美國寄回的私人信函（載《國訊》1934 年 72 期 199～200 頁）中，只寫

〔註 49〕Washington Post, May 27，1934，頁 2，以 Tse to Entertain（「施先生設午宴」）為標題。（轉引自：王成志，袁同禮先生和哥倫比亞大學〔C〕//國家圖書館編，袁同禮紀念文集，2012：239～248。）

「哥倫比亞大學並贈名譽獎章」，不提獎章全名，所以後來文獻均稱他獲哥大「名譽獎章」。其實，哥大的「大學卓越勳章」是與榮譽學位享有同樣崇高榮譽的。與袁先生同時獲獎的還有美國前國會議員 Jonathan Mayhew Wainwright（1864～1945）先生。次年，「哥大授 1923 年獲哥大博士學位的蔣廷黻榮譽博士學位。有意思的是，袁先生和蔣廷黻兩位傑出華人校友信息分列『哥倫比亞大學 1902～1945 年間授予榮譽學位』一書中的前後頁〔註 50〕」。（王成志《袁同禮先生和哥倫比亞大學》）

6 月 5 日和 6 日，《紐約時報》對哥大畢業典禮有所報導，其中包括袁同禮的情況。《美國歷史評論》對袁同禮的訪美情況也作了簡要報導。〔註 51〕（王成志《袁同禮先生和哥倫比亞大學》）

6 月，袁同禮起身赴歐。（《袁守和先生在美受名譽獎章》，載《協會會報》1934 年 6 月 9 卷 6 期，9 頁）

7 月初，抵歐。陸續參觀法國、比利時、荷蘭、瑞士等國圖書館及文化機關，訪晤眾多圖書館界名家。（《袁守和先生留歐消息》，載《協會會報》1934 年 8 月 10 卷 1 期，18～19 頁）

7 月 5 日下午 2 時，故宮博物院常務理事會召開第二次會議。議決以徐森玉任古物館長，袁同禮任圖書館長，沈兼士任文獻館長。（載《申報》1934 年 7 月 6 日）

7 月中旬，出席在日內瓦舉行的由國際聯盟召集之文化合作委員會會議；並出所攜展品若干，與中國國際圖書館聯合舉辦展覽會，頗獲好評。（《袁同禮赴歐，出席國際文化合作會》，載《中央日報》1934 年 6 月 8 日（1 張 2 版））

8 月，至德國，備受德官方及學術團體歡迎。因每日勞碌奔波，體重已下降 20 磅。（《袁守和先生留歐消息》，載《協會會報》1934 年 8 月 10 卷 1 期，

〔註 50〕即 Columbia University. Columbia University Honorary Degrees Awarded In the Years 1902-1945. Appreciations by Nicholas Murray Butler, Twelfth President of Columbia University. New York: Columbia University Press, 1946: 260-261.（轉引自：王成志，袁同禮先生和哥倫比亞大學〔C〕//國家圖書館編，袁同禮紀念文集，2012：239～248。）

〔註 51〕具體信息見 New York Times, June 5, 1934, "COLUMBIA TO GIVE DEGREES TO 4,614"; June 6, 1934, "DR. BUTLER WARNS OF FEDERAL POWER"和 The American Historical Review, Vol.40, No.1 (Oct., 1934), pp.181-216. Historical News: Yuan visited US in 1934, pp.183-184.（轉引自：王成志，袁同禮先生和哥倫比亞大學〔C〕//國家圖書館編，袁同禮紀念文集，2012：239～248。）

18～19 頁）在柏林，會見西門華德。（西門華德（Walter　Simon）撰，陳祚龍譯《悼念袁同禮博士》）

9 月 6 日，由列寧格勒抵莫斯科。中國駐俄大使館於次日晚歡宴袁同禮和清華大學教授蔣廷黻，以及蘇聯圖書館聯合會會長伏克斯等。（《袁同禮抵俄京》，載《中央日報》1934 年 9 月 7 日（1 張 3 版））旅歐期間，袁同禮曾與歐洲各重要機關商訂交換刊物合同等。（《袁守和先生留歐消息》，載《協會會報》1934 年 8 月 10 卷 1 期，18～19 頁）

9 月 11 日至 15 日，在波蘭舉行第六屆國際道德會議。袁同禮擬趕往參加。旋赴英國，打算在倫敦勾留兩周，再赴西班牙馬德里參加國際博物院會議。（《袁守和先生留歐消息》，載《協會會報》1934 年 8 月 10 卷 1 期，18～19 頁）據「中央社」北平 9 月 23 日電：「袁同禮現已抵英倫，定兩周內赴馬德里。」（《袁同禮將赴西班牙，出席博物館專家會議》，載《中央日報》1934 年 9 月 24 日（1 張 2 版））在英倫時，他與牛津大學教授休士（E・Hughes）會面。休氏面懇其介紹中國學者赴該校整理中文書籍，他即決定介紹北平圖書館編纂向達前往。（《北平圖與英國交換館員》，載《協會會報》1935 年 10 月 11 卷 2 期，38 頁）

10 月 7 日，抵巴黎。9 日，法國外交部文化事業部部長馬克斯在國際俱樂部舉行歡迎宴會，參加者有法國國立圖書館館長，博物院院長，漢學家伯希和、馬思波、羅哥蘭內，教育部高等教育司司長，外交部遠東司司長，東方語言學校校長，中國駐法代辦蕭繼榮等 10 餘人。首由馬克斯致歡迎詞，繼由法國前教育總長安得拉演說，盛讚袁先生建設之能力。席散後，由安得拉和法國國立圖書館館長陪同參觀大學區及各文化機關。（《袁守和先生在法受歡迎》，載《協會會報》1934 年 10 月 10 卷 2 期，17 頁）

10 月 14 日至 24 日，在馬德里參加國際博物院會議。在西班牙期間，適逢該國人羅克子君擬全部出讓其所藏之中國書籍。經「駐西錢公使介紹與彼會晤，並檢其所藏書籍，多為孤本」，袁先生認為有購置之必要，於是當即議價成交。「旋由使館館員，前往點收，改裝轉寄回國。」「該項書籍，計有拉丁文、英文、法文、西班牙文等，共三百六十餘種，內有古版多種，極為珍貴」。書籍約於 1935 年 2 月抵上海，旋即起運過南京赴北平。（《袁守和先生留歐消息》，載《協會會報》1934 年 8 月 10 卷 1 期，18～19 頁；《北平圖書館在西所購書籍抵滬，為該國羅克子君所收藏，多係孤本，經袁同禮購置》，

載《中央日報》1935 年 2 月 6 日（2 張 2 版））

11 月 10 日，由意大利啟程回國。（《袁守和先生在法受歡迎》，載《協會會報》1934 年 10 月 10 卷 2 期，17 頁；《袁守和先生歸國》，載《協會會報》1934 年 12 月 10 卷 3 期，10～11 頁）

12 月 3 日，乘「加拿大號」郵輪抵滬。回程中，在香港停留。（《袁守和先生留歐消息》，載《協會會報》1934 年 8 月 10 卷 1 期，18～19 頁；《袁守和先生歸國》，載《協會會報》1934 年 12 月 10 卷 3 期，10～11 頁；《袁館長歐遊已畢即將返國》，載《浙江省立圖書館館刊》1934 年 3 卷 6 期，21 頁）

12 月 6 日，袁同禮抵南京。晚，南京各大圖書館人員 40 餘人，設宴於美麗川菜館，為其接風洗塵，並請馮陳祖怡作陪。首由金陵大學圖書館館長劉國鈞致歡迎辭，繼由袁同禮作報告，大意為：「此次考察之結果，覺美國圖書館有驚人之進展，不獨我國圖書館與之相差甚遠，即英法德各國亦不克與之並駕齊驅。以行政而論，邇來美國圖書館利用機械以輸送館中之各項卡片及文件，手續迅速異常；以經費而言，紐約市立圖書館，有二萬萬五千萬美金之基金，超越我國每年全國教育經費，誠令吾人慚愧不止。且一切文化事業，均須賴圖書館博物館與文獻館而保存，此三者之管理方法，在各國均成為專門學術，養成專門人才，經過極嚴格之訓練，然後方能將圖書、古物、檔案，收藏有方，使用便利。深盼我國政府及社會，於此種專門人才之養成，特加注意，庶幾文化資料，得以保存，而學術研究，易於進步。」（《京市各圖書館人員前晚歡宴袁同禮，袁氏盛稱美國圖書館設備，望本國從速培養專門人才》，載《中央日報》1934 年 12 月 8 日（2 張 4 版））其席間談話，大致可概括為兩點，即「中國圖書館事業與美國相比前後相差百年，我國學檔案管理法及學博物院學（Museum Economy）者太少」。（《袁守和先生歸國》，載《協會會報》1934 年 12 月 10 卷 3 期，10～11 頁）此後，除圖書館事業外，他還大力提倡檔案管理法和博物館管理法。（《中華圖書館協會第十年度會務報告（二十三年七月至二十四年六月）》，載《協會會報》1935 年 6 月 10 卷 6 期，3～7 頁）

12 月 9 日上午 11 時 24 分，袁同禮抵平，親友及屬員約 200 人到站歡迎。他略言：「本人此次出國考察圖書事業，歷時九個月，經英美法俄二十餘國，對各國一切進步之速，深為欽佩，尤以俄意兩國為最，該國對學者特別優遇，凡專門學者，在社會有特殊地位，故能專心研究學術，於國家多所貢獻。中

國欲求富強，非提倡科學救國不可，但欲科學發達，則又非從教育著手不可。本人返平，略事休息後，將根據考察所得，詳細討論，以供社會參考。」（《袁同禮抵平，談出國考察圖書事業》，載《中央日報》1934 年 12 月 10 日（1 張 3 版）；《袁守和先生歸國》，載《協會會報》1934 年 12 月 10 卷 3 期，10～11頁）

　　12 月 10 日下午 3 時，國立北平圖書館同人在館中開茶會歡迎袁同禮。主席嚴文郁和代理館長孫洪芬先後致詞。繼由袁同禮發言，他推舉歐美圖書館的優點：「（一）健康：在外國服務於圖者，異常注意其身體之康健，規定每年檢查四次，除工作外，並注意身體之保養。蓋圖書館事業，確屬最繁難者，苟無健全之身體，實不足以應付。（二）合作：外國各圖書館組織之劃分，雖極細密繁複，但能注意切實之聯絡，每一事發生，只須一二分鐘之時間，即可應付完畢，經濟時間，事半功倍，吾人今後亦應效法。（三）機器：世界各國圖書館工作如編目，送書，裝置卡片，莫不藉重機器，吾人須半日始告成功，而用機器只須數分鐘。」之後，平津學界爭請袁同禮講演，他在館務繁忙之餘，曾先後到北平清華大學、燕京大學、政治學會、天津北洋工學院、南開大學等處演說，聽眾極多。（《袁守和先生歸國》，載《協會會報》1934 年 12 月 10 卷 3 期，10～11 頁）

　　從歐美考察歸國後，袁同禮深感採訪購藏工作較編目更為重要，於是領導國立北平圖書館改進採訪工作。該館採訪部除增加購置外，還擴大徵集範圍，將機關、團體、私人及書局之書、刊、報悉數納入。不日，各類文獻皆有收穫。（《北平圖努力徵集工作》，載《協會會報》1935 年 2 月 10 卷 4 期，22～23 頁）

　　約在是年（底？），對新疆的情況表示擔憂，在問過彭昭賢實際情況後，說：「東北已經完了！新疆可不能再出花樣。左宗棠曾謂保新疆始能保西北，保西北始能保中原。希望盛世才能學楊增新，問廟不問神，總以中央政府為靠山。親仁善鄰，以固屏藩」。（彭昭賢《追念袁守和先生》）

　　1931 年，故宮博物院圖書館編纂張允亮、科長何澄一先後編成《故宮方志目》正、續編。1934 年，傅振倫由北大文史研究所考古學會轉到故宮博物院古物館工作。袁同禮以傅振倫鑽研方志，乃囑其就《故宮方志目》所列地方志書，撰寫提要。（傅振倫曾參與寫成河北舊志提要 64 種、江蘇者 35 種，得孫人和與王重民介紹，其稿收入《續修四庫全書提要地理類》。）「今天我

國提倡整理舊志，編纂新志，袁先生倡導甚早，論者深服其遠見」。（傅振倫《蒲梢滄桑：九十憶往》，72～73 頁；傅振倫《袁同禮先生行誼》（手稿複印件））袁同禮還曾因傅振倫撰成《新河縣志》〔註52〕，推薦他到河北修志館為兼職編纂。（傅振倫《蒲梢滄桑：九十憶往》，73 頁）

是年，與馬衡、張繼、李濟、傅斯年等倡議設立中國博物館協會。經過籌備，中國博物館協會於 1935 年 5 月正式成立。該協會刊物為《中國博物館協會會報》（Bulleton of the Museums Association of China），袁同禮曾任第 1 卷主編，自第 2 卷起，委託楊殿珣和傅振倫編輯。（傅振倫《近百年博物館事業先輩的事蹟》，載《中國博物館》1992 年 1 期，24～28，41 頁）

1935 年（民國二十四年，乙亥）　41 歲

1 月 6 日下午 1 時半，北平圖書館協會 1935 年度第一次常會在國立北平師範大學圖書館舉行。首由主席李文裿報告上次開會內容和此次集會經過，次由洪有豐、袁同禮先後講演。袁同禮談赴歐美考察之三點感想，大意為：「（一）閱覽人互助精神。在歐美各國圖內閱覽人彼此有互助之精神，如甲不知衛生而隨地吐痰，乙則阻止之，如乙不愛惜書籍，甲則勸諍之，館員省若干之精力，此等處皆該國兒童教育優良所養成。蓋歐美各國，視兒童圖等於大學圖之重要。兒童在圖中閱覽訓練有素，且歐美各國中小學又極重紀律，故有此互助精神。（二）供應需要。歐美各國圖書籍陳設，以極經濟之方法，不事糜費，不若中國各圖多陳無用之虛設書籍。而各圖又極應閱覽者循環之需要，決不使其失望。（三）圖專業化。歐美各國規定圖為專業化，故館員工作緊張，視職業為終身事業，多從事學術技能之研究，彼此互相勉勵」。演講畢，即行選舉。結果袁同禮、田洪都、洪有豐、何日章、鄧衍林、嚴文郁、李文裿 7 人當選為北平圖書館協會執行委員，吳鴻志、于震寰、黃象文、翟鳳鑾、施鳳笙 5 人當選為監察委員。（《平圖協常會》，載《協會會報》1935 年2 月 10 卷 4 期，22 頁）

2 月 16 日，袁同禮、杜定友、沈祖榮、李小緣、王雲五當選為中華圖書館協會是年新任之執行委員。新執行委員會成立後，推舉袁同禮、洪有豐、劉國鈞、沈祖榮、嚴文郁為常務委員，袁同禮為主席。（《新任執監委員》，載《協會會報》1935 年 2 月 10 卷 4 期，19 頁；《中華圖書館協會第十年度會務

〔註52〕《新河縣志》共 27 卷，1930 年鉛印出版。

報告（二十三年七月至二十四年六月）》，載《協會會報》1935 年 6 月 10 卷 6 期，3～7 頁）

　　2 月 17 日下午 5 時，在北平之中華圖書館協會執行委員在國立北平圖書館工程參考室開會。袁同禮、洪有豐、何日章、田洪都、嚴文郁及職員于震寰、李文裿出席。由袁同禮作報告，分別談及基金捐募、期刊出版、個人會員登記、執監委員選舉等方面的情況。次討論如下事項：（1）全國圖書館調查，議決「先作紙面上之調查，再委託各地圖協會實地考察」。（2）本年年會，議決「時間為本年秋季，日期稍緩決定。地點擬在南京或杭州，由袁守和負責接洽」。（3）第二次國際圖書館大會，議決：「汪長炳君現在歐洲考察，如政府予以補助，即請其代表出席。仍照往例呈請教育部補助旅費」。（《在平執委員會議》，載《協會會報》1935 年 2 月 10 卷 4 期，19～20 頁）

　　2 月，為袁湧進所編《現代中國作家筆名錄》（中華圖書館協會 1936 年出版）作序。（見該書《序》）

　　約在年初，為紀念中華圖書館協會成立十週年，協會擬徵集紀念文字。袁同禮為特約撰著者之一，題目暫定《中國十年來近代圖運動》。（《十週年紀念論文》，載《協會會報》1935 年 2 月 10 卷 4 期，20 頁）後協會收到英文論文 9 篇，結集成《中國之圖書館》（Libraries in China），在是年由協會出版。袁同禮任主編，並撰序文一篇〔註 53〕，對近十年來中國圖書館之狀況論述甚詳。其餘中文論文則改在《圖書館學季刊》上發表。（《十週年紀念論文刊出版》，載《協會會報》1936 年 2 月 11 卷 4 期，14～15 頁；《中國之圖》，載《協會會報》1936 年 2 月 11 卷 4 期，37 頁）

　　3 月 5 日午，蔡元培宴郭葆昌、張煜全、歐陽道達等人。蔡先生在日記中寫道：「因守和曾函告元任：本院之陶瓷研究所，宜聘郭君為顧問，雖未可照行，然對於郭君願表示好意也。」（高平叔《蔡元培年譜長編》（第四卷），人民教育出版社 1998 年版，201 頁）

　　4 月 16 日，與陝西閩縣何敘甫先生訂立贈與古物契約。（國立北平圖書館館務報告（民國二十三年七月至二十四年六月）：附錄五　閩縣何氏贈與古物契約［R/OL］，［2011-01-29］，http://www.cadal.zju.edu.cn/book/16002259/。）

〔註 53〕1935 年 8 月 1 日，袁同禮為《Libraries in China》撰寫前言。（Tung-li Yuan《Forword to Libraries in China》，載《Libraries in China: Papers Prepared on the Occasion of the Tenth Anniversary of the Library Association of China》，中華圖書館協會 1935 年版）

約在是年春，菲律賓圖書館協會副會長、科學局圖書館主任柏禮茲（C. B. Perez）致函中華圖書館協會，言願與該會溝通消息，互借圖書，並請對菲律賓圖書館協會在 6 月後半月舉行之第五次年會和第二屆讀書運動周贈言。於是，約在 4 月間〔註54〕，袁同禮寄去英文祝辭一篇，筆者翻譯如下：

聞悉第二屆菲律賓讀書運動周將於 1935 年 6 月後半月舉行，中華圖書館協會全體成員深感高興。主辦此一有重大文化影響之活動，菲律賓圖書館協會必將倍受祝賀。

自開化以來，書籍於人類進步，一直起著重要作用。遺憾的是，仍有許多人對書籍於他們的重要作用，不甚明瞭。他們未能看到，正是因為書籍，人們之間的時間和地點的距離得以消除。因此，贏得人們加入愛書人群體的任何努力，都值得支持和鼓勵。

當收到第二屆菲律賓讀書運動周將舉行的消息時，第一屆中國讀書運動周也在進行中。看到兩國正用類似的方式，邁向為人類文明服務之同一目標，甚喜。當知，世界和平與昌盛繫於人類之文明。

貴會提出的活動，我們深佩其價值和作用。我謹代表中國全體圖書館員，對貴會的每次成功，致以最好的祝願。

（《祝賀菲律濱圖協會年會及讀書運動周》，
載《協會會報》1935 年 4 月 10 卷 5 期，22 頁）

是年春，袁同禮敦請美國圖書館專家來華考察，並參加中華圖書館協會第三屆年會，已與密歇根大學圖書館主任畢壽普（William Warner Bishop）和耶魯大學圖書館主任凱歐（Andrew Keogh）商妥，秋季來華。（《年會之籌議》，載《協會會報》1935 年 4 月 10 卷 5 期，21～22 頁）後畢壽普來函，謂公務繁忙，明春方能來華。中華圖書館協會執委會於是徵詢全體委員意見，多數主張畢、凱二人來華時再舉行年會。（《中華圖書館協會第十年度會務報告（二十三年七月至二十四年六月）》，載《協會會報》1935 年 6 月 10 卷 6 期，3～7 頁）

5 月 4 日下午 4 時，中華圖書館協會在平執行委員在國立北平圖書館海氏

〔註54〕全國讀書運動大會（第一屆中國讀書運動周），由中國文化建設協會於 1935 年 4 月 8 日至 21 日舉辦。（見《協會會報》10 卷 5 期 25 頁）由此推斷，袁同禮覆信必在 4 月份。

紀念室開會。袁同禮（主席）、洪有豐、田洪都、嚴文郁、何日章（李文裿代）、于震寰（紀錄）出席。由袁同禮報告會務，除提出執委會1935年度1至4月油印報告外，並作口頭報告：

　　　一、接汪長炳君來電，五月十一日起程赴歐，出席第二次國際圖大會。

　　　二、協會出版叢書因無力自行印刷，擬託商務印書館代為印行，前過滬曾與王雲五先生面商，商務方面允以出版品十分之一酬贈協會。又如國學論文索引等，王先生主張印編印累積本。但初續三編存書甚多，倘累積本一來，不免盡成廢紙。（洪都諸先生發言謂出版累積本之事極佳，舊存之書可以極低價格傾銷。）

　　　三、全國圖一覽預先於六月前編成，分出中文本及英文本。中文本以詳盡為原則；英文本則僅限藏書一萬冊（或六千冊）以上之圖。

　　　四、畢壽普及凱歐兩先生處，前曾告以協會年會將於彼等來華時舉行，並詢何日可以來華。惟兩先生尚無來華確期。凱歐先生旅費希望羅氏基金會擔任，該會文化部長史蒂芬斯君來函，表示極願贊助，刻下正在考慮中。畢壽普先生擬偕夫人同行，其旅費希望迦尼基基金會予以補助，因該會會長不在紐約，故一時難於決定。又教育部方面聞兩先生來華消息後，王部長曾分別致函表示歡迎。

　　　五、陳訓慈，陳東原，沈學植三先生來函，就政治交通兩點觀察，提議年會在武漢舉行。（原函當眾宣讀）

嗣討論7項議案，分別是：「年會會期及地點案」；「國際圖大會出席代表旅費案」；「事務所職員下年度薪給應如何籌劃案」（袁同禮報告，下年度于震寰之薪水，北平圖書館勢難再擔任。遂提交執委會商討解決辦法）；「募集基金應否繼續進行案」；「國外會員受贈刊物案」；「增加會費收入辦法案」；「圖學季刊稿件不足案」。（《在平執行委員會議》，載《協會會報》1935年6月10卷6期，14～15頁）考慮《圖書館學季刊》稿件缺乏，執委會議決，仍推劉國鈞為編輯主任，由其約定編輯委員8人，由執委會聘請之。後聘定袁同禮、李小緣、蔣復璁、柳詒徵、陳訓慈、嚴文郁、吳光清、譚卓垣為編輯委員，印其姓名於《季刊》封面之後，每一委員負一年提交兩篇長文之責。（《中華圖

書館協會第十年度會務報告（二十三年七月至二十四年六月）》，載《協會會報》1935 年 6 月 10 卷 6 期，3～7 頁）

5 月 14 日，駐美大使施肇基（字植之）致函袁同禮，囑將美國韋羅壁（Westel W. Willoughby）教授所著《國際聯盟與中日爭端》（The League of Nations and Sino-Japanese Controrersy）出版消息，通知國內圖書館。接函後，即將該書英文提要譯成中文，並施肇基函件，油印百餘份，函告國內各大圖書館。覆函擬購者共 35 處〔註 55〕，爰將各館地址寄往美國。中華圖書館協會可代訂經售此書。（《代辦訂購書籍》，載《協會會報》1935 年 8 月 11 卷 1 期，16 頁；《國際聯盟與中日爭端》，載《協會會報》1935 年 10 月 11 卷 2 期，60～61 頁）

5 月 25 日，北平圖書館舉行「現代美國印刷展覽」，陳列美國精印之書，並印有目錄供人參考。（《北平圖現代美國印刷展覽》，載《協會會報》1935 年 6 月 10 卷 6 期，17 頁）下午 5 時，北平圖書館協會假清華同學會開茶會，歡迎美人奧思博恩先生及夫人（Mr. and Mrs. John William Osborn，二人在菲律賓大學任教近 20 年，夫人熱心圖書館事業，為菲律賓圖書館協會董事部董事）。北平各圖書館代表約 30 餘人出席，首由袁同禮代表主席至歡迎辭，並請奧思博恩夫人演說「圖書館在菲律賓之地位」，嚴文郁為翻譯。繼由奧思博恩先生演講。袁先生因要公離會，旋主席田洪都到會。（《平圖協歡迎菲島圖家》，載《協會會報》1935 年 6 月 10 卷 6 期，16～17 頁）

5 月，中國博物館協會在景山綺望樓舉行成立大會，「同時在北海團城舉辦外國博物館展覽，有自然史博物館、專門博物館、工藝美術博物館，名人故里、博物館建築及陳列、刊物以及流落外國的中國古物等等照片、明信片，展品凡二千餘件，都是他在國外搜集而交給北圖的」。自該協會成立後，袁同禮將故宮月薪 300 元，按月捐獻協會，作為博物館學獎學金，獲獎者有四五人。（傅振倫《近百年博物館事業先輩的事蹟》；傅振倫《袁同禮先生行誼》（手稿複印件））

1934 年 11 月初，北平木齋圖書館開始籌備。（《平木齋圖在籌備中》，載《協會會報》1934 年 12 月 10 卷 3 期，18 頁）至 1935 年 6 月已大體就緒，擬於 9 月 1 日開幕，但因得袁同禮之協助，決定提前至 7 月上旬開幕。（《平木齋圖決提前開幕》，載《協會會報》1935 年 6 月 10 卷 6 期，18～19 頁）後

〔註 55〕一說 37 處，見《寄發代購書籍》一文，載《中華圖書館協會會報》1935 年 12 月 11 卷 3 期 12 頁。

因書籍整理及編目等工作尚未完成，一度推遲至 1936 年 10 月開幕。(《木齋圖定期開幕》，載《協會會報》1935 年 8 月 11 卷 1 期，19 頁；《木齋圖書館明春成立》，載《協會會報》1935 年 12 月 11 卷 3 期，15 頁；《北平木齋圖開幕》，載《協會會報》1936 年 10 月 12 卷 2 期，27 頁)

　　7 月 25 日，袁同禮偕同徐森玉（故宮博物院博物館館長）由平乘車赴廣西，參加全國六學術團體年會，並擬就便考察西南圖書館情形。(《袁守和先生赴桂參加六學術團體年會》，載《協會會報》1935 年 8 月 11 卷 1 期，17 頁)

　　8 月 12 日，南寧六學術團體年會開幕，16 日閉幕。袁同禮參加。(《袁守和先生赴桂參加六學術團體年會》)同時與會的還有李長春（字燕亭）、王庸、謝國楨等協會會員。(《會員簡訊》，載《協會會報》1935 年 8 月 11 卷 1 期，17～18 頁)袁先生除參加該會外，並出席省黨部公開講演，題目為「現代圖書館及博物館管理法」。途經南京時，拜訪教育部長王世杰，商洽要公。(《袁守和先生赴桂參加六學術團體年會》)適逢堂妹袁勤禮在南京中央醫院病逝，他「趕至仁孝殯儀館，撫棺號啕大哭，至於氣竭聲嘶。經親友拉勸，始含悲掩面而去」。對彭昭賢則無一言安慰，「蓋痛心已極，不遑他顧」。(彭昭賢《追念袁守和先生》)後至上海，往晤圖書館界同仁，有所諮詢。(《袁守和先生赴桂參加六學術團體年會》)

　　8 月 30 日，安返北平。(《袁守和先生赴桂參加六學術團體年會》，載《協會會報》1935 年 8 月 11 卷 1 期，17 頁)

　　約在 9 月初，中央古物保管委員會添聘袁同禮為委員。(《古物會委員內部添聘袁同禮》，載《中央日報》1935 年 9 月 3 日（2 張 3 版）)

　　9 月 22 日下午 3 時，北平圖書館協會在北京大學圖書館舉行常會。袁同禮等 70 餘人出席，特約莫余敏卿和吳光清演講。莫余敏卿的講題為「美國之專門圖書館」，略謂美國專門圖書館收專門之書，有專家之人，數量眾多，而中國專門圖書館則較少，望多加設立。並介紹了美國專門圖書館舉辦事業之情形。吳光清則講演圖書館事業計劃應注意之點，包括圖書館目標、圖書館工作人員、圖書館彼此關係與社會的效能、圖書館與政府關係、圖書與宣傳五個方面。演說畢，由李文裿報告協會代訂《圖書集成》情況，于震寰報告中日文期刊聯合目錄事。旋討論三項議案：「(一)中學圖之調查，袁同禮提，意在北平公私立中等學校甚多，皆應有優美之圖設備及讀物。結果由主席[註56]指

[註56] 主席為田洪都。

定嚴文郁，李文裿，于震寰三人組織小委員會辦理，由嚴文郁召集會議。眾無異議。（二）推廣公共圖事務，袁同禮提，意在北平市內地面甚廣，現有圖偏居一方，不足供市民閱讀，東城南城皆無借書閱書之處，宜添設新圖，或分館，或借書處。結果由主席指定何日章，吳光清，商鴻逵三人組織小委員會辦理，由何日章召集會議。眾無異議。（三）每次常會各會員應佩帶姓名標識，陳崢宇提，意使會員彼此熟識，而便聯絡感情。主席付表決後，反對者二十八人，贊成者六人，但皆表示應請執行委員會，於聯絡會員感情方面多加注意。」會畢，入北京大學新圖書館參觀，至 6 時始先後散去。（《北平圖協會常會紀》，載《協會會報》1935 年 10 月 11 卷 2 期，35〜38 頁）

10 月 9 日，向達離平赴滬，10 月 20 日搭船赴英，以交換館員身份在牛津大學從事研究。此係袁同禮推薦。（《北平圖與英國交換館員》，載《協會會報》1935 年 10 月 11 卷 2 期，38 頁）

10 月 10 日至 12 日，國立北平圖書館舉行一大規模之航空、水利、無線電賑災展覽會，展品宏富，排列謹嚴。門票每人貳角，目錄每份六分。三日共售票 600 餘元，悉數捐贈是年賑濟水災總會，以幫助江淮被難同胞。（《北平圖舉行賑災展覽會》，載《協會會報》1935 年 10 月 11 卷 2 期，38〜39 頁）

12 月 5 日下午 5 時，「現代英國印刷展覽」在北平圖書館開幕，展期為 3 周。展品包括兩部分，一為英國著名印刷家之代表作，二為該館所藏英國印刷品各種珍本，總計約 500 餘種，多半係袁同禮去年遊歐時收集。是日，來賓有英國大使及英使館參贊、文官及各大學教授 70 餘人，以英人占多半。開幕後，首先由袁同禮致詞，略曰：「本次展覽之目的，乃因英國近年印刷事業之精進，有資吾國人士省覽與觀摩者至多，且印刷關係文化之進步至大，是以本館前曾舉辦德美兩國印刷展覽，此次又舉行英國印刷展覽，俾各國之精良印刷，得為吾國之借鑒，藉此以鼓勵出版界印書事之改善，並予讀書界優美印刷之欣賞，倘能由此獲得良好之影響，實不勝企望」。繼由英國大使賈德幹致詞，略謂：「此次北平圖書館舉辦現代英國印刷展覽，本人承袁館長之邀，得以參與，實深榮幸，在此間開英國印刷展覽之時，亦正英國倫敦開中國藝術展覽，中國之精美藝術，在此次藝展介紹於歐洲，實予歐洲各國人士以至良之印象，而英國之印刷品，亦得在中國展覽，得中國人士之欣賞，本人實至感快慰，英國印刷在現在已為英國一般公認之藝術品，其在文化上有至大之關係，深望此後中英兩國在文化上共同提攜，而此次之中國藝術展覽與現

代英國印刷展覽，實開其先河」。致詞畢，由袁同禮引導至展覽室參觀，6 時許始散。(《北平圖現代英國印刷展覽》，載《中華圖書館協會會報》1935 年 12 月 11 卷 3 期，14～15 頁) 此外，袁同禮撰有《現代英國印刷展覽目錄序》，發表於《中華圖書館協會會報》第 11 卷 3 期上。是文歷數歐戰以還，英國印刷事業之進步，略述此次展覽品之構成，並揭示展覽之目的。(《現代英國印刷展覽目錄序》，載《協會會報》1935 年 12 月 11 卷 3 期，1～2 頁)

　　12 月 23 日，裘開明致函洛克菲勒基金會人文科學部主任 David H. Stevens:「我想知道洛克菲勒基金會是否已經決定資助國立北平圖書館從 1936 年 1 月開始印刷中文書目錄卡片，……我希望能夠從貴處借閱恒慕義 (Arthur William Hummel) 博士的備忘錄，該備忘錄中包括國會圖書館中文書分類表和袁同禮 (Yuan Tung-li) 的印刷卡片樣本，我打算在正在撰寫的論文中對這些材料進行評論。在 12 月 21 日與你的談話中，我曾提到出版《漢和圖書分類法》和印刷中國基本古籍中文目錄卡片的計劃。在後一個計劃中，我們將通過對清代學者推崇的大約 20 部歷代書目進行統計分析，確定基本的中文古籍。……但是這個計劃與袁同禮先生的計劃不衝突，因為袁同禮先生的計劃主要是印刷當代出版物的目錄卡片。……」(程煥文《裘開明年譜》，147 頁)

　　是年，袁同禮擔任職務有:中華圖書館協會執行委員會主席，編目委員會委員，建築委員會委員，編纂委員會主席，《圖書館學季刊》編輯部編輯，《中華圖書館協會會報》編輯部主席〔註57〕。(《中華圖協會職員表》，載《協會會報》1935 年 10 月 11 卷 2 期，9 頁)

　　是年，北平圖書館將館藏 1935 年以後出版之中文書籍，仿美國國會圖書館辦法，排印成卡片目錄，低價預售。該項目錄著錄詳盡，有分類號碼，字體美觀，可減少各圖書館編目手續，方便採訪，為中國圖書館界之創舉。(《北平圖發行卡片目錄訊》，載《協會會報》1935 年 10 月 11 卷 2 期，39 頁) 次年 9 月，將編印範圍擴大，包括民國出版者、民國以前出版者、中外各大圖書館委託編印者、叢書分析片、專門問題片。每張大洋 1 分，每組 6000 張，特價 50 元。各圖書館可零購，並可分期付款。(《國立北平圖書館發售目錄片

〔註57〕 是年，《中華圖書館協會會報》編輯有顧子剛、袁仲燦二人。中華圖書館協會事務所書記為袁仲燦 (以前為于震寰，後轉入北京大學圖書館，再轉入國立中央圖書館)，會計宋琳編輯李文祎 (新調入)。是年，袁仲燦約在 1936 年 7、8 月份改在北平圖書館索引組服務，李鍾履被調至協會服務。(見《中華圖書館協會會報》12 卷 1 期 19 頁「會員簡訊」)

啟事》，載《協會會報》1936 年 10 月 12 卷 2 期，封二）後為方便訂戶尋檢，又將印行之卡片編印為書本目錄，附贈訂戶。今後擬印足卡片目錄千種，即編印書本目錄一冊，年終匯為一大冊。如此往復。（《國立北平圖書館排印卡片書本目錄出版》，載《協會會報》1936 年 12 月 12 卷 3 期，60 頁）

1936 年（民國二十五年，丙子）　42 歲

1 月 5 日，北平圖書館協會是年第一次常會假騎河樓清華同學會召開。中午 12 時半聚餐。餐畢，召開常會。首由自德返平之謝禮士講演，繼討論會務，後選舉執監委員。執行委員 7 人當選，為袁同禮、何日章、嚴文郁、吳鴻志、李文裿、田洪都、朱同珍。監察委員 5 人，有吳光清、于震寰、鄧衍林、曾憲三、莫余敏卿。（《北平圖協會本年首次常會》，載《協會會報》1936 年 2 月 11 卷 4 期，16 頁）

6 月 15 日下午 4 時，中華圖書館協會第三次年會籌備會議在北平圖書館舉行，袁同禮（主席）、吳光清（列席）、袁仲燦（紀錄）、田洪都、嚴文郁、何日章出席。首先由袁同禮報告，略謂：「此次因籌備舉行第三屆年會，曾赴青島與市政當局及山東大學接洽一切，會址已決定在山東大學，日期則定七月二十日至二十四日，與中國博物館協會年會同時舉行，並承市長沈鴻烈氏允為招待一切，及派艦遊覽嶗山名勝，過濟時晤教育廳長何思源氏，談及年會應開辦一民眾圖書館講習會，俾該省同人可就近聽講，藉資深造。關於以上各事，應請在座諸君互為討論」。繼議決如下事項：（1）出席會員註冊案；（2）年會職員案，其中，袁同禮是年會總委員會委員之一和圖書館行政組副主任；（3）年會經費及聯合會所建築費案；（4）圖書館用品展覽會案；（5）遊覽；（6）民眾圖書館暑期講習會案。（《第三次年會之籌備》，載《協會會報》1936 年 6 月 11 卷 6 期，25～26 頁）

7 月 19 日，出席中華圖書館協會第三屆年會之會員陸續抵達青島，年會辦事處及會員食宿均設在山東大學。此次年會，由中華圖書館協會與中國博物館協會共同舉辦。是日，執監委員舉行臨時聯席會議，推舉葉恭綽、袁同禮、馬衡、沈兼士、沈祖榮、柳詒徵為大會主席團成員，並分別選出提案審查委員會各組委員。（李文裿《寫在第三屆年會之後》，載《協會會報》1936 年 8 月 12 卷 1 期，1～5 頁）

7 月 20 日上午 9 時，在山東大學大禮堂舉行開幕典禮，約 150 餘人參會。來賓多人先後致詞，繼攝影，正午散會。開幕時，各方賀電紛至。下午 2 時，

聯合講演會在科學館大講堂舉行，由葉恭綽主席，青島市長沈鴻烈講演「青島市政各項建設」。畢，由田洪都主持，討論各項議案。晚 6 時半，沈鴻烈宴請全體會員。（李文褵《寫在第三屆年會之後》，載《協會會報》1936 年 8 月12 卷 1 期，1～5 頁）

7 月 21 日上午 8 時，仍在科學館大講堂開講演會，嚴文郁主持。沈祖榮、陳訓慈、侯鴻鑒、皮高品先後演講。至 9 時半，由葉恭綽主持，李石曾即席講演「中西文化與國際圖書之關係」，講辭甚長，主張亦新。11 時至 12 時，宣讀論文，所有論文將刊於《圖書館學季刊》上。會畢，兩協會在科學館前分別攝影。下午 2 至 4 時，討論各項議案，由沈祖榮主持。4 至 6 時，兩會合組開討論會，由沈兼士主持，討論中國檔案整理問題等。晚 6 時，山東大學校長林濟青在第三校舍宴請全體會員。飯畢，續開討論會，午夜始散。（李文褵《寫在第三屆年會之後》）

7 月 22 日上午 9 時，在科學館大講堂舉行討論會，由沈祖榮主持，主要討論教育部交議之八案〔註 58〕。儘管天氣炎熱，但各會員皆異常認真，正午始散。下午 4 時，仍在此處開會務會，主席為袁同禮，其報告事項有：「（一）本會會員無論出外留學或在圖書館學校肄業本會均盡力協助。（二）協會主張在中國圖事業幼稚時期，維持免費生辦法。（三）為使國內外人士明瞭圖事業之重要，出版中英文刊物。（四）本會經常費情形。（五）出席國際圖會議情形。（六）美國圖專家將來華視察指導，經與教育部商洽，已由本會覆函歡迎。」嗣討論執委會提出兩案及會員提議案和臨時提議案。下午 4 時，舉行閉幕式，仍由葉恭綽主席，並致閉幕辭。次由嚴文郁、馬衡分別報告圖書館協會和博物館協會討論會經過。繼由袁同禮、馬衡分別報告兩協會會務會情況。再由沈祖榮報告教育部提交議案之討論情形。末臨時議決：兩會下屆年會仍聯合舉辦，並提出召開之備選地點為西安、武漢、南京、北平；擬以大會名義函謝青島市政府、山東省政府、山東大學及膠濟鐵路局。（李文褵《寫在第三屆年會之後》）

7 月 23 日，全體會員參觀市區建設。晚 6 時，全體會員在迎賓館公宴青島市各官員。7 月 20 日至 23 日，年會辦事處假《青島時報》副刊欄，編印年會專刊，刊載論文、演講辭、年會消息、議事日程等，加印單頁，於每晨分

〔註 58〕　由教育部社會教育司於 1936 年 6 月 22 日致函中華圖書館協會時提出。（教部委本會擬具改進圖行政要點〔J〕，中華圖書館協會會報，1936，12（1）：18。）

發諸會員。(李文裿《寫在第三屆年會之後》)

7月24日,參觀鄉區建設,遊覽嶗山。(李文裿《寫在第三屆年會之後》)

北平圖書館乘七科學團體聯合會在平召開之便,舉辦科學儀器展覽會。8月19日下午2時半開幕,展期為兩周。(《北平圖主辦科學儀器展覽會》,載《協會會報》1936年8月12卷1期,20頁)

9月9日,國立北平研究院舉行七週年紀念。同時,該院史學研究會考古組與北平圖書館聯合舉行拓片展覽會,為期五日,以擴大紀念。展覽設於中海懷仁堂,陳列五室,觀者甚眾。展品最珍貴者如唐太祖石像、老子道德經石刻、漢代畫像等等,頗為學界重視。此事緣起為,是年夏,史學研究會徐炳昶自陝西返平,途遇北平圖書館金石組謝國楨,談及展覽拓片事,有聯合舉辦之意。抵平後,經研究院李石曾院長和北平圖書館袁同禮館長同意,始確定。(《北平研究院與北平圖舉行拓片展覽會》,載《協會會報》1936年10月12卷2期,26～27頁)

9月12日至27日,震旦大學圖書館舉辦「法文書版展覽會」。由法國書業公會寄往北平圖書館之美術圖書200餘種,同時參展。(《震旦大學圖舉辦之「法文書版展覽會」》,載《協會會報》1936年10月12卷2期,33～34頁)此部分美術圖書,是由袁同禮親自向法國大使館接洽的。(景蘭墅《法國出版業概況》,載《協會會報》1936年12月12卷3期,8～9頁)

9月14日,中華圖書館協會執行委員會覆函教育部社會教育司,略曰:「……敝會遵於本屆年會將改進各縣市圖書館行政要點一案,列為專項,慎重討論,謹將討論結果彙編成冊,交袁守和先生攜京,即希鑒核,酌予採納。……」(《教部社教司提交年會議案議決具覆》,載《協會會報》1936年10月12卷2期,21～24頁)

10月18日,北平木齋圖書館舉行開幕典禮。政委會委員劉哲、社會局長雷嗣尚(虞建中代)、公安局長陳繼淹、北平圖書館館長袁同禮、美籍考古專家福開森、北大教授陶希聖等約150餘人出席。來賓入門即簽名,獲贈木齋圖書館成立報告書一份,繼由招待員引導參觀。該館閱覽室分新聞雜誌和書籍兩處,藏書處藏書20餘萬卷,多為善本。畢,眾賓客至會場參加開幕典禮,未有儀式,僅由館長胡鈞報告該館籌備情況、未來計劃及希望於各界之點。嗣由袁同禮、賈肇和、福開森、陶希聖等分別致詞。3時許散會。(《北平木齋圖開幕》,載《協會會報》1936年10月12卷2期,27頁)

　　10 月 24 日下午 4 時，北平圖書館協會假木齋圖書館（在舊刑部街）舉行是年第三年次常會，袁同禮、嚴文郁、錢稻孫、何日章、李文裿等 50 餘人出席。由嚴文郁主席，李文裿記錄。首先報告相關情形，嗣由自歐洲歸來之馮陳祖怡和袁敦禮講演。馮氏講題是「歐遊對於圖書館之印象與感想」，袁氏講演歐洲文化及體育情形。至 6 時余始散。(《北平圖書館協會三次常會》，載《協會會報》1936 年 12 月 12 卷 3 期，18～19 頁)

　　11 月 1 日上午 9 時，徠卡攝影展覽會在北平圖書館開展，為期 8 天。共 150 幅照片參展，分別陳列於圖書館新書閱覽室及接待室內。觀者甚眾。(《國立北平圕近訊》，載《協會會報》1936 年 12 月 12 卷 3 期，19～20 頁)

　　12 月 20 日，魏哥曼油畫展覽會在北平圖書館舉行，為期 8 日，同時加展杜博思中國戲劇攝影作品數十幅。觀者踴躍。(《國立北平圕近訊》，載《協會會報》1936 年 12 月 12 卷 3 期，19～20 頁)

　　約在是年冬，袁同禮以北平圖書館館藏豐富，數千種書皆有副本數冊，於是決定實行巡迴閱覽，以廣書籍用途。先與北平私立木齋圖書館及第一普通圖書館訂定巡迴閱覽辦法，其法大致是：「一、將各種書籍之副本分批運至各圖書館巡迴閱覽，二、每批自五十冊至一百冊，三、閱覽日期每批為一個月，四、第一批書籍先運至木齋圖書館，期滿後由該館轉遞第一普通圖書館，五、期滿木齋圖書館再轉運第二批，如此巡迴，可使木齋及第一普通各圕，均能得充實之書籍閱覽。」(《國立北平圕近訊》，載《協會會報》1936 年 12 月 12 卷 3 期，19～20 頁)與武昌文華公書林、文華圕專舉辦的巡迴文庫一樣，此種辦法在國內具有創造性。

　　12 月 5 日下午 3 時，日本外務省文化事業部創設之北平近代科學圖書館舉行開幕典禮。因事先得柬請，徐誦明、袁同禮等文化界人士數十人到會參加。日方則有大使館外交官加藤清水等，以及東方文化總會代表森安三郎、橋川時雄等人。民國政府當局也略派人出席。(《平近代科學圕開幕》，載《協會會報》1936 年 12 月 12 卷 3 期，24 頁)

　　是年下半年，與程時煃、譚炳訓、陳任中、沈祖榮、陳三立、陳布雷、歐陽祖經等，同為廬山圖書館徵集圖書委員。(原載江西文獻委員會 1947 年印行之《廬山續志稿》卷三第 40 頁，此處轉引自程煥文《沈祖榮故居巡禮》，載《圖書情報知識》2007 年 6 期，104～107 頁)

　　中央古物保管委員會迭據報告，河南省洛陽、龍門、輝縣等古物，歷被

盜掘。在該會第十六次常務會時，議決推舉委員袁同禮前往查勘。此行歷時兩星期，後將調查詳情向該會報告。「該會據情，即呈請行政院轉函軍事委員會，轉飭豫皖綏靖公署暨駐豫各軍隊，並令飭河南省政府，轉令各縣政府，對盜掘古物人犯，務予認真緝究，依法嚴懲，以護古蹟。行政院頃已指令該會，准予照辦。」報告原文登於《中央日報》1937 年 1 月 14 日第 2 張第 2 版上，大意謂：洛陽盜墓者幾成一種職業，以秋冬為甚，多在夜間為之，全副武裝，規模較大，非地方官吏之實力所能制止。盜墓猖獗，古物損傷，為學術之重大損失。龍門大小佛洞滿目瘡痍，被毀嚴重，少有完整者。輝縣「土人盜墓之風甚熾」，然主使者常在交通便利的新鄉守候，「故此後制止之方，新鄉較輝縣尤為重要也」。(《袁同禮報告，豫省古物被盜情形，洛陽盜墓者幾成一種職業，龍門大小佛像完整者極少，行政院已令飭保護》，載《中央日報》1937 年 1 月 14 日（2 張 2 版））

是年，北平圖書館為便利工程界參考，與地質調查所在南京合作設立工程參考圖書館。該館前身為 1934 年 2 月 8 日設立之「國立北平圖書館工程閱覽室」，1936 年 9 月方由平遷寧。(《北平圖最近消息》，載《協會會報》1936 年 10 月 12 卷 2 期，26 頁；《工程參考圖書館概況》，載《協會會報》1938 年 7 月 13 卷 1 期，23 頁）北平圖書館又受中央古物保管委員會委託，編印流出國外古物著述目錄。受教育部醫學教育委員會委託，編製醫學論文索引。委託交換館員王重民、向達影照巴黎和倫敦之敦煌寫本。另該館出版重要史料《宋會要》，每部 200 冊。(《北平圖最近消息》，載《協會會報》1936 年 10 月 12 卷 2 期，26 頁)《宋會要》本久佚，嘉慶年間，徐星伯從《永樂大典》中輯出 366 卷，國立北平圖書館以四千金覓得原稿，影印出版。(《鎮江圖館訊》，載《協會會報》1936 年 12 月 12 卷 3 期，33～34 頁)

1937 年（民國二十六年，丁丑） 43 歲

約在 1 月，給李照亭（以字行，河南上蔡人，在國立北平圖書館駐滬辦事處就職）善本一冊，囑其赴滬後轉交張元濟，以備印《國藏善本叢編》之用。(張元濟著，張人鳳整理《張元濟日記》，河北教育出版社 2000 年版，1159 頁)

1 月，為楊殿珣所編《石刻題跋索引》作序。文曰：

晉陳勰撰《雜碑》二十二卷，《碑文》十五卷，為輯錄石刻文

字之始。宋代歐趙諸公，篤學嗜古，銳意收集，咸有譜錄，遂奠金
石學之基礎。迄乎有清，斯學彌盛，搜訪考訂，著作如林，金石學
遂駸駸焉蔚為大國。至於今日，則益為世人重視焉。蓋金石文字，
出於當時所作，身與事接，自免詭妄，不似文籍之謄寫模印，易致
奪誤，故以之證文字，考訂史籍，皆確然可信；嗜古之士，汲汲於
此，良有以也。唯自宋代以還，著述繁多，檢索匪易，亟思宜有以
統攝之，爰屬楊君殿珣，先就記載石刻書籍，製為索引，歷四年竣
事，共收書百四十種，計得四萬條。為便翻檢計，分為七類：曰墓
碑，曰墓誌，曰刻經，曰造像，曰題名題字，曰詩詞，曰雜刻。每
類之中，時代可稽，則依其時，名物足徵，則從其類。有此一書，
學者庶可稍省翻檢之勞，其有志於此者，亦可藉以窺金石學之門徑，
此編輯此書之微意也。

（袁同禮《石刻題跋索引·序》，商務印書館 1940 年版）

　　自 1 月起，中華圖書館協會執行委員會改稱理事會，監察委員會改稱監
事會，並修訂《中華圖書館協會組織大綱》。此係第三次年會時參酌其他學術
團體辦法議決之。（《本會重要啟事一》，載《協會會報》1937 年 2 月 12 卷 4 期
期，封二；《執監委會改稱理監事會》，載《協會會報》1937 年 2 月 12 卷 4 期，
13 頁）

　　為切實研究漢代文化，國立北平圖書館與中央研究院擬聯合組織發掘
團，赴洛陽發掘東漢太學遺址。政府已發下執照，經費預算需四五萬元，已
向中華教育文化基金董事會申請補助，定是年春動工。後因西安事變發生，
洛陽作為軍事要鎮，不宜作發掘工作，而暫時停止。時局趨靖，但因經費關
係，又暫擱置。（《國立北平圖近訊》，載《協會會報》1937 年 2 月 12 卷 4 期，
17 頁；《國立北平圖近訊》，載《協會會報》1937 年 4 月 12 卷 5 期，21～22
頁）又該館為廣善本書之流傳，與商務印書館協商辦法，由商務代為影印發
行。第一集為明代邊防史乘，共 12 種，是年初出版。該館並擬聯合北平庋藏
善本較豐之圖書館與學術機關，從事大規模之善本書影印工作。（《國立北平
圖近訊》，載《協會會報》1937 年 2 月 12 卷 4 期，17 頁；《國立北平圖書館
善本叢書第一集》，載《協會會報》1937 年 2 月 12 卷 4 期，44 頁）其惠澤學
林，有裨文化，自不待言。

2月6日下午5時，在北平圖書館舉行茶會，歡迎來平參觀之文華圖書館學專科學校教授奚路女士（Miss Hill）。袁同禮、李文裿、趙廷範等30餘人出席。首由袁同禮報告招待奚路女士之意義，繼請奚女士講演，題目為「美國兒童圖書館之發展」，北平圖書館編目部主任吳光清任翻譯。末由袁同禮致詞，並提出美國兒童圖書館從業者值得羨慕之兩點：「（一）美人對兒童圖書館有深切之研究。（二）有專以研究兒童圖書館為終身事業之人材」。6時許，散會。（《北平圖協會歡迎奚路女士》，載《協會會報》1937年2月12卷4期，16～17頁）

2月19日，張元濟收到袁同禮信。2月21日，覆袁同禮信。（張元濟著，張人鳳整理《張元濟日記》，河北教育出版社2000年版，1166頁）

國立中央圖書館呈准教育部組織建築委員會，主持該館建築事宜，該委員會組織規則及委員名單業經教育部公布。其中，委員兼委員長為戴季陶，其他委員有朱家驊、段錫朋、何廉、錢端升、羅家倫、梁思成、袁同禮、雷震。（《中央圖組建築委會》，載《協會會報》1937年2月12卷4期，27頁）

1、2月間，與彭昭賢接觸較頻，談話較多，包括談論西安事變及時局。〔註59〕（彭昭賢《追念袁守和先生》）

2月25日，赴南京，參加中央圖書館建築委員會，並向教育部報告館務。（《國立北平圖近訊》，載《協會會報》1937年4月12卷5期，21～22頁）2月25日至3月4日，北平圖書館與故宮博物院聯合舉行「國外所藏中國文物照片展覽」，為期8日，地點在景山綺望樓。文物照片凡600件，全鑲以鏡框。觀者較多，尤吸引愛好古玩者。（《國立北平圖近訊》，載《協會會報》1937年2月12卷4期，17頁）

袁同禮認為館員應有豐富之常識，方能對讀者應付自如。於是約從是年初起，每週邀請各界名人為全體館員作討論式講演，以增進智識。前幾次被約名人中，以醫界為多，蓋有注重館員健康之意。（《國立北平圖近訊》，載《協

〔註59〕據彭昭賢回憶，袁先生曾說過如下話語：「蔣委員長如果能夠長遠保持住這份神聖的光榮，躋中國於統一獨立富強康樂之境，那是絕對不成問題的」。「你聽見了沒有？好了，共產黨正式宣布投誠了！這不能不歸功於蔣委員長德威的感召」，「還是要天下為公，還是要天下為公。」至於彭君的記憶是否可靠可信，讀者諸君自裁量之。此外，袁先生在告知彭昭賢要調回陝西時，勸說到：「我想中央也審慎的考慮過。你在陝西的聲譽尚佳，情況比較熟悉，困難當然是困難，總比去一個生手好得多。我看你不容易辭掉」。後來，彭昭賢果然在陝西十年不調。

會會報》1937 年 2 月 12 卷 4 期，17 頁）

　　3 月 1 日，袁同禮拜訪張元濟。（張元濟著，張人鳳整理《張元濟日記》，
河北教育出版社 2000 年版，1168 頁）同日，北平圖書館主辦之工程參考圖書
館在南京開放閱覽，館址假南京珠江路九四二號地質調查所內西大樓樓下。
該館於上年 10 月開始籌備，搜羅工程圖籍較豐。（《國立北平圖近訊》，載《協
會會報》1937 年 4 月 12 卷 5 期，21～22 頁）

　　3 月 9 日，國立中央圖書館建築委員會在籌備處舉行首次會議，朱家驊、
羅家倫、雷震、梁思成、蔣復璁、袁同禮等委員參加。朱家驊主持，各委員
對該館建築計劃圖樣及建築工程進行事宜，進行詳細討論。（《國立中央圖建
築消息》，載《協會會報》1937 年 4 月 12 卷 5 期，28 頁）

　　3 月 12 日，事畢返平。（《國立北平圖近訊》，載《協會會報》1937 年 4
月 12 卷 5 期，21～22 頁）

　　4 月 5 日，張元濟接袁同禮信。次日覆信。（張元濟著，張人鳳整理《張
元濟日記》，河北教育出版社 2000 年版，1178 頁）

　　4 月 7 日，袁同禮偕館員胡英赴山東濟寧考察華北農村建設協進會之圖書
館。先是該會請其代為設計，因此前往考察，並派胡英代為主持一切。（《國
立北平圖近訊》，載《協會會報》1937 年 4 月 12 卷 5 期，21～22 頁；《濟寧
將建大規模圖》，載《協會會報》1937 年 4 月 12 卷 5 期，27 頁）

　　4 月 14 日，事畢返平。（《國立北平圖近訊》，載《協會會報》1937 年 4
月 12 卷 5 期，21～22 頁）

　　4 月 22 日，袁同禮乘滬平列車南下，擬先在南京與教育部商討中央圖書
館建築事宜，再赴滬出席中華教育文化基金董事會會議，以報告北平圖書館
年來情形。約兩周後可返平。（《國立北平圖近訊》，載《協會會報》1937 年 4
月 12 卷 5 期，21～22 頁）

　　應協會會員之需要，《中華圖書館協會會報》自 1937 年 4 月 12 卷 5 期起，
增設「會員園地」、「問題解答」、「圖界服務」三個欄目。以上各欄每期不固
定，視內容有無而定。（《本會重要啟事二》，載《協會會報》1937 年 2 月 12
卷 4 期，封二）

　　約在是年春，中華圖書館協會邀請美國圖書館專家畢壽普來華考察圖書
館狀況，並研究充實辦法，以資改進。畢氏擬於 9 月初偕夫人來華，預期考
察 3 個月。中華圖書館協會於 4 月中旬函請各重要圖書館編製各館英文概況，

於 8 月寄協會，以備畢氏參考。(《本會邀請美圖專家畢少博來華視察》，載《協會會報》1937 年 4 月 12 卷 5 期，15～16 頁) 後因抗戰爆發，此行未果。

約在是年春，倫敦大學圖書館學專科學校（School of Librarianship, University College, London）委託中華圖書館協會代為徵集中國重要圖書館之概況及書目。該協會即發函徵求，所獲較多，並於 6 月 26 日匯寄該校。(《代倫敦大學圖學校徵求我國圖概況及書目》，載《協會會報》1937 年 4 月 12 卷 5 期，18 頁；《各館概況書目已匯寄倫敦》，載《協會會報》1937 年 6 月 12 卷 6 期，22 頁)

約在是年春，巴黎國際展覽會致函中華圖書館協會，稱願得中國圖書館內外部攝影，以供陳列。接函後，協會以其事關宣傳國情，即發出徵求函件多封。至 6 月 20 日止，收到國立北平圖書館、國立中央圖書館、北京大學、清華大學等大學圖書館及各省市立公私立圖書館照片多幅。6 月 24 日，匯寄巴黎國際展覽會。(《代巴黎國際展覽會徵求我國圖攝影》，載《協會會報》1937 年 4 月 12 卷 5 期，18 頁；《各館攝影已匯寄巴黎》，載《協會會報》1937 年 6 月 12 卷 6 期，22 頁)

約在是年春，北平圖書館為使全館職員生活有保障，擬舉辦公共儲蓄，規定自 7 月起實行。此法為：「凡在館工作人員皆依照薪金之多寡，由館方於每月扣除百分之五，館方再增加百分之五，一併儲蓄，按複利生息，館員如有重大事故，或離館時，（聞在儲蓄三年以內無故自動離館者另有規定）即全部發給。」(《國立北平圖近訊》，載《協會會報》1937 年 4 月 12 卷 5 期，21～22 頁)

5 月 10 日，袁同禮、徐森玉、傅增湘、張允亮、趙萬里集於北平圖書館，商定《國藏善本叢刊》目錄事，「決定刪去大部者數種，加入十數種，以冀仍符千冊之數」。(傅增湘致張元濟信，1937 年 5 月 11 日)

5 月 12 日，袁同禮致函教育部，希望教育部對圖書館購書，仍照八折優待，並令上海市書業同業公會執行，所購部數，仍以普通書 2 部，辭書 5 部為限。此函背景是：1936 年 4 月 7 日，教育部頒布圖書劃一出售辦法，圖書館購書由八折而改為九折，影響各館購書經費較大。7 月，在中華圖書館協會第三次年會上，各圖書館皆認為有恢復八折購書之必要，於是議決由協會負責請求。11 月 30 日，中華圖書館協會致函上海市書業同業公會，希望於圖書館購書予八折之優待。1937 年 1 月 18 日，該書業同業公會覆函，稱表同情，

但教育部令在先，不便擅改，難以即允。於是有協會向教育部請准之函。(《呈請教部恢復團購書八折辦法》，載《協會會報》1937 年 4 月 12 卷 5 期，16～17 頁)

教育部擬以 30 萬元購買李盛鐸藏書，於是委託袁同禮與李氏子嗣商洽，以期成交。因李氏生前欠債 25 萬元以上，所以其家屬對此項藏書索價 60 萬元。(《教部擬以卅萬元收買李盛鐸藏書》，載《協會會報》1937 年 6 月 12 卷 6 期，23 頁)5 月 26 日夜，袁同禮為購買李盛鐸家藏書一事邀請吃飯，客人為李氏三子、董康、胡適等。李家原索價 80 萬元，政府許 30 萬元，現在李家減至 50 萬元，胡適提議以 40 萬元為折衷之價，至席散時尚未達成協議。(胡適著，曹伯言整理《胡適日記全編·6》，安徽教育出版社 2001 年版，689 頁)

國立北平圖書館數年來搜集樣式雷家藏模型數十種，為廣觀摩起見，與歷史博物館商妥，將全部模型寄陳博物館處。已布置就緒，於 6 月 1 日開始展覽，觀者踴躍。(《國立北平圖近訊》，載《協會會報》1937 年 6 月 12 卷 6 期，23～24 頁)

6 月 15 日，胡適下課後乘車到天津，袁同禮到站接他。晚飯後，到李盛鐸宅看他的遺書。李氏兄弟子侄搬出家藏善本書，趙萬里記錄，袁同禮、徐森玉與胡適同看，直至半夜始散。(胡適著，曹伯言整理《胡適日記全編·6》，安徽教育出版社 2001 年版，691 頁)1940 年，李盛鐸藏書悉售北京大學圖書館。

中華圖書館協會為與中國各學術團體在南京建築聯合會所，自 4 月間開始募集經費，至 6 月底止，共收到捐款 1827.5 元。其中，袁同禮捐助 20 元，並積極經募北平圖書館員工之捐款。(《捐募建築費誌謝》，載《協會會報》1937 年 6 月 12 卷 6 期，13～22 頁)

是年上半年，蔣介石、汪精衛邀請國內各大學教授及各界領袖前往廬山茗敘，袁同禮也在被邀之列。他擬於 7 月 10 日左右前往參加。(《袁理事長被邀赴廬茗敘》，載《協會會報》1937 年 6 月 12 卷 6 期，13 頁)

是年上半年，袁同禮擬提請將中華圖書館協會年會由每年一次改為兩年一次，以節省金錢精力時間等耗費。(《年會兩年舉行一次》，載《協會會報》1937 年 6 月 12 卷 6 期，13 頁)

為使北平圖書館館員對各部工作均能明瞭，擬自 7 月 1 日起，對部分人員進行調動。凡願在某部工作者，可事先聲明。又該館為提高效率，擬自下

年度起，視事業之輕重緩急，而集中人才以赴。另外，散落於蘇聯之《永樂大典》共 12 冊，聞該國有贈還國立北平圖書館收藏之意。(《國立北平圖近訊》，載《協會會報》1937 年 6 月 12 卷 6 期，23～24 頁)

7 月 1 日，錢存訓應袁同禮之聘，改就南京工程參考圖書館主任。該館設在地質調查所大樓內，為北平圖書館所設的分館之一。館藏「主要是由北平移存的西文及日文全套科技學術期刊，和有關工程的重要參考書四千餘冊，以及內閣大庫舊藏輿圖七千餘幅」。「七七事變」後，南京分館奉命疏散。不久，錢存訓接總館電報，囑前往上海辦事處照料，他於 1938 年春抵上海。(錢存訓《留美雜憶：六十年來美國生活的回顧》，黃山書社 2008 年版，16 頁)

7 月 7 日，盧溝橋事變爆發，日本開始全面侵華。袁同禮因是文化界名人，被列入日軍黑名單上。對於北平的文化名人，日寇極力收買，收買不成就殺害。得知消息後，袁同禮於事變前穿便衣火速逃難。(2009 年 9 月 14 日筆者採訪袁清先生) 一說袁先生憤恨日寇暴行，不甘作敵傀儡，於 8 月奉命離平。(《國立北平圖最近消息》，載《協會會報》1938 年 7 月 13 卷 1 期，19 頁) 2009 年 10 月 17 日，筆者再次向袁清先生求證，據稱，袁同禮先生在七七事變前即離平南下，而不是 8 月份。又據中央電視臺第 10 套「探索‧發現」欄目關於中國國家圖書館的八集紀錄片《百年守望》講述，「8 月 8 日，北平淪陷。第三天，副館長袁同禮帶領一批館員離開北平」，認為其離平時間在 8 月 10 日。(但對於帶領館員離平一事，筆者認為恐有不確。) 1937 年 9 月 14 日袁同禮致函傅斯年，其中談到其逃難情形：「舊京淪陷，音訊鮮通，弟在平布置妥貼，始於上月十三日由秦王島來滬，在吳淞口外等候三日，未能□□原輪駛港。上月杪，由□來浙，本擬晉京，適□齋、思永均來勸多留數日，嗣後，森玉及館中同人陸續抵湘，遂與臨時大學商定合組辦法。……舍下仍留北平，弟僅攜一皮箱脫身耳」。(臺灣中央研究院歷史語言研究所藏本複印件，雜 5-8-2。) 由此信可知，袁同禮是在「北平淪陷」後才逃難，8 月份仍在逃難途中，可以推斷，他確於 8 月離平南下。袁清先生的記憶可能不確？

7 月 21 日，二公子袁清出生。大約半年後，夫人和幾個孩子也離平南下，逃到昆明、香港、重慶等地。1939～1940 年，夫人和孩子們在昆明。1940～1941 年在香港。(1939 年至 1941 年袁夫人和孩子們的行蹤，係袁剛先生 2010 年 7 月 29 日下午來電話告知) 在香港淪陷前後，二女兒袁桂患盲腸炎，但因找不到醫生，不幸夭折。1941 年 10 月 30 日，袁同禮致函胡適，談及此事：「最

近舍下長幼三人，均患盲腸炎，而次女以割治稍遲，竟因之夭傷。此間醫藥之費頗屬不資，故私人方面亦告破產，因之心緒惡劣」。（中國社會科學院近代史研究所中華民國史組編《胡適來往書信選》（中冊），中華書局 1979 年版，533～534 頁）因為袁桂長得極漂亮，人又聰明，袁同禮痛失愛女，幾乎快到發瘋的狀態。困於香港期間，他一度經濟拮据。一次，身上只剩一毛錢了，恰逢大女兒袁靜便秘（三天沒有大便），他把這最後的一毛錢給女兒買了兩根香蕉。（2011 年 5 月 12 日，筆者採訪袁同禮外孫女索菲（Sophie Volpp）女士）在雲南大理時，二公子袁清患嚴重眼疾，有失明的危險，後得一位曾到美國學習過的年輕眼醫搶救，方轉危為安。在重慶時，袁清在南開小學念書，不少名人的孩子與其同班，如柳光南（柳亞子之孫女，柳無忌之女）、何□（經濟學家何廉之子，英文名 Samuel Ho）等。在重慶的生活十分艱苦，他們住在一間小屋子裏，白天夫人袁慧熙將小火爐搬到屋外做飯，晚上再搬回屋，以防被盜。面對日本浪人的不斷轟炸，夫人時常要帶著孩子們到防空洞躲避。在顛沛流離的歲月裏，袁同禮與家人聚少離多，他將精力盡瘁於後方圖書館事業的復興和民族文化的保存。（2009 年 9 月 14 日筆者採訪袁清先生；袁清《回憶我的父親袁守和先生》，載（臺灣）中國圖書館學會輯印《袁同禮先生百齡冥誕紀念專輯》1995 年版，30～31 頁）然夫人賢慧，操持家務，不怨離苦，正如其言：「回憶結縭以來，凡三十七年，迭遭世變，甘苦共嘗。守和每以研究考察去國離家，逾歲累月。惟彼此相諒相勉，未嘗置意於離別之苦，反覺恩愛生活在共同奮鬥中更具意義」。（袁慧熙《思憶錄·前言》）

「七七事變」後，北大、清華、南開在長沙合組為臨時大學，租借韮菜園聖經學校辦公。9 月，袁同禮與長沙臨時大學合作，籌設圖書館，制定合作辦法。（《國立北平圖最近消息》，載《協會會報》1938 年 7 月 13 卷 1 期，19 頁）當時僅有館員莫余敏卿、范騰端、賀恩慈、高棣華等數人到了長沙，另外就地招聘了一兩人。他於是飛函北平，催促館員從速設法南下。（徐家璧《袁守和先生在抗戰期間之貢獻》）在長沙臨時大學裏，袁同禮結識了陳省身。二人接觸日多，是在袁同禮編著《中國數學論文目錄》之時。期間，他們討論由著者的西文譯名去找原名等問題，並時有通信。陳省身認為袁同禮「為人謙虛，一生腳踏實地做事，從不誇張」，「可作後人的模範」。（陳省身《懷念守和先生》，見《思憶錄》，36 頁）

10 月 4 日，傅斯年覆函蔣夢麟和袁同禮，對平館善後辦法，提出兩點意

見。一是在平和在湘人員薪資不可懸殊太大。二是西文期刊可大體續訂，但中西文書以少購為當。(《北京圖書館館史資料彙編（1909～1949）》，445～447頁）

12 月初，孫述萬、鄧衍林、顏澤霨、徐家璧四人趕到長沙。南京淪陷，長沙臨時大學計劃遷往雲南，分兩路行進，「一路是乘粵漢鐵路火車到廣州，經過香港，轉越南入滇，另一路是由內陸步行，經廣西而達雲南。大致是帶有家眷者，多採港越路線，無家眷的及學生等，則採走陸路」。袁同禮於是派此四人前往香港，籌備接待全館及校方同人過境事宜。此四人到達香港後，商借香港大學新建的馮平山中文圖書館為辦公處。(徐家璧《袁守和先生在抗戰期間之貢獻》)

自抗戰以來，袁同禮為國內圖書館徵募圖書，不遺餘力。曾先後致函各國圖書館協會及友人，請求援助。例如，1937 年 11 月 19 日，致函美國圖書館協會會長及秘書；12 月 6 日致函德國圖書館協會；12 月 20 日，致函新西蘭圖書館協會；12 月 22 日，致函美國圖書館協會秘書米蘭（Carl H. Milam）先生和美國專門圖書館協會；12 月，致函英國圖書館協會等。1938 年 1 月 21 日致函法國圖書館協會；4 月 23 日，致函美國國會圖書館館長普特南（Herbert Putnam）；5 月 6 日、27 日致函米蘭先生；(《各國圖書館協會覆函》，載《協會會報》1938 年 7 月 13 卷 1 期，15～17 頁；《各國覆函》，載《協會會報》1938 年 9 月 13 卷 2 期，17～18 頁) 8 月 9 日，致函耶魯大學圖書館館長凱歐（亦譯作豈歐）；12 月 2 日覆函美國圖書館協會國際關係委員會主席但頓等。(《各國覆函》，載《協會會報》1939 年 3 月 13 卷 5 期，15～16 頁)

是年，袁同禮將搜集的海外收藏我國古青銅器照片 121 件，讓傅振倫整理說明，準備出版。(傅振倫《蒲梢滄桑：九十憶往》，82 頁) 後因盧溝橋事變發生，而陷入停頓。1940 年，北平圖書館將銅器部分重加整理，委託陳夢家編成目錄出版。第一集共二冊，上冊包括一篇專文（中國銅器概述），以及目錄、說明、參考用書及英文提要，下冊為藏家引得和圖版（共選 150 幅）。1946 年由上海商務印書館用珂羅版影印出版。(《國立北平圖書館工作近況》，載《協會會報》1940 年 10 月 15 卷 1、2 期合刊，11～12 頁；《國立北平圖書館最近出版海外中國銅器圖錄第一集》，載《圖書季刊》1946 年新 7 卷 3、4 期合刊，封二廣告部分)

是年，撰文《對於黃膺白先生參加華盛頓會議之回憶》，登載於《黃膺白

先生故舊感憶錄》〔註60〕中，該文詳細介紹了他們參加華盛頓會議的情形。
（《黃膺白先生故舊感憶錄》，1937年（民國二十六年）版，114～117頁）

　　為了培養人才，於1937至1943年間，曾四次介紹傅振倫赴美求學。傅氏皆臨時因事，未能成行。（傅振倫《袁同禮先生行誼》（手稿複印件））

1938年（民國二十七年，戊寅）　44歲

　　是年初，為處理北平圖書館館務、幫助復興各被毀圖書館以及向國外徵書便利起見，袁同禮暫留香港辦公，其西南聯大圖書館館長職務暫由嚴文郁代理。（《西南聯大圖消息二則》，載《協會會報》1938年9月13卷2期，21～22頁）「因通知書店和出版者更改地址較早，故在香港成立辦事處後，即能陸續收到大批學術及專門期刊」。他意識到這些期刊的重要（其他圖書館所訂西文期刊，多不能如期到達，甚至散佚），於是派員編製南遷後所收西文期刊的索引，以供西南聯大師生使用。因是用卡片編製，並未印刷分發，所以傳播不廣。俟所有人員遷滇後，此項工作即停止了。（徐家璧《袁守和先生在抗戰期間之貢獻》）

　　1月27日，徐森玉致袁同禮一信。函曰：

　　　　守和先生賜鑒：移善本書來港事，寶齋尊函多件於十六日抵滬，其時箱已製齊，書由科學社運至震旦大學者已百八十箱，是孫洪芬先生已改變前所主張，不擬將書運港矣。此事責任太重，實不便力爭，只得作罷。次日司徒雷登到滬，將開執委會。孫先生忙於招待，無暇與寶等多談。寶乘間必言南來同人從公之辛勞辦事，處處有成績，應加維持。繼聞顧子剛兄有英文函致孫先生，力言平館經費不宜停止。此函已寄至尊處，未識確否？廿二日赴花旗銀行探得開會結果：一、將長沙辦事處結束；二、請公回平主持館務，倘有不便時暫由司徒代理，專事對外；三、平館經費仍照常付給；四、長沙同人一律回平復職。此種議事錄想已寄至尊處，究竟與寶所聞有無出入，不可知也。寶向孫先生表示不願回平，渠謂可留滬辦事。將來如何分配，無從懸揣，遂於廿四日乘輪南行，廿七日抵港，暫寓新華飯店，仍擬他移。年近六旬，已無力深入內地，香港用費過大，不能久居。真所謂人間無個安排處矣，言之可歎。聞公不久來

〔註60〕是書於1962年在臺北文星書店再次出版。

港，實在此恭候，可一罄衷曲。實薪水請便中賜下，蓋手頭款項業
已用盡也。匆此，即請鈞安。

（鄭重《中國文博名家畫傳・徐森玉》，文物出版社 2007 年版，118 頁）

2 月 15 日，英國圖書館協會覆函袁同禮：「貴會去年十二月來函，業經本
會執行委員會於前星期五舉行會議予以考慮，本會對於中國各圖書館之橫遭
浩劫，深表同情，但同時閣下所提議之積極援助一節，此時尚嫌過早，一俟
戰事停止，復興工作開始之時，本會將盡其所能，協助貴會，從事恢復，此
則願為預先聲明者也。」（《各國圖書館協會覆函》，載《協會會報》1938 年 7
月 13 卷 1 期，15～17 頁）

3 月 22 日，德國圖書館協會覆函袁同禮：「一九三七年十二月六日貴會來
函，業已收到。承囑德國圖書館協會協助中國各圖書館徵集書籍，俾能早日
恢復一節，敝會極端贊助，業已通知各館，對於此項請求，積極援助。此外
並請柏林之書報交換處 Reichstauschstelle 代為收集德國各圖書館之複本書，該
處亦覆函照辦。尊處願得之書，當可源源寄上也。」（《各國圖書館協會覆函》，
載《協會會報》1938 年 7 月 13 卷 1 期，15～17 頁）

4 月 19 日，國立西南聯合大學常務委員會首次在昆明開會，議決事項之
一是「設立建築設計委員會」，擬聘請胡適（馮友蘭代）、周炳琳、潘光旦、
饒毓泰、施嘉煬、莊前鼎、吳有訓、楊振聲、袁同禮、楊石先、孫雲鑄、李
繼侗、趙有民、陳序經為委員。（王學珍等主編，北京大學等編《國立西南聯
合大學史料 一 總覽卷》，雲南教育出版社 1998 年版，297～298 頁）11 月 8
日，西南聯大建築設計委員會改組，袁同禮仍當選為委員之一。（王學珍等主
編，北京大學等編《國立西南聯合大學史料 一 總覽卷》，302 頁）

4 月 23 日，袁同禮致函美國國會圖書館館長普特南（Herbert Putnam），請
求捐贈書籍。接函後，普特南致函《美國圖書館協會會報》（Bulletin of the
American Library Association）編輯，請予公布為中國徵募圖書之消息。（Chinese
libraries appeal for help. Bulletin of the American Library Association, June 1938,
v.32, no.6: 403-404.）原函譯文為：「中國圖書館因所受損失重大，請求贈送任何
刊物以充實其收藏，想閣下定已知悉。國立北平圖書館館長袁同禮氏四月二十
三日由香港來函，內稱中國需要圖籍至急。凡吾人贈送之書，均願接受，分配，
並立即編目應用。袁氏又謂，倘各地能將刊物寄交美京華盛頓 Smithsonian

Institution，則此類刊物當由國際交換處轉寄中國也。用特函達，即希公布為幸。」
（《各國覆函》，載《協會會報》1938年9月13卷2期，17～18頁）

　　4月25日，袁同禮致函國際圖書館協會聯合會主席高德特（M. Godet，
一譯作歌德特，瑞士國立圖書館館長）先生：「逕啟者，前奉蕪函，諒荷臺察，
茲交郵寄奉華比銀行一百瑞士法郎支票一紙，聊表敝會對於塞文斯馬先生〔註
61〕獎學基金贊助微意；敬希督收，並盼賜覆為荷。　附華比銀行一〇〇瑞士
法郎支票一紙。」（《本會捐贈國際圖協會聯合會總秘書塞文斯馬先生紀念獎
金一百瑞士法郎》，載《協會會報》1939年7月14卷1期，13頁）

　　4月26日，美國圖書館協會國際關係委員會副主席覆函袁同禮：

　　　　我相信美國圖書館協會將不斷的寫信給貴會，討論為戰事而被
　　毀的中國圖書館如何徵集書籍的問題。

　　　　我新任美國圖書館協會之國際關係委員會副主席。前主席
　　Savord女士送來此項文件，內有閣下一九三七年十一月十九日致美
　　國圖書館協會會長的信，還有閣下同日致Milam先生的信。Milam
　　先生來信將此事交國際關係委員會辦理。去年十二月二十二日閣下
　　致Milam先生的信，報告中國已有三十五個國立及私立大學慘遭毀
　　壞，並深願在美國能有一個中心負責替中國徵收書籍，然後運送至
　　Smithsonian Institution（即美國之國際出版品交換處編者按）轉到中
　　國。

　　　　當去年十二月二十九日Savord女士在美國圖書館協會冬季會
　　議報告時，美國各圖書館館員對於中國深表同情。並甚願捐贈書籍
　　以助之，但此時不宜於集中書籍，因Smithsonian Institution一切面
　　積皆留作存積醫藥品之用。

　　　　你的意見是不是將所徵收的書籍由Smithsonian Institution運至
　　香港，然後再由中國圖書館協會分送各圖書館？你可否貢獻一點意
　　見，關於何種書籍是最需要的。我曾經和前燕京大學博晨光先生討論
　　過，他告訴我你們需要科學雜誌（裝訂與否皆可）。並其他書籍，適
　　合美國各大學圖書館所收藏者。他不贊同捐送小說和兒童讀物以及未
　　裝訂的無科學價值的普通雜誌，這是不是符合你的意見與需要？

〔註61〕即國際圖書館協會聯合會總秘書Sevensma，前譯作斯文司馬。

假使那些書籍是由 Smithsonian Institution 運寄，我以為一切徵集刊物及書籍，最好集中華盛頓，以便裝運。敝意多有複本並無妨礙，因既有三十五個大學被毀，即使同樣的書籍有五十部，亦是受歡迎的。

我極願接受你的意見，俾供六月十六日美國圖書館協會在康城 Kansas City 舉行年會時討論的參考。

（《各國圖書館協會覆函》，載《協會會報》1938 年 7 月 13 卷 1 期，15～17 頁）

4 月 30 日，新西蘭圖書館協會覆函袁同禮：「閣下去年十二月二十日為貴國於此次事變遭受損失之圖書館徵集圖書之公函，業經收到。任何圖書館及書籍愛好者，對於珍貴圖書之橫遭浩劫，莫不表示惋惜及同情，此吾人所敢斷言者也。尊函已交「新西蘭圖界」（New Zealand Libraries）之編輯，請於該刊登載一徵書啟事，廣為徵募。惟敝國之出版品，皆用英文刊行，倘貴會能將貴國圖書館所需材料之性質與範圍略為指示，必大有助於此間熱心人士之進行也。」（《各國圖書館協會覆函》，載《協會會報》1938 年 7 月 13 卷 1 期，15～17 頁）

5 月 6 日、27 日致函米蘭先生。（《各國圖書館協會覆函》，載《協會會報》1938 年 7 月 13 卷 1 期，15～17 頁）

是年春，國立西南聯合大學遷往昆明，因無適當校舍，圖書館不能集中辦理，除辦公室外，閱覽室依各院地址分散設於五處，包括文法學院閱覽室、理學院專門期刊閱覽室、工學院閱覽室、地壇書庫、昆中南院閱覽室。次年 10 月，新建館舍落成，11 月 11 日正式開放閱覽。除理、工學院閱覽室仍舊外，其餘集中辦理。（《國立西南聯合大學圖書館新館舍落成》，載《協會會報》1940 年 1 月 14 卷 4 期，29 頁）是年春，時在香港的袁同禮接袁復禮家人，並安排住宿。（2010 年 7 月 29 日下午袁剛先生來電話告知）

6 月 8 日，致函國際圖書館協會聯合會，請求為中國圖書館捐書，以利恢復。（《各國覆文》，載《協會會報》1939 年 5 月 13 卷 6 期，12 頁）

6 月 9 日，美國圖書館協會秘書米蘭覆電袁同禮，稱：「承寄中國圖書館被毀報告書，將於干城（Kansas City）年會時提出予以考慮，預料將有積極援助。」並有覆函：「本日寄一電，茲奉上副本。奉讀五月六日大函，使吾深信美國圖書館界極應從速開始為中國圖書館徵求書籍。前此所以遲遲不決者，

蓋未悉由美至中國之運輸及中國國境內郵寄之有可能也。先生五月二十七日之航函，更無疑促進吾等之積極努力，下周於康城舉行圖書館協會年會時，當即決定進行方針，開始募集。同人拜讀先生信中所述種種，對先生為此偉大工作之熱誠及決心，欽佩無已。甚望他日美國所捐贈之書籍，可以表現吾等之敬意與同情也。」(《各國圖書館協會覆函》，載《協會會報》1938 年 7 月 13 卷 1 期，15～17 頁)

　　6 月 22 日，美國圖書館協會秘書米蘭續來電稱：「徵集書籍案通過，已開始進行。」(《各國圖書館協會覆函》，載《協會會報》1938 年 7 月 13 卷 1 期，15～17 頁)

　　6 月，以中華圖書館協會名義致函管理中英庚款董事會，請撥鉅款以發展西南圖書館事業。(《發展西南圖計劃》，載《協會會報》1938 年 9 月 13 卷 2 期，17 頁；) 旋經管理中英庚款董事會第四十八次年會批准在貴陽設立科學館一所，撥款 7 萬元，在昆明籌設圖書館一所，撥款 5 萬元。(《管理中英庚款董事會覆函本會准於在昆明籌設圖書館一所》，載《協會會報》1939 年 3 月 13 卷 5 期，13 頁；《本會致函管理中英庚款董事會請在成都籌設大規模之圖書館一所》，載《協會會報》1939 年 5 月 13 卷 6 期，11 頁) 隨後，該會與雲南省政府合組昆明圖書館籌備委員會，聘請李書華、龔自知、袁同禮等 7 人為委員，先後多次開會，決定館址及工程圖樣等事宜。(《昆明新圖書館即將開工建築》，載《協會會報》1939 年 11 月 14 卷 2、3 期合刊，21 頁)

　　是年上半年，法國圖書館協會覆函袁同禮：「接奉一月二十一日大函，敬悉種切。關於貴國圖書館此次橫遭空前之浩劫，吾等無任悲憤與同情。承囑敝國圖書館協助復興一節，自當照辦。法國國立圖書館館長闞恩先生，曾以尊意提交於圖書館執行委員會議決，一俟環境允許，敝國圖書館當局，經外交部之特許，自當儘量以所藏複本，全數贈與中國。法國圖書館界，除於大戰後，協助魯文大學圖書館積極復興外，此其第二次也。法國圖書館協會同仁，對於貴會以全力保護中國之圖書館，有功文化，深表敬意，茲謹獻吾等深切及友誼的同情，敬希垂詧。」(《各國圖書館協會覆函》，載《協會會報》1938 年 7 月 13 卷 1 期，15～17 頁)

　　嗣後，又收到各圖書館協會覆函數封。如 (1) 美國專門圖書館協會覆函：「昨承「專門圖書館」Special Libraries 編輯以十二月二十二日大劄見示，敬悉一切。

貴國圖書館因文化機關被毀之結果，所受損失若是之巨，余等拜讀報告，深為痛惜！余等以同志資格，對於左右因此而生悵惘之感，極表同情。

美國圖書館協會舉辦一擴大運動，以恢復中國圖書館之損失，本協會自當與之合作，積極贊助也。」

（2）猶他州（Utah）圖書館協會覆函：「大劄所述，關於中國圖書館徵書事，謹函覆如次：

Utah 圖書館協會年會，將於九月十七日舉行，余敢確信，屆時余等將以充分時間討論貴會之需要，並以此項問題提出全體會員之前，裨所有圖書館員易於研究一完善方法，以進行貴會所需書籍之搜集也。

以余所知，各圖書館所藏良好書籍，多有副本，余等將以此舉列為州立圖書館事務之一部，加以考慮，倘余等對於貴會有所協助，實衷心所願也。」

（3）紐約醫科專門學校圖書館來函：「余等聞中國圖書館界請求協助，極願盡力贊襄，余等欲以他人捐贈本館之書籍，陸續轉贈，此類書籍，雖稍過時，而大多數仍屬極有用之刊物也。

閣下如知有意接受此類書籍者，倘承見示，誠為幸甚！」（《各國覆函》，載《協會會報》1938 年 9 月 13 卷 2 期，17～18 頁）

7 月 29 日，西南聯合大學「聘請嚴文郁為本校圖書館主任。在袁同禮館長未到校前，館長職務，由嚴文郁代理。」（王學珍等主編，北京大學等編《國立西南聯合大學史料 一 總覽卷》，300 頁）8 月 3 日，正式發布《西南聯大關於聘嚴文郁為圖書館主任暫代圖書館館長的布告》。（王文俊主編，北京大學等編《國立西南聯合大學史料 四 教職員卷》，雲南教育出版社 1998 年版，14 頁）12 月 9 日，發布《西南聯大關於袁同禮辭圖書館館長的布告》：「茲經第九十六次常務委員會議議決：本校圖書館館長袁同禮先生來函，因北平圖書館遷滇，事務紛紜，對本校圖書館事宜不能兼顧，請辭去本校圖書館館長職務，應照准」。（王文俊主編，北京大學等編《國立西南聯合大學史料 四 教職員卷》，17～18 頁）

7 月，《中華圖書館協會會報》在停刊一年後，在昆明復刊。（《本會會報復刊感言》，載《協會會報》1938 年 7 月 13 卷 1 期，1 頁）

8 月 28 日，徐森玉、袁同禮從昆明來到貴州，二人與傅振倫在莊家午餐後，又晚餐於大十字天津館。袁同禮囑傅振倫代為搜集貴州文獻圖書，後來這些圖書均寄往重慶沙坪壩北平圖書館辦事處。（傅振倫《蒲梢滄桑：九十憶

往》，108 頁）傅振倫還代購檔案，「有北洋政府與法國金法郎案交涉文書，有部匀紙版印幼學書」等。（傅振倫《袁同禮先生行誼》（手稿複印件））

是年夏間，致函中國駐英大使郭泰祺，「將我國文化機關被毀情形，詳為敘述，並請其在英倫方面接洽贈我書〈籍〉，藉以協助〈中〉國圖書館之復興」。（《駐英郭大使覆函》，載《協會會報》1939 年 5 月 13 卷 6 期，12 頁）

9 月 23 日，行政院委派袁同禮為參加美國世界博覽會〔註62〕籌備委員會藝術專門委員會委員。委任狀〔註63〕全文為：「行政院派狀，渝字第 7601 號，派袁同禮為參加美國世界博覽會籌備委員會藝術專門委員會委員，此令。院長，孔祥熙。中華民國二十七年九月廿三日」。（中國參加 1939 年美國世博會珍貴資料在京展出〔EB/OL〕，〔2010-07-22〕，http://news.qq.com/a/20071024/003542.htm。）

10 月 6 日，耶魯大學圖書館覆函袁同禮：「敬啟者，前由敝館前任館長豈歐博士轉來臺端八月九日致渠大函一件，藉悉一是。茲有敝館書籍小冊多種，共計五百冊，分裝三箱，業於昨日送交華盛頓國際交換處轉寄貴會。該項書籍內有豈歐博士私人收藏之複本書深望寄遞尊處時，全部依然完好；並希美國圖書館協會代貴會徵書一事，成績斐然，是所至祝！」（《各國覆函》，載《協會會報》1939 年 3 月 13 卷 5 期，15～16 頁）

10 月 12 日，美國圖書館協會國際關係委員會主席但頓覆函袁同禮：

> 遜啟者，敝會理事長福開森及總幹事米蘭兩先生，去夏委弟為敝會國際關係委員會主任委員，弟承乏斯戲，非為弟最適於徵書運動；而實以弟對於貴國具誠摯之同情，尤其欲對教育學術，盡一己之責之所致。此種運動推行之際，因獲敝總會諸同仁贊助之力甚多，乃有今日蓬勃之氣象。茲特專函奉達，略述梗概，聊充報告云爾。當贊助委員會推定以後，即由敝總會備函稿三種，共發出申請書凡三百五十一件。其中大學圖占一百二十八所，公立圖九十八所，學術機關八十一所，教科書出版業三十九處，以及大學出版處五處。所有委員名單，以及申請書函稿，均隨函附上，尚乞垂察為幸。關於消息傳播，則由聯合通訊社，合眾通訊社，國際新聞服務社，及

〔註62〕該博覽會於 1939 年 4 月 30 日在美國紐約開幕，是第 20 屆世界博覽會，主題是「明天的世界和建設」。

〔註63〕該委任狀現存北京御生堂中醫藥博物館，該館還藏有一批袁同禮參加世界博覽會的相關書信及旅途文獻資料等。

十大雜誌，分別擔任之。圖學半月刊，及威爾遜書業公司月報，均將有長篇專論。敝會本年十月份會報，已有占全面篇幅之記載發表矣。以上種種組織宣傳，截至最近，結果甚為圓滿，令人興奮。除敝人服務之坦普爾大學圖外，尚有七大學圖，五學術機關，一出版業，三公立圖，詳細報告捐送書籍經過。其他尚有多數圖，機關等，亦表示願對此項運動實質捐輸。查申請書發出，為時僅有二周，即有此種良好結果，想將來成績，必有可觀。倘敝會能藉此對貴國作一實際之貢獻，此則堪以告慰者也。餘不盡意。

（《各國覆函》，載《協會會報》1939 年 3 月 13 卷 5 期，15～16 頁）

10 月 26 日，西南聯大常務委員會第九十二次會議召開，議決事項之一是：「北平圖書館來函，請將館員徐家璧等九人薪金十一月份起改由本校擔任。因本校經費困難，預算已定，無力擔負，應據情函覆袁館長，是項薪金請仍由北平圖書館擔任」。（張愛蓉、郭建榮主編，北京大學等編《國立西南聯合大學史料 二 會議記錄卷》，雲南教育出版社 1998 年版，71～72 頁）

11 月 27 日至 30 日，中國教育學術團體（共 12 個）〔註 64〕在重慶舉行第一屆聯合年會，中華圖書館協會第四次年會同期舉行。據年會籌備委員沈祖榮 30 日下午報告，袁同禮來電云，事忙不克來渝參會。（《本會第四次年會會務會紀錄》，載《協會會報》1939 年 1 月 13 卷 4 期，10～11 頁）

是年秋，他仿斯坦福大學創辦胡佛大戰研究圖書館先例，擬與西南聯大合辦中日戰事史料徵輯會，以為未來研究保留記錄。會址在昆明大西門外地壇。聘馮友蘭、姚從吾等教授為委員。工作分徵集、整編兩類，北平圖書館負徵集和初步整理之責，西南聯大負編訂之責。他親自領導會務，並派顏澤霱、胡紹聲等人處理。所收史料，包括中西日文。除昆明外，還在重慶及滬港等地派專人收集。太平洋戰爭爆發後，滬港淪陷，工作停頓，所存史料多未能運到昆明。截至抗戰勝利前，僅昆明所貯史料便有：中文書 5180 種，約 6000 冊，小冊子 400 餘件，雜誌 2350 種，報紙 169 種；日文書籍 520 冊，雜誌 120 種，報紙 8 種；西文書籍 1922 冊，雜誌 373 種，報紙 49 種。（徐家璧《袁守和先生在抗戰期間之貢獻》）而 1939 年一年中，便徵集到 5300 冊書籍

〔註 64〕1937 年春，中國教育學術團體聯合辦事處成立，1938 年 9 月，中華圖書館協會加入。

和小冊子、1422 種期刊、215 種報紙，以及公文、電稿、鈔件、照片等 500 餘種資料。(《中日戰事史料徵集會集刊》第 1 期，1940 年 6 月，11 頁；轉引自：李曉明、李娟、袁同禮與中日戰事史料徵集會［C］//國家圖書館編，袁同禮紀念文集，2012：138。)

12 月 6 日，西南聯大常務委員會第九十六次會議召開，議決事項之一是：「本校圖書館除仍與北平圖書館合作，繼續已往之事業外，應由本校與北平圖書館雙方合組一委員會，處理合作事宜。即請袁同禮先生為是項委員會主席。並推定嚴文郁、陳總、吳有訓三先生代表本校為是項委員會委員。」(張愛蓉、郭建榮主編，北京大學等編《國立西南聯合大學史料　二　會議記錄卷》，76～77 頁)

12 月 12 日，袁同禮覆函梅貽琦、蔣夢麟、張伯苓，表示北平圖書館完全同意徵輯中日戰事史料所陳各項辦法，並「極盼分工合作，早日觀成」。(郭建榮主編《國立西南聯合大學圖史》，雲南教育出版社 2006 年版，167 頁)

12 月 19 日，蔣夢麟、梅貽琦、張伯苓致函袁同禮，告知關於中日戰事史料徵輯委員會，國立西南聯合大學方面已請錢端升、馮友蘭、姚從吾、劉崇鋐四先生代表參加。(郭建榮主編《國立西南聯合大學圖史》，雲南教育出版社 2006 年版，167 頁)

12 月 27 日，西南聯大常務委員會第九十九次會議召開，其中議決，不接受北平圖書館所擬《國立西南聯合大學、國立北平圖書館合組中日戰事史料徵輯會章程》；「所有本校事務組轉來北平圖書館副館長袁同禮先生來函請由本校為該會備辦文具桌椅事，因本校限於經費礙難照辦」。(張愛蓉、郭建榮主編，北京大學等編《國立西南聯合大學史料　二　會議記錄卷》，80～82 頁)

12 月 28 日，美國圖書館協會國際關係委員會主席但頓覆函袁同禮：

逕啟者，接奉十二月二號大示，敬悉先生對敝會為貴國各圖徵書事，多予獎勵，並承將經過情形，轉致重慶召集之中國教育學術團體聯合年會，良深感謝。由此使敝會不得不益加策勵努力進行。敝會此次在支加哥舉行冬季大會時，弟曾託委員葛歌蕾女士（Miss Gregory）代為宣讀弟之報告，據最近統計，國內各方捐書總額，已達一萬一千餘件，其中若干圖捐贈書目，均由弟親予查核，深信即以此現有之圖書而論，其質與量已甚有可觀，諒先生必具有同感。換言之：凡敝國圖之未能入藏者，必樂於得之而後快也。餘

俟續奉。

（《各國覆函》，載《協會會報》1939 年 3 月 13 卷 5 期，15～16 頁）

是年，美國東南圖書館協會前理事長斯滕覆函袁同禮：

敬啟者，閣下前致東南圖書館協會理事長一函，經已轉致鄙人。承囑敝會協助貴國各圖書館徵集書籍，俾能早日復興一節，敝會極端贊成。余曾將來書在敝會十月大會時，向全體出席會員宣讀矣。

敝會對於閣下之愛護文化事業，努力從事圖書館復興運動，所處之境遇，極表同情與羨慕。並擬由各州圖書館協會，分別盡力予以援助。鄙意以為徵募圖書一事，與其由一較大之團體單獨進行，不若由各州分別組織團體進行之易收成效也。未審尊意以為然否？

敝會同仁，對於貴國圖書館之橫遭浩劫，莫不表深摯之惋惜與同情，甚望不久將來，閣下之努力，必能獲得敝國圖書館界人士之熱忱贊襄也。

（《各國覆函》，載《協會會報》1939 年 3 月 13 卷 5 期，15～16 頁）

自抗戰以來，中華圖書館協會在袁同禮領導下，函徵各圖書館被毀情況；向國外寄贈英文本中國圖書館被毀報告〔註 65〕；並致函駐外各使領館，請求協助徵募書籍。（《繼續調查全國圖被毀狀況》、《「中國教育文化機關被毀記實」脫稿》、《復興事業》，載《協會會報》1938 年 9 月 13 卷 2 期，17 頁）諸事均獲積極響應。在袁同禮正式去函請援後，各國均覆函表示贊助，其捐助書籍陸續運抵中國。9 月 6 日及 12 月 29 日，中國駐比利時大使館和中國國際圖書

〔註65〕中華圖書館協會曾編輯有兩篇論文，分別是《中國圖書館被毀經過》《教育文化機關被毀實況》，以英文發表，分寄各國學術界，俾得同情之助。（本會呈請中央執行委員會宣傳部恢復每月補助費〔J〕，中華圖書館協會會報，1939，13（5）：13。）美國圖書館協會將徵書事宜，交予其下設之國際關係委員會主持辦理，該委員會即發起全美捐募圖書運動，成績可觀。美國國際交換局局長安巴特（C. G. Abbot）稱，已與中華圖書館協會商妥，凡經該局運華之書籍，在取得和平之前，暫留香港編目保存。此外，1938 年諾貝爾文學獎獲得者賽珍珠女士，以及格雷夫先生（Mortimer J. Graves）也應美國圖書館協會邀請，成為捐書援華贊助委員。（美國圖協會發起捐書援華運動之成績〔J〕，中華圖書館協會會報，1939，13（5）：14～15。）

館也分別覆函，表示願予協助。(《駐比大使館及中國國際圖書館覆函》，載《協會會報》1939 年 3 月 13 卷 5 期，16 頁)

是年，中華圖書館協會呈請教育部，援照戰區專科以上學校員生登記辦法，對戰區圖書館人員也予登記，並派遣服務於西南及西北各省，「以期人盡其才，事盡其利，俾能充實文化，而收指臂之效。」(《本會呈請教部准予登記戰區圖書館人員》，載《協會會報》1938 年 7 月 13 卷 1 期，15 頁) 在抗戰時期，中華圖書館協會為逃難至後方之圖書館人員「陸續代為介紹工作」，起著重要作用。(《本會呈報中央黨部會務進行概況》，載《協會會報》，1938 年 11 月 13 卷 3 期，15～16 頁)

是年，所著《我國藝術品流落歐美之情況》(實為傅振倫代作)、《全國美術展覽會陳列之版書畫》收入滕固編《中國藝術論叢》一書。(滕固編《中國藝術論叢》，商務印書館 1938 年版)

是年，位於華盛頓之卡內基科學院贈送價值數千元之刊物給北平圖書館，已由該館運至昆明儲藏。(《國立北平圖近訊》，載《協會會報》1938 年 9 月 13 卷 2 期，19～20 頁)

是年，因時局關係，《圖書季刊》暫停出版。(《國立北平圖近訊》，載《協會會報》1938 年 9 月 13 卷 2 期，19～20 頁)

1939 年（民國二十八年，己卯）　45 歲

1 月 1 日，中日戰事史料徵輯會在昆明地壇正式成立。其領導機構委員會，「由袁同禮任主席、馮友蘭任副主席，委員有劉崇鋐、姚從吾、錢端升、傅斯年、陳寅恪和顧頡剛」。(李致忠主編《中國國家圖書館館史：1909～2009》，國家圖書館出版社 2009 年版，122～123 頁。)

1 月 19 日，戰時徵集圖書委員會［註66］致函袁同禮，曰：

〔註66〕該會成立於重慶。1938 年 12 月 6 日，召開發起人會議和第一次執行委員會會議。擬定該會英名名稱為 Chinese Campaign Committee for Books and Periodicals。推定執行委員，議決由中宣部、教育部、外交部、管理中英庚款董事會、國際出版品交換處、中華圖書館協會各派代表一人及學術團體代表張伯苓擔任。1939 年 1 月 14 日，召開第二次執行委員會會議。由沈祖榮代表袁同禮出席，並報告中華圖書館協會向美國圖書館協會徵集圖書情形。商討改定該會英文名稱為 China's Culture Emergency Committee for the Solicitation of Books and Periodicals。前石博鼎先生 (H. N. Spalding) 來函願捐贈圖書儀器，因商議處理方法。另議決「凡在本會未成立以前，已向國外徵集圖書之團體，均擬請其加入本會統一辦理，對於已徵集之圖書，均請集中本會由教

　　守和先生大鑒，關於中華圖書館協會向美國圖書館協會徵集圖書事，經先生之努力，已獲該會之同情，允向各方捐贈，我國文化前途，實深利賴。茲全國各學術機關團體，因感覺此項工作之重要，已在政府指導之下，聯合成立戰時徵集圖書委員會，並擬向各國作大規模之宣傳與徵集，刻正積極進行。為對國際間表示劃一，俾收較宏大之效果起見，經本會第二次執行委員會會議議決：「凡在本會未成立以前，已向國外徵集圖書之團體，均擬請其加入本會統一辦理，對於已徵集之圖書，均請集中本會由教育部作最後之分配」紀錄在卷，此項決議，一方面可使國際間明瞭中國政府對於徵集圖書已有統一之組織，一方面可將已徵得之圖書，斟酌各方損失及需要情形，作適當之分配，諒荷贊同。尚祈惠示尊見，以利進行，無任企盼之至。再本會成立經告情形，想已由沈祖榮先生轉達，茲特檢送本會章程，暨歷次會議紀錄各一份，以供參考。此頌臺祺！

　　　　　　　　　　　（《戰時徵集圖書委員會致本會袁理事長函》，
　　　　　　　　載《協會會報》1939 年 3 月 13 卷 5 期，12 頁）

　　1 月 22 日，見蔡元培（時在香港），談北平近況，「言北平圖書館照常開放。清華閱覽室均住日本傷兵；北大第二院未被擾亂，有仍辦大學之計劃；北大圖書館封存未動，惟繆筱珊收藏拓片，因庋國學研究所，稍有損失；中法大學因被擾停辦」。（高平叔《蔡元培年譜長編》（第四卷），人民教育出版社 1998 年版，477 頁）

　　2 月 9 日，中國駐英大使郭泰祺致函袁同禮，告知其所寄備忘錄，已在英國獲得良好響應。函件譯文為：「逕啟者，閣下前致敝人之備忘錄，已在英國獲有良好之結果，牛津大學石博鼎先生，已開始發起為中國各大學募集圖書，想閣下聞此消息，必感無窮之欣慰。石先生本人願先捐二千英磅，在英購置圖書，以為之倡；並願繼續捐贈三千英磅，如牛津其他人士，亦能湊成同樣

育部作最後之分配」，並擬將此議案向袁同禮先生解釋明白。（全國學術機關團體組織戰時徵集圖書委員會〔J〕，中華圖書館協會會報，1939，13（5）：18～19。）所以有 1 月 19 日致函解釋之事。1939 年 2 月 6 日在川東師範會客室舉行第三次執行委員會會議，仍由沈祖榮代表袁同禮出席。其中有向各國積極作徵書宣傳及委託負責機關和個人之決定。（戰時徵集圖書委員會舉行第三第四兩次執行委員會會議〔J〕，中華圖書館協會會報，1939，13（6）：18～19。）但實際上，似乎仍以中華圖書館協會徵書之效果為最好。

或更較大之數額。現為此事已成立一委員會，專司選擇圖書事宜，其第一批捐募之書，並於本月內即可寄出矣。」（《駐英郭大使覆函》，載《協會會報》1939 年 5 月 13 卷 6 期，12 頁）

　　2 月 11 日，袁同禮代表中華圖書館協會致函美國圖書館協會總幹事米蘭博士，以申謝忱。該函譯文為：

　　　　米蘭博士：

　　　　茲接國際出版品交換處通知，得悉貴國各圖及文化機關惠贈之百餘箱圖書，業已起運來華，此外華盛頓積存之若干箱，當蒙繼續運送。

　　　　當中國各大學及各科學機關被迫遷至西部，缺乏書籍正殷之時，蒙貴國圖協會主持捐書運動，惠贈圖書，實予敝國教育界與文化界不少物質上之援助，在此國難時期，得此種同情贊助，當永誌不忘。

　　　　吾人今以萬分欣喜與感謝，開始點查國際出版品交換處送到第一批三十二箱書籍，除將各書之捐贈者，一一登記外，謹以此函向閣下及各捐書機關給予吾人之學術上的合作與贊助，表示十二分之謝意。吾人現正計劃在最近期間，編印貴國贈書書目，相信此目將為貴國對敝國同情及中美文化合作之永久紀念也。

　　　　貴國方面中國之友，應請明瞭中國在此抗戰時期，並未間斷其科學及教育工作，今後書籍雜誌之迫切需要，仍望貴國繼續予以協助。

　　　　謹以此函向閣下及國際關係委員會全體委員致深切之謝意並對各領導捐書運動者之贊助熱忱，深致景仰之意。諸位之工作，當為吾人永遠感謝者也。

　　　　　　　　　　　　（《本會致美國圖協會總幹事米蘭博士謝函》，
　　　　　　　　　　　載《協會會報》1939 年 3 月 13 卷 5 期，15 頁）

　　2 月 20 日，袁同禮代表中華圖書館協會致函英國牛津大學石博鼎（H. N. Spalding）先生，對其捐贈熱情表示感謝〔註67〕。原函譯文為：

〔註67〕石博鼎先生在牛津大學發起對中國捐助圖書儀器之運動，石氏夫婦並首捐兩千英磅，以為倡導。並言，如果牛津大學其他人員能湊收相等數目，他們願再捐三千英磅。（英國牛津大學捐書寄贈我國西南聯合大學〔J〕，中華圖書館協會會報，1939，13（5）：19～20。）

逕啟者，近承先生慷慨博施，嘉惠敝國各大學及文化機關，吾人聞悉，無任感奮！今謹代表敝國圖界，向先生致至誠之謝意。

敝會擬將先生捐贈敝國圖書，一律以書簽（Ex-libris）加以標誌，藉以表示先生對於敝國之厚賜，及中英文化事業之合作，作一永久紀念焉。

敝國現雖處國難嚴重之中，但有恆久性之科學及教育研究工作，均能照常進行，殊堪告慰。先生之恩施，尤當敝國在此抗戰期中，對於教育文化事業，所獲物質上之援助，貢獻實多，此則敝國學術界人士永誌弗忘者也。

（《本會致英國牛津大學石博鼎先生函》，
載《協會會報》1939 年 3 月 13 卷 5 期，15 頁）

2 月 24 日，國際圖書館協會聯合會覆函袁同禮，對其所請為受損毀之中國圖書館捐贈圖書一事，表示關注，並附上國際圖聯主席高德特先生有關此事的演講辭。（《各國覆文》，載《協會會報》1939 年 5 月 13 卷 6 期，12 頁）

3 月 7 日晚 6 時半，戰時徵集圖書委員會第四次執行委員會會議在重慶舉行，袁同禮、蔣復璁、吳俊升、李迪俊、郭有守、張伯苓、杭立武出席會議。其中，重要之議決事項有：「今後本會在美徵書事宜，全權委託中華圖書館協會辦理，該會募得之書籍，統由本會交教育部分配」、「英國所捐書籍到海防後，由國際出版品交換處負責運往內地，美國所捐書籍到香港後，由北平圖書館辦事處負責運往內地」、「各學校團體送來各該校□□所需之圖書目錄，應否即推舉一委員予以審查案：決議推舉袁守和先生蔣復璁先生沈祖榮先生為審查書目委員」。（《戰時徵集圖書委員會舉行第三第四兩次執行委員會會議》，載《協會會報》1939 年 5 月 13 卷 6 期，18～19 頁）

3 月 18 日，英國牛津大學石博鼎先生覆袁同禮 2 月 20 日函，表示牛津大學對華捐書事正在進行中，並表達了英國文化界對中國抗戰之同情，末曰：「吾人對於先生個人工作之成績——對於學者，對於讀書人，對於世界圖書館之貢獻——願表示景仰之意，並盼不久可以晤面也」。（《英國牛津大學石博鼎先生覆函》，載《協會會報》1939 年 5 月 13 卷 6 期，11～12 頁）

3 月 20 日，抵雲南。（《北平圖書館在滇徵集抗戰文獻 館長袁同禮昨由渝返滇》，載《民國日報》（昆明）1939 年 3 月 21 日（4 版），資料來源係李曉

明、李娟《袁同禮與中日戰事史料徵集會》一文提供）

　　3 月 21 日，致函四川教育廳廳長郭有守，請其擬具設置四川省立圖書館詳細計劃，正式向中英庚款董事會申請補助：

> 　　　　有守先生左右，在蓉小留，諸承款待，厚意隆情，無任銘感。
> 去歲管理中英庚款董事會舉行年會時，曾經弟建議，在西南諸省，
> 各設圖書館一所，以宏文化。旋經該會決議在滇設立圖書館，在黔
> 設立科學館各一所，對於川省，獨付闕如，不無遺憾。此次弟來蓉
> 視察，深覺圖書設備，諸多簡陋，極有補充之必要，矧成都為後方
> 重鎮，此項設置，似不宜緩，刻下中英庚款董事會本屆年會已決定
> 於五月杪在香港舉行，除仍由中華圖書館協會繼續建議，促其對於
> 川省文化事業積極援助外，擬請　貴廳擬具設置省立圖書館詳細計
> 劃，正式申請，弟能力所及，自當從旁贊助。如何之處，並盼考慮
> 賜覆是荷。

> 　　　　　（《本會袁理事長為籌建成都圖事致四川教育廳郭廳長函》，
> 　　　　　　　　載《協會會報》1939 年 5 月 13 卷 6 期，11 頁）

同日，以中華圖書館協會名義致函管理中英庚款董事會，請籌撥鉅款，在成都設立大規模之圖書館一所，以推進西南文化發展。據該會 3 月 31 日覆函，表示應允。（《本會致函管理中英庚款董事會請在成都籌設大規模之圖書館一所》，載《協會會報》1939 年 5 月 13 卷 6 期，11 頁）

　　3 月，《圖書季刊》中文本在昆明復刊，任主編，並按期撰稿。（徐家璧《袁守和先生在抗戰期間之貢獻》）每期目次為：論著、書目、校勘記、書評、圖書介紹、期刊介紹、學術及出版消息、附錄（西人研究國學論著之介紹與批評）。（《國立北平圖書館昆明部分二十八年度館務概況》，載《協會會報》1940年 3 月 14 卷 5 期，5～6 頁）

　　3 月 29 日，時在巴黎的王重民致函胡適曰：「袁館長因事，日內即離此矣」。（北京大學信息管理系、臺北胡適紀念館編《胡適王重民先生往來書信集》，國家圖書館出版社、安徽教育出版社 2009 年版，1 頁）

　　3 月底，到美國。（袁同禮書札〔OL〕，孔夫子舊書網‧中國書店 2009 年秋季書刊資料拍賣會，〔2011-03-30〕，http://pmgs.kongfz.com/detail/1_93407/。）

　　4 月 1 日，致函傅振倫和樹平，談論二人赴美研究博物館學相關事宜。

函曰：

維本、樹平仁兄大鑒：關於兩兄來美研究博物館學，弟到美後即為進行，至日昨大致決定。此中辦法系由哈佛大學之 Fogg Museum 聘維本兄為研究員，費爾特費城本雪文尼大學（University of Pennsylvania）之 University Museum 聘樹平兄為研究員，其在美經費（每月一百五十元左右）及往來川資則由羅氏基金會擔任，為期一年（言明返國後必須發展中國博物館事業）。想不日羅氏基金會駐印度（Far Eastern Office, Rockefeller Foundation）代表 M. C. Balfour 先生必有公函通知尊處。所須之經費須到印度之新德里領取，此外兩大學必有聘函寄到，俟寄到後，請即辦理護照（七月間動身為宜），並可申請少許外匯，以備第二年之用（如成績良好，則第二年在博物院中實習，可由院中設法津貼）。此外，在重慶除到美英領事館簽字外，並應到加拿大使館簽字，因 Toronto 有一博物館（Royal Ontario Museum）值得參觀也。如乘船到美，多半由孟買乘船，在洛仙機 Los Angeles 上岸。東來時務到 Kansas City 之 Nelson Gallery of Art 參觀一次（芝加哥和舊金山博物館均可參觀），以免將來再往西方，徒耗旅費也。到華京後可到王重民處得些消息，弟六七月間離此，恐不能在此晤面，所以應接洽之事當留交王君轉交。匆匆順頌大安。弟同禮頓首〔註68〕。

（袁同禮書札〔OL〕，孔夫子舊書網·中國書店 2009 年秋季書刊資料拍賣會，〔2011-03-30〕，http://pmgs.kongfz.com/detail/1_93407/。）

4 月 5 日，英國圖書館協會秘書衛爾斯福特（P. S. J. Welstford）致函袁同禮〔註69〕：「逕啟者，上周敝會舉行執行委員會會議時，曾將援助貴國圖復興事，復行提出討論，經決議在敝會會刊 Library Association Record 上先刊一貴國被毀圖急待援助之啟事，以引起敝會全體會員之注意，同時並在該啟事上，載明贈送書籍經收之地點。敝人甚望此次結果，定能助閣下得一完滿之收穫

〔註68〕此信中的英文單詞，由袁清先生幫助辨認，筆者在此表示感謝。
〔註69〕英國圖書館協會在 1938 年 2 月 15 日覆函時，表示在中國抗戰結束時再予援助，但後來受美國圖書館協會踴躍捐助及牛津大學石博鼎先生慷慨捐贈的影響，也開始積極援華。此外，倫敦中國學會積極幫助，負責接收捐贈並運送書刊等事。

也。」（《各國覆函》，載《協會會報》1939 年 7 月 14 卷 1 期，14 頁）

後該啟事登於《英國圖書館協會會刊》（Library Association Record）第 41
卷 8 期上，譯文為：

供給中國精神食糧（Oil for the Lamps of China）

一九三八年五月，接中華圖協會寄來之備忘錄，申述該國自遭
日本侵略以來，全國公私立圖所遭之損壞，異常重大。自該備忘錄
發表以後，中國戰區範圍，益形擴大，舉凡華北全部及華中華南之
大部，均被捲入。迨至十月，廣州，漢口相繼失守，中國文化所遭
受之損失，尤為空前之浩劫！其中如國立中山大學所有之圖書與科
學儀器，均因倉卒不及遷徙，而致大部喪失！

損失中之尤足珍惜者，莫若私人珍藏之圖書與藝術品，私人藏
書中如南潯劉氏，蘇州潘氏及順德李氏，皆極負盛名。至私人收藏
之美術品，亦與公家所有者，遭受同一之命運，如蘇州顧氏及南潯
龐氏兩家所藏之歷代名貴書畫，掃數為侵略軍隊之官長掠為己有，
日軍蓄心破壞數千年遺傳之中國文化，於此可見一斑。

尤有言者，日軍破壞中國文化，非僅限於戰區，有多數遠處戰
區數百英里以外之中國文化機關，亦同樣遭受日本空軍之轟炸，此
等學術機關，現雖時處於敵機威脅之下，然仍均能照常埋首工作，
未嘗中輟，實堪欽佩！

截至一九三八年十二月止，中國學術機關所受之損失，據可統
計者，已達一千萬英鎊，其中尚有大部之科學與歷史上之珍貴材料，
有非金錢所能估計者！

吾人對於中國文化之應保存，非盡為中國著想，實為發揚全世
界文化之所必需也。中國政府現已竭其所能，設法保存已有之教育
與文化團體，戰前中國大學之設立，以及文化團體之分布，大都遍
重沿江沿海一帶。迨自戰事發生，此種學術團體，已先後遷徙於偏
遠之內地各省，使此等未曾開發之地，得受高等教育文化薰陶之機
會，對其未來資源之開闢，實予以莫大之供獻。此種教育文化團體，
得由沿江沿海一帶，而遷至內地，實為中國政府抗戰建國中早已預
定之計劃。

　　中國現已採行抗戰建國教育政策，以期適合其戰時之需要。中國教育當局，刻正極力發展實用科學，並鼓勵各種科學研究與擴大各種科學及文化團體之活動範圍，藉資養成特別人才，以為抗戰建國及戰後復興所盡力。但此等大學校及各種科學團體，被迫遷至西部以後，因受圖書儀器之缺乏，致於研究工作，極感困難。故現時中國對於是項設備之需求，最為迫切。

　　中國橫遭侵略，犧牲慘重，吾人實深同情！吾人為盡同舟之誼，亟應對中華圖協會徵書運動之偉大工作，予以熱烈同情贊助。裴雪先生曾云：「侵略者以為一旦將中國之教育工具摧毀，即可以實行知識奴化政策，此顯然為一種臆斷。」但其圖書儀器設備之需要，切為刻不容緩之事，吾國人士中，曾有一部分中國之友，深覺此項工作，應俟至戰事結束復興工作開始之時，再為進行。但此種見解，現顯已被美國圖協會代中華圖協會徵募圖書所獲之美滿結果而打破，故吾人不得不急起直追，立予進行，開始徵募。

　　牛津大學石博鼎教授，因受中華圖協會之申請，已開始代中國各大學徵集圖書，石氏本人願先捐二千英鎊，購置圖書，以為之倡，並願繼續捐贈三千英鎊，而以牛津其他人士亦能湊成同樣或更較大之數額為條件。刻為使徵募圖書運動團體正式起見，業已組織一委員會，董理其事，以牛津大學副校長任主席。現該會正企盼國內其他各大學及科學團體，紛起響應贊助云。

　　同樣，美國圖協會自接獲中華圖協會申請後，已於一九三八年十月開始舉行為中國圖徵募圖書運動，各地圖，出版界，學術團體以及私人均能紛起響應，故未久即已募得二百餘箱圖書雜誌運往中國。

　　本會甚盼全體會員，對於現時中國圖與各大學所急切需要之圖書，予以盡力捐助。凡為本國各圖認為有用之書籍（除去現行通俗小說），諒必為中國所歡迎；尤其關於自然科學，應用科學，醫學，文學，以及普通參考等書，更為中國所急切需要。各館中如有複本或藏有為各該館所不需要之書籍，均望能利用之以捐助中國。

　　凡捐贈之圖書雜誌，均請逕送倫敦中國學社（China Institute,

Gord on Square, London, W.C.I.）或牛津大學註冊處（University Registry, Oxford）經收，以便集中運往中國收書中心機關，然後再視各大學及學術團體之需要，予以適當分配應用云。

中華圖書館協會接到此項同情之後，當即函謝。（《英國圖協會發起捐書援華運動》，載《協會會報》1939 年 11 月 14 卷 2、3 期合刊，11～12 頁）

4 月 21 日，袁同禮致函美國華盛頓大學東方學教授波拉德先生（Robert T. Pollard），感謝其為中華圖書館協會在西雅圖市和華盛頓大學徵書。（《中國圖書館友人美國波拉德教授去世》，載《協會會報》1939 年 7 月 14 卷 1 期，13～14 頁）

4 月 30 日，在紐約參加第 20 屆世界博覽會。

5 月 2 日，中國國際圖書館館長胡天石致函中華圖書館協會，略曰：「……敝館設於海外，有鑒於我國冊籍之散失，內地學校書簡之不備，處此抗戰建國時期，教育當不可忽視，而復興重工業及一切有關軍事之建設，西文書籍，似亦更較迫切。爰於去歲發起徵集圖書之舉，向歐美各大圖書館，各大書局呼籲，請其捐贈。月來陸續寄到者已有百九十五冊之多，前曾與貴協會理事長袁守和先生函商，該書寄遞辦法，據袁先生覆稱，該書可由香港轉交，運輸費用，亦可由香港收書時代付，茲將該書裝一箱，於四月二十八日交此地 J. Veron, Grauer&Co. 轉運公司起運，附寄上書籍清單一份……」6 月 14 日，中華圖書館協會覆函申謝。（《中國國際圖在歐徵集圖書運到本會香港辦事處》，載《協會會報》1939 年 7 月 14 卷 1 期，12～13 頁）

5 月 24 日，裘開明致函哥倫比亞大學李芳馥（Augustine F. Li），請其代為詢問袁同禮先生有關哈佛燕京學社漢和圖書館在美國為中國圖書館搜集與郵寄圖書事宜。函曰：「……當你給袁（同禮）先生寫信的時候，能否詢問他希望以什麼方式把敝館在美國為中國圖書館收集的藏書運回中國。我們有一箱懷德納圖書館的書在春季已寄往華盛頓特區的史密森國際交換部（Smithsonian International Exchange），哈佛圖書館付的郵費。還有哈佛大學很多其他教授贈送的圖書，也在敝館，已整理完畢。這些書運到華盛頓需要有人支付郵資。中華圖書館協會可以支付這些費用嗎？還有打包的費用。袁先生希望我們怎麼做這些事，如果沒有中華圖書館協會或者其他中國官方機構的許可，我們甚至不能在這裡籌款。……」（程煥文《裘開明年譜》，221 頁）

5月27日，約翰·波拉德（John A. Pollard）致函袁同禮，言其兄已去世，臨終前仍繫懷為中國徵書事宜，並躬親奔走。其事蹟至可感人。原函譯文為：

逕啟者，四月二十一日閣下致先兄饒伯（Dr. Robert T. Pollard）之函，現已由西雅圖轉來敝處，因渠不幸業於四月十二日與世長辭矣。自一九三三年以還，先兄即患劇烈心臟病，但渠對於應盡職務，則從來未放棄。遍為貴國各圖書館徵集圖書，由渠口中所述遺箚中所記，余深悉渠實積極贊助。余抵西埠之時，適先兄彌留之際，即聞人言，本年一月初，當渠舊病復發時，至三月十日入醫院期間，渠仍躬親奔走，進行徵書及運華事宜，而並未以此委諸他人，足徵其熱誠之一般。

吾人追思之餘，覺渠今所捐軀以赴者，實乃至上仁義感召之所致，而對其過去四十一載之成就，尤引以為榮焉。

閣下來函，辱承申謝先兄協助貴會復興大業，至為感激。刻下西雅圖先兄諸摯友，正籌募紀念金，以為救濟中國學生之用，此則余願以奉告者也。此致

中華圖書館協會袁理事長　約翰波拉德（John A. Pollard）謹啟

一九三九，五月，廿七日，於美國俄亥俄頭立多城

（《中國圖書館友人美國波拉德教授去世》，
載《協會會報》1939 年 7 月 14 卷 1 期，13～14 頁）

6月18日至24日，美國圖書館協會第六十一屆年會在舊金山舉行。中國為對其積極徵書援助表示謝忱，特贈金漆木匣一件。此物在該年會第二次大會時，由美國圖書館協會理事長提出報告，並陳列展覽。（《美國圖協會第六十一屆年會志略》，載《協會會報》1939 年 11 月 14 卷 2、3 期合刊，21 頁）

7月6日，致函蘇聯阿理克教授，向其介紹傅振倫，以便傅氏赴莫斯科參加中國藝術展覽會。（致傅振倫信札——民國袁同禮信札一通（附英文信札 2 通帶封）[OL]，孔夫子舊書網，[2011-03-30]，http://www.kongfz.cn/his_item_pic_2565866/。）同日，裘開明致函李芳馥，對哥倫比亞大學圖書館改用劉國鈞分類法表示遺憾，並進一步談到，「首先，我強烈反對國立北平圖書館使用兩種不同分類法處理中文圖書的做法。……我不知道為什麼袁（袁同禮）先生〔或者是劉（國鈞）博士〕選擇這樣一個被美國捨棄的做法。現在，如果

第一個基於四庫的 NLP 分類法能夠用於分類參考書，我就看不出它為何不能用於分類流通圖書，因為他們的卡片可以揭示大部分流通館藏裏的書籍。完全使用一個尚未得到中國廣泛認可的分類法（『劉國鈞分類法』）來印刷卡片是一個大錯誤。因此，李小緣說『劉國鈞分類法』賣給其他圖書館時要帶著印好的卡片！第二，我不認為劉國鈞分類法值得推薦。作為一個實用的系統，它與王雲五（Yün-wu Wong）的擴展杜威分類法是一樣的。劉國鈞分類法的整體結構建立在事物本身邏輯關係的錯誤理論上（我這樣認為，雖然劉博士本人是個哲學理論家）。對於這點，他可能會說這是按事物的起源。第三，我認為，對於美國的中文圖書館，它們一般都收集古書，很少收集新出版的圖書，對四庫法進行一些修訂（的分類體系），例如哈佛燕京分類法或 NLP 第一版（就時間而言，哈佛燕京出現的時間比 NLP 早）或許是最合適的。……」（程煥文《裘開明年譜》，223 頁）

6、7 月間，離開美國華盛頓返國。（袁同禮書札［OL］，孔夫子舊書網 · 中國書店 2009 年秋季書刊資料拍賣會，［2011-03-30］，http://pmgs.kongfz.com/detail/1_93407/。）

8 月，孫楷第遊滬，在友人家觀《古今雜劇》，三周畢。歸後，袁同禮囑其記該作之相關情況。後孫楷第寫成近 20 萬字的考釋著作《述也是園舊藏古今雜劇》，詳述流傳經過和劇本源委，袁同禮曾為其逐字逐句潤色，於 1940 年 12 月以《圖書季刊》專刊第一種出版。（孫楷第《述也是園舊藏古今雜劇 · 序，後序》，1940 年 1〜5 頁，《圖書季刊》專刊第一種）

夏，接牛津大學副校長戈登來函，內有英國贊助委員會致印度、加拿大、澳大利亞各大學之公函，該公函於 7 月由倫敦發出，其譯文略曰：

> ……今中國適有同樣之機會，但救濟範圍之廣，實遠超出三校以上！世人深悉該國一百十三所文化機關（其中包括大學四十七所），歷數百英里長途之涉跋，作西邊內地之壯舉，該機關等對於圖書及儀器之設備，均感缺乏。
>
> 牛津大學現已盡其所能，彌補此項缺陷，數月以來，除向校內各院系各教授徵集適用圖書外，並廣募現金，以備採購之用。……最近倫敦各大學中國委員會，為贊助此項運動起見，業已認捐一百鎊，藉以表示提倡之微意，而國際學生服務社，除於去歲在英募得四千七百鎊救濟中國學生外，本歲仍擬繼續籌集此數，並根據中國

之申請，發出徵書通啟，藉以援助該國學術機關。

但中國今日之需要，至為迫切，如欲求其充實，非大英帝國印度及各自治領所屬各大學各學術機關，通力合作不為功，想尊處對此建議，必能贊助，故特專函奉瀆。……吾人深信西方學者此等同情之表示，對於中國學術界，實較實際上物質之援助，尤有價值，蓋其主旨基於純粹學術之合作，而非出於政治的經濟的或宗教的動機也。牛津大學副校長戈登，各大學中國委員會主席馬克母，國際學生服務社主席毛必烈，同啟。

（《英美學術界積極援華》，載《協會會報》
1939 年 7 月 14 卷 1 期，11～12 頁）

夏，顧廷龍在上海創辦私立合眾圖書館。袁同禮來滬，與顧氏晤於合眾圖書館。顧氏「告以合眾創辦目的，是在搜集各時代、各地方的文獻材料，供研究中國及東方歷史者的參考。在收購上所擬標準是工具書、叢書、地方志、地方總集、批校本、稿本等等。以私人力量辦一專門性圖書館，前所未有。同禮先生大為讚賞。」（顧廷龍《紀念袁同禮先生百齡冥誕》，載（臺灣）中國圖書館學會輯印《袁同禮先生百齡冥誕紀念專輯》1995 年版，2～3 頁）

是年，同意從國立北平圖書館存港圖書中，擇出一部分，借與遷港復課之嶺南大學師生閱覽。（《嶺南大學圕近訊》，載《協會會報》1939 年 7 月 14 卷 1 期，21 頁）

據上海路透社 8 月 9 日報導，英國援華的第一批書籍刊物已運抵重慶，由戰時徵集圖書委員會分配。該委員會曾不時將各大學急需之英國出版課本、參考書及雜誌之名單寄往英國。（《英國捐贈我國圖書大批起運來華》，載《協會會報》1939 年 11 月 14 卷 2、3 期合刊，14 頁）

10 月 16 日，張元濟致函顧廷龍，談及袁同禮為《圖書季刊》等徵求材料之事：「昨得袁君守和來信，為充實《圖書館月刊》《季刊》材料起見，屬為代求。如合眾圖書館所藏善本有昔人題記可供觀覽者，懇祈錄示。謹代陳，並請於晤葉揆翁時道及。」（《顧廷龍年譜》，92 頁；《張元濟書札》，168 頁）

自是年起，派范騰端等傳拓雲南各地石刻，並約請國內學術機關參加。（徐家璧《袁守和先生在抗戰期間之貢獻》）

是年，國立北平圖書館的重要活動有：5 月，恢復發行漢卡片目錄。（《國

立北平圖書館最近消息》，載《協會會報》1939 年 7 月 14 卷 1 期，23 頁）從 8 月起，按月補助中華圖書館協會 100 美元，專用於職員薪水、書籍運輸和編印目錄等。（《北平圖書館補助本會經費》，載《協會會報》1939 年 11 月 14 卷 2、3 期合刊，11 頁）年底，國立北平圖書館館址遷至昆明柿花巷二十二號（館員陸續到滇人數增多）。它與西南聯大的合作（近兩年）到此為止，開始自理館務。（徐家璧《袁守和先生在抗戰期間之貢獻》）在新址成立抗戰史料室，從事大規模搜集抗戰史料之工作。此外，還開展多項工作，如搜集西南文獻、傳拓西南石刻、入藏西文科學雜誌、搜集西文論文單行本、搜集安南緬甸文獻等。（《國立北平圖近訊》，載《協會會報》1939 年 3 月 13 卷 5 期，24～25 頁）

　　是年，傅振倫前往蘇聯辦理中國藝術展覽會，袁同禮為其寫一封給冬宮博物院阿克里教授的介紹信。傅君前往訪問時，因某種原因，遭到拒絕。但在訪問列寧圖書館時，其館長拿出幾年前袁同禮參觀時的題字，表示頗以為榮。（傅振倫《袁同禮先生行誼》（手稿複印件））

1940 年（民國二十九年，庚辰）　46 歲

　　1 月 2 日及 3 日，由西南聯大和國立北平圖書館合組成立之中日戰事史料徵輯會舉行展覽會。通過一年的搜集，所獲史料甚為豐富。（《中日戰事史料會定期舉行抗戰史料展覽》，載《協會會報》1940 年 1 月 14 卷 4 期，29 頁）

　　2 月 5 日，顧廷龍致函張元濟，附去所錄藏書序跋 10 則（曾請葉景葵閱定），託其轉交袁同禮，並乞北平圖書館出版物。（沈津《顧廷龍年譜》，上海古籍出版社 2004 年版，102～103 頁）

　　3 月 5 日，國立北平圖書館館長蔡元培先生逝世。該館委員會推薦袁同禮繼任，後教育部函聘袁同禮為代理館長。（《袁同禮氏繼任北平館長》，載《協會會報》1940 年 10 月 15 卷 1、2 期合刊，13 頁）

　　3 月 12 日，張元濟向顧廷龍出示袁先生覆函，函曰：「索書有允有不允，大約價廉者可購，價昂者務購。《宋會要》又非購不可者也。」（沈津《顧廷龍年譜》，107 頁）

　　3 月 15 日，張元濟送袁同禮函給顧廷龍。4 月 29 日，顧廷龍接袁同禮函，5 月 4 日覆函。6 月 13 日，顧廷龍接袁同禮函，次日覆函。（沈津《顧廷龍年譜》，108，116，117，123 頁）

3 月，《圖書季刊》英文本復刊，任主編，並按期撰稿。該刊自 1934 年發行以來，均按期寄送歐美各國文化學術團體，以宣揚中國文化，並頗得外國學術界讚許。(《國立北平圖書館最近消息》，載《協會會報》1939 年 7 月 14 卷 1 期，23 頁）是時，《圖書季刊》中英文本「內容共有者，計有論著，圖書及期刊之批評與介紹，學術界及出版界消息諸端。中文本獨有者，則為海外漢學界文摘，每期介紹若干篇。英文本獨有者，則有評論、譯書索引、期刊索引及學人行蹤與活動等」。(徐家璧《袁守和先生在抗戰期間之貢獻》）

6 月，美國圖書館協會在波士頓舉行年會，中華圖書館協會派裘開明出席，贈送該會銀碗一具，以表為中國捐募圖書之謝意。(《本會民國二十九年度會務報告》，載《協會會報》1941 年 4 月 15 卷 5 期，6～7 頁）同月，袁同禮為陳夢家所編《海外中國銅器圖錄》(商務印書館 1946 年出版）作序，談及前後情形：「民國二十三年適有歐美之行，爰從事調查列邦所藏之中國古器物，稿已盈尺，未克刊布。二十五年復承中央古物保管委員會之委託，乃繼續徵集；本擬將影片記錄，分類刊行，工作未竣而盧溝變作，進行事宜胥受影響。本年春乃將銅器部分重行整理，並承陳夢家先生之贊助，編成圖錄，分集印行，今後仍當繼續採集，蘄成全帙」。(見該書《序》）

9 月，因昆明柿花巷二十二號房所之租期已滿，國立北平圖書館館址遷至昆明文廟街文廟內之尊經閣。中華圖書館協會辦公地點亦隨之遷移〔註 70〕。(《本會遷移辦公地址》，載《協會會報》1940 年 10 月 15 卷 1、2 期合刊，5 頁；《本會民國二十九年度會務報告》，載《協會會報》1941 年 4 月 15 卷 5 期，6～7 頁）暑假後，《中華圖書館協會會報》編輯部移設成都金陵大學文學院內，由劉國鈞任主編。(《本會民國二十九年度會務報告》，載《協會會報》1941 年 4 月 15 卷 5 期，6～7 頁；《會報改由劉國鈞博士主編兼發行》，載《協會會報》1940 年 10 月 15 卷 1、2 期合刊，10 頁）

是年秋，在由昆明到下關的貨運大卡車上，認識時年 24 歲的蘇瑩輝。一路上，用流利的英語與印度、緬甸籍的司機侃侃而談，有時做一行旅客的通譯。後在昆明和重慶，蘇瑩輝曾去謁見他。(蘇瑩輝《北平圖書館與敦煌學——悼念袁守和先生》，載（臺北）《中央日報》1965 年 2 月 25 日（6 版），是文收入《思憶錄》47～50 頁）

〔註 70〕後來，中華圖書館協會事務所又遷至龍泉鎮郵局（轉）、重慶求精中學二樓等地。

12 月，所編《國立北平圖書館現藏海外敦煌遺籍照片總目》在《圖書季刊》新二卷第四期上發表。（袁同禮《國立北平圖書館現藏海外敦煌遺籍照片總目》，載《圖書季刊》1940 年新 2 卷 4 期，609～624 頁）

至是年為止，國立北平圖書館在文獻採訪和出版方面，取得重要進展。在採訪方面，徵訪到多種珍本秘籍；搜羅了豐富的西南文獻，專闢有西南文獻室分類陳列，僅西南方志一項，就已入藏 883 種，並編印有《西南各省方志目錄》；採訪的戰事史料達 2 萬餘種，中日戰事史料徵輯會已開始編印《中日戰事史料徵集會集刊》和《中日戰事史料叢刊》；訂購的西文期刊側重專門性質，1940 年訂購有 2000 餘種，分送西南聯大、同濟大學、雲南大學及中日戰事史料徵輯會陳列閱覽。後又訂購醫學雜誌 200 餘種，分寄成都、重慶、貴陽、昆明各醫學機關，輪流參考。此外，還留意戰後復興圖書的採訪。在出版方面，有《海外中國銅器圖錄》、《唐墓誌總目》、《西南文獻叢刊》（包括陳垣《明季滇黔佛教考》、凌惕安《鄭子尹年譜》、方樹梅《滇南碑傳集》等等）、《國立北平圖書館善本叢書第二集》（選印西南史地罕傳之本）、《圖書季刊》（英文本）等成果。（《國立北平圖書館工作近況》，載《協會會報》1940 年 10 月 15 卷 1、2 期合刊，11～12 頁）這些成就，都浸透著袁同禮先生的領導和努力。

因日軍連續轟炸昆明，於是約在是年底、翌年初，國立北平圖書館遷往昆明北郊的桃源村，中華圖書館協會會址亦一併遷移（在起鳳庵辦公）。袁同禮因將出國，於是調原任鄉政學院圖書館長的胡英回館主持，並兼管中華圖書館協會和博物館協會事務。（《國立北平圖書館由昆遷鄉工作》，載《協會會報》1941 年 2 月 15 卷 3、4 期合刊，15 頁；《中華圖書館協會三十二年度工作報告》，載《協會會報》1943 年 12 月 18 卷 2 期，18～20 頁）同時，該館應重慶各界之請，將一部分西文書籍移渝陳列（寄存在重慶沙坪壩南開大學經濟研究所之內，該館駐渝辦事處也設於此），供眾研究閱覽。館員何國貴，胡紹聲，顏澤霮，梁慕秦等由昆調渝辦事。（《國立北平圖書館工作近況》，載《協會會報》1941 年 2 月 15 卷 3、4 期合刊，15 頁；《會員消息》，載《協會會報》1941 年 6 月 15 卷 6 期，7～8 頁）因北平圖書館重慶沙坪壩辦事處需要增添職員，所以是年傅振倫推薦了張全新和李之璋二人。他們為平館收集到大量抗戰史料。（傅振倫《袁同禮先生行誼》（手稿複印件））

是年，前北京歷史博物館主任裘善元逝世，以其所藏居延漢簡十餘枚捐

獻國民政府。「袁館長以為西北科學考查團採集的居延漢簡已撥交北平圖書館
保存、研究，『合之雙美』，裘氏故物也宜撥交北平圖書館，而國民政府實力
派決交中央圖書館收藏，此因袁先生不善逢迎當時權貴」。（傅振倫《袁同禮
先生行誼》（手稿複印件））

1941 年（民國三十年，辛巳）　47 歲

1 月，由重慶飛往香港，奉令赴美。（《會員消息》，載《協會會報》1941
年 2 月 15 卷 3、4 期合刊，11～13 頁）

3 月 4 日，與王重民同赴上海，布置平館善本圖書選擇及運美事宜。抵滬
後，袁同禮電告駐美大使胡適、國民政府教育部、北平圖書館委員會擬進行
善本運美之事，並與其故友丁貴堂（上海江海關稅務司負責人）聯繫放行。
雖幾經周折，但未能實現。直至 9 月，在錢存訓夫人同學張某的幫助下，平
館存滬善本 102 箱才被化整為零，分批運往美國。（中國社會科學院近代史研
究所中華民國史組編《胡適來往書信選》（中），北京中華書局 1979 年版，522
～524 頁；錢存訓《北平圖書館善本書籍運美經過——紀念袁守和先生》，載
（臺北）《傳記文學》1967 年（民國五十六年）10 卷 2 期，55～57 頁，是文
收入《思憶錄》114～118 頁；曾凡菊《袁同禮與北圖善本運美之前前後後》，
載《學術論壇》2008 年 5 期，156～158 頁）

3 月 16 日，至顧廷龍處，言其將遊美，北平圖書館館務由王重民主持。（沈
津《顧廷龍年譜》，171 頁）

3 月 19 日，顧廷龍來訪。（沈津《顧廷龍年譜》，171 頁）

3 月 23 日晚，顧廷龍宴請袁同禮、徐森玉、王重民、劉重熙、浦江清，
邀葉景葵、潘博山、潘景鄭陪。（沈津《顧廷龍年譜》，172 頁）

3 月 29 日，至顧廷龍處辭行，對「先返香港一行，辭氣間有牢騷」。顧向
其索要《圖書館學季刊》等，袁同禮「謂已航郵北平圖書館囑寄。並謂傳聞
劉承幹藏書有一部分已售鄭振鐸」。（沈津《顧廷龍年譜》，173 頁）

是年，教育部仍准予按月撥給中華圖書館協會補助費 100 元。但因物價
高漲，不敷使用。（《教育部繼續補助本會經費》，載《協會會報》1941 年 2 月
15 卷 3、4 期合刊，14 頁）於是在上半年，袁同禮呈請教育部增加補助費為
每月 300 元。呈文如下：

　　　　呈為懇請准將補助經費予以增加，以利圖書館事業推進。竊屬
　　會自蘆變移滇工作以來，一本中央抗戰建國綱領，歷遵大部明令指

示，辦理全國各圖書館之調查，以協助復興發展；並在國際間作系統之宣傳，以徵募大量圖書；以及各種推進或計劃之事業，歷經按期刊行會報並隨時呈報有案。前年屬會以會中事業繁重，而經費困難，於工作進行不無影響，爰具呈大部，懇予補助，蒙准自二十八年五月起按月撥賜國幣一百元，歷經具領在案。查屬會年來各項事業繼續積極推動，尤以今後中心工作之一為在謀集中廣泛的地方基層機構（即各地方省縣圖）之力量，以協助政府推進國民教育；一切設施需用，更感浩繁；且以近年物價日在激漲，雖儘量緊縮開支，極力竭流，然亦仍不敷甚巨，即如會報印刷一項，前此每期不過三百元，今則幾非千元莫辦；屬會除徵收會員會費一項以外，並無其他收入，開源無從，支應匪易，擬懇大部俯念屬會事業重要，過去辦理尚能實事求是，不無微績，請准將補助費自即月起予以增加為三百元，藉資挹注，俾能早期推進完成各項計劃，不勝企幸之至！是否可行，理合具文呈請大部俯賜鑒核，指令祇遵！謹呈教育部

　　　　　中華圖書館協會理事長袁同禮謹呈

（《呈請教育部增加補助費》，載《協會會報》1941 年 4 月 15 卷 5 期，8 頁）因社會教育經費支絀，此請未蒙批准。而 3 月份呈請中央宣傳部恢復每月補助 100 元，幸獲批准，准於 7 月起恢復補助。（《中央宣傳部准予恢復撥給本會補助費》，載《協會會報》1941 年 6 月 15 卷 6 期，6 頁）

　　7 月，北平圖書館派萬斯年赴迤西一帶訪求傳鈔西南文獻。同時與昆明附近的書肆、當地藏書家及耆紳等取得聯絡。可謂「雙管齊下」，所獲至豐。其中以西南五省方志為大宗。（徐家璧《袁守和先生在抗戰期間之貢獻》）

　　8 月 31 日，自香港來見顧廷龍，言即將返去。（沈津《顧廷龍年譜》，206頁）

　　10 月 29 日，覆函白壽彝。答應白壽彝的提議，即將白氏所編《咸同滇變傳抄史料》初集（後改為《咸同滇變見聞錄》，由重慶商務印書館出版）收入北平圖書館和伊斯蘭學會合印之書，印費由雙方承擔，並已託開明書店先行估價，擬定契約草案。（白壽彝《關於袁同禮的兩封信》，載《文獻》1988 年1 期，263～264 頁）

　　11 月 28 日，覆函白壽彝 11 月 11 日函件。告知開明書店估價，印 32 開500 部，最低須成本二千元，北平圖書館將付開明書店一千元，希望伊斯蘭學

會方面也付該書店一千元，以免紙價再漲，而能早日玉成此事。錢款可交開明王伯祥收，如不敷用，兩機構再津貼開明。因係委託代印，書印成後，兩機構平分書，但並無稿費。（白壽彝《關於袁同禮的兩封信》）

12月8日，珍珠港事變爆發，袁同禮一家正在九龍。25日，香港淪陷，日人橫行。雖險象環生，但一聽到香港、九龍恢復輪渡，袁同禮仍冒險給蔡元培夫人周養浩送去冬衣。袁夫人求他不要冒險，但他說：「我不去，別人不會去的」。幸好路上未生意外。那一時期，劉馭萬先生不在家，僅劉夫人及孩子們在香港，袁同禮也冒險去看望她們。（袁澄《勞碌一生的父親》）

1942年（民國三十一年，壬午）　48歲

2月15日，英美雜誌流通社成立，並召開第一次大會，聘請孔祥熙、宋子文、陳立夫等8人為贊助人，推舉杭立武、吳俊升、任鴻雋為主任委員，袁同禮、吳景超、董霖、雷夏、徐尚為編輯員。所出版刊物，以轉載英美雜誌論文為主，每兩周出版一次。（《英美雜誌流通社之成立》，載《協會會報》1942年10月17卷1、2期合刊，15頁）

2月，中國教育學術團體聯合聯會在重慶舉行，中華圖書館協會也參加，是為該協會第五次年會。（袁同禮《中華圖書館協會之過去現在與將來》，載《協會會報》1944年6月18卷4期，2～3頁）

鑒於國內醫學書籍極度缺乏，國立北平圖書館爭取到美國羅氏基金董事會4500美元資助，採購最新之醫學書報。在仰光淪陷（1942年3月8日）以前，此項書報由美國經仰光運入內地，寄存於貴陽衛生署人員訓練所、重慶國立上海醫學院及成都國立中央大學醫學院三處，並委託其借與貴陽、重慶、成都三中心之相應醫學機關。（《國立北平圖書館協助醫學中心點獲到最新之醫學書報》，載《協會會報》1943年2月17卷3、4期合刊，4～5頁）

上半年，從昆明到華盛頓，「很儉樸，住的是普通旅館，所用飯菜極平淡」。王重民、劉修業、朱士嘉去國會圖書館探望他。朱士嘉回憶道：「我向他彙報下半年將往哥倫比亞大學深造的志願，他表示支持，同時提及我在1940年至1942年發現美國國家檔案局藏有大量檔案，對於研究中美關係史很有參考價值。他很感興趣。我隨即建議北平圖書館向該局聯繫複製中美關係檔案膠卷，運回北圖，供廣大讀者參考，他愉快地接受這個意見。接著我陪他往訪該局HAMMER和OLIVER兩位先生，商談複製檔案膠卷事宜。現在北京圖書館所藏中美關係檔案膠卷324卷（1790～1906）就是他費盡心機募集了一千二百

美元從美國國家檔案局搞到的」。(朱士嘉《我所瞭解的袁同禮先生》)

　　9 月，費正清抵重慶，袁同禮往晤。費氏的辦事處在兩路口求精中學內，而袁先生的辦公室恰也在求精中學校內的另一部分，二人於是有了近鄰之誼。據費正清回憶：「袁先生與我談起他的許多工作。而且戰時一切艱辛，絲毫沒有減低他工作的熱度。如戰前一樣，袁先生注重訓練中國圖事業的工作人員，設法推動各種引得，目錄的編印。他對於中美文化關係的發展，更是特別注意。」「……我們發展了一種學術界中的文化交換。凡此種種，我都得到袁先生的意見及領導。袁先生自己的工作經費有限，但他總不斷有新主意，新籌畫，又有忠懇的助手。他有一種特殊的資賦，不管景況如何困難，總在繼續踊躍的奮發苦幹，而不疏忽他的職責。他總可以為知識及其分發，找出有價值的事來做。」(費正清《我所認識的袁守和先生》)

　　10 月底之前，國民政府教育部在重慶曾家岩求精中學內設立國際學術文化資料供應委員會。它的職責是負責歐美捐贈圖書縮微膠片的聯絡、接收、分配、流通事宜。中方委員共有 11 人，其中，主席顧毓琇，副主席任鴻雋，執行秘書袁同禮，會計葉企孫，其他委員為杭立武、陳可忠、吳俊升、劉季洪、魏學仁、蔣復璁等。(後人員略有變動)(《國際學術文化資料供應委員會正式成立》，載《協會會報》1943 年 2 月 17 卷 3、4 期合刊，5 頁；徐家璧《袁守和先生在抗戰期間之貢獻》) 1943 年 5 月起，徐家璧由原國立北平圖書館編纂轉任該會主任幹事(接替嚴文郁)。(《會員消息》，載《協會會報》1943 年 10 月 18 卷 1 期，13～14 頁) 委員會每月開會一次，商討相關事情，但時有爭執，袁同禮折衝其間，說服各方。1945 年，李約瑟(Joseph Needham)將興趣集中在科學合作上，無形中退出該會，英方供給的圖書膠片也大為減少。美方認為他們基本是獨力負責，要求正名，獲教育部認可。1945 年 5 月，該會正式更名為中美文化資料供應委員會。1946 年初，會務結束。(徐家璧《袁守和先生在抗戰期間之貢獻》)

　　11 月間，在重慶某車站遇北大預科時的同學張申府。老友相見，異常高興，寒暄之後，問及張申府的工作，知其只在編一副刊〔註71〕後，他馬上說：「我們圖書館正需要人，你來編一個刊物好了。」(張申府《所憶：張申府憶

〔註71〕中國共產黨在重慶的機關報《新華日報》上有一個副刊，叫《科學專頁》，兩週一期，從 1942 年 2 月中到 9 月中，共出了 16 期，因報紙改版乃停止。(張申府.所憶：張申府憶舊文選〔M〕，北京：中國文史出版社，1993：115。)

舊文選》，中國文史出版社 1993 年版，14 頁）之後，張申府到北平圖書館駐重慶辦事處〔註72〕編輯《圖書季刊》。他雖是 11 月任職，可是卻從 10 月領取薪水，每月 240 元。對袁先生請其工作而受責難一事，他回憶道：「那時圖書館隸屬於教育部，袁請我去並沒有通過教育部，後教育部得知此事，很是不滿。他們知道我很接近共產黨，便責備袁同禮，但是因為我已在圖書館，也無可奈何。這樣我便做起了『編纂』。」張申府在此編輯《圖書季刊》達兩年多，便又將重心轉向政治活動，此後只在圖書館掛名，仍拿著工資，但實際工作已由別人接替。直到 1946 年，他回北平，才正式脫離了重慶的北平圖書館。（張申府《所憶：張申府憶舊文選》，中國文史出版社 1993 年版，44～45頁）

　　是年起，美國國會圖書館開始將存美的中國善本圖書 2720 部（共 20500本）影印成膠卷，至 1946 年 5 月完工，共印成 1072 卷，花費 3.7 億美元。中國獲贈三套縮微膠卷，「兩套由參與製作的王重民先生在 1948 年帶回中國，一套留在國立北平圖書館，一套留在南京的中央圖書館；第三套則由臺灣的國民政府在 1959 年決定放在中央研究院」。（盧雪鄉《袁同禮先生與美國國會圖書館》）將中國善本圖書影印成膠卷一事，袁同禮和胡適有促成之功。這方便了各國對中國古代典籍的利用。

1943 年（民國三十二年，癸未）　49 歲

　　2 月 20 日，教育部發出聘書，聘請劉季洪〔註73〕、袁同禮、陳東原、劉國鈞、岳良木、鄭通和、陳訓慈、蔣復璁、蔡孟堅 9 人為國立西北圖書館籌備委員會委員，指定劉國鈞為籌備主任。（《國立西北圖書館籌備委員會之聘定》，載《協會會報》1943 年 2 月 17 卷 3、4 期合刊，4 頁）

　　3 月 6 日，袁同禮致函哈佛燕京學社社長葉理綏（Serge Elisséeff）：「希望你收到了我 1942 年 12 月 16 日的來函以及我與費正清（John King Fairbank）教授一起制定的聯合備忘錄。茲附另一份我與費正清教授制定的進一步計劃案，希望你給予關注。我將會向哈佛燕京學社寄來國立北平圖書館編《圖書館館刊》，請你指正。中國教育部將派遣我赴印度做短期考察，並安排中國大

〔註72〕北平圖書館設在重慶沙坪壩的南開中學內，而辦事處設在重慶求精中學的兩間房子裏。

〔註73〕一說為馮國瑞。（參見：國立西北圖書館之設立〔J〕，中華圖書館協會會報，1943，18（1）：15。）

學和研究機構所需新書刊的空運事宜。請你代我向劍橋諸同事問候，並告知
他們我正與費正清博士進行密切的合作，以促進中美文化交流的進一步發
展。」（程煥文《裘開明年譜》，284頁）

　　4月12日，哈佛燕京學社召開董事會議。社長葉理綏指出，戰爭已摧毀
了中國一些大的出版中心，目前圖書在重慶出版，紙張缺乏，書籍非常少，
且很快就絕版。他已託在重慶的袁同禮代學社採購新的出版物，暫時保存在
中國。「近期他收到了袁同禮先生的來函，函告他已購買了所有新出版的人文
社科類出版物，並願意繼續為學社購買圖書，但由於他已用完學社寄去的用
於購買圖書的資金，故希望寄來一些資金以用於採購。會議表決通過為圖書
館1943～1944年預算增加1500美元撥款，由袁同禮先生購買新出版的中文
圖書和期刊，這些書刊在戰爭結束之前被暫時保存於中國。」（程煥文《裘開
明年譜》，286頁）

　　4月，被教育部任命為國立北平圖書館館長。同月，奉教育部令赴印度〔註
74〕，辦理圖書儀器的空運事宜〔註75〕。此項圖書儀器原由教育部代各院校在
美國購買，由美運至印度，存於印西北區卡拉基貨棧，已逾一年。袁同禮抵
印後，接洽將此批對象首先運至印度東區狄不魯加，再空運回國，首批箱隻
於7月運到昆明。經與滇緬公路局昆明空運站洽商提取，7至10月共收到57
箱，其分配、運輸由北平圖書館代辦。在整理析裝後，由57箱變為61箱，
分發至各院校〔註76〕。（《北平圖書館奉令辦理各院校圖書儀器接收配運事
項》，載《協會會報》1943年12月18卷2期，14～15頁；《會員消息》，載
《協會會報》1943年2月17卷3、4期合刊，6頁）次年2月至5月間，由
印空運之箱隻又續到89箱，均先後配發各校。（《北平圖書館辦理各院校圖書

〔註74〕1930年代，袁同禮曾任國際聯盟國際文化關係委員會中國代表，故在印度頗
　　　　為知名。

〔註75〕他請嚴文郁來重慶，暫時代理他的工作。嚴君念舊情，未取分文攜眷前往，
　　　　代理至他返國為止。（嚴文郁，袁同禮先生：中國的杜威〔G〕//（臺灣）中國
　　　　圖書館學會輯印，袁同禮先生百齡冥誕紀念專輯，1995：4～6。）

〔註76〕西南聯大7箱，雲南大學1箱，西康技專21箱，浙江大學2箱，湖南大學1
　　　　箱，中山大學1箱，中正醫學院1箱，中央大學1箱，交通大學3箱（內1
　　　　箱為貴州分院，1件與他校混裝），藥學專校1箱，上海醫學院與廈門大學合
　　　　裝2箱，同濟大學1箱，四川大學1箱，西北師範學院1箱，西北醫學院13
　　　　箱，武漢大學2件（混裝），西北農學院1件（混裝），江蘇醫學院1件（混
　　　　裝），不明者2箱。（計分裝59箱，混裝2箱。（北平圖書館奉令辦理各院校
　　　　圖書儀器接收配運事項〔J〕，中華圖書館協會會報，1943，18（2）：14～15。）

儀器配運事項續聞》，載《協會會報》1944 年 6 月 18 卷 4 期，12 頁）之後再續到 78 箱。（《北平圖書館辦理各院校圖書儀器配運事項續訊》，載《協會會報》1944 年 12 月 18 卷 5、6 期合刊，6 頁）

是年夏，中華圖書館協會向美國圖書館協會寄遞中國圖書損失之資料，並委託其繼續為中國搜集圖書。（《中華圖書館協會三十二年度工作報告》，載《協會會報》1943 年 12 月 18 卷 2 期，18～20 頁）

8 月杪，美國圖書館協會致電中華圖書館協會，詢問能否代為搜集並儲藏中國新出圖書期刊，俟戰事結束後，再行寄美。中華圖書館協會當即電覆願意協助。（《美圖各團委託本會代為徵購我國新書》，載《協會會報》1943 年 12 月 18 卷 2 期，17～18 頁）

9 月 8 日，袁同禮致函米蘭。筆者翻譯如下：

尊敬的米蘭博士：

很高興知悉貴國圖書館協會對貴國圖書館合作購買中國資料之組織感興趣。鑒於貴協會歷年為中國圖書館所提供之珍貴援助，中華圖書館協會願為貴國此項目提供幫助。

為了實施該項目，提議建立一個分委員會，以為貴國圖書館提供諮詢，並收集備選的現行出版物。分委員會成員由下列人士組成：袁同禮，國立北平圖書館館長，（中華圖書館協會）主席；沈祖榮，文華圖書館學校校長；李小緣，金陵大學中國文化研究所研究員；嚴文郁，國立北平圖書館採訪部主任；蔣復璁，國立中央圖書館館長。

鑒於戰時的多種障礙，比如劣質的紙張和印刷，缺乏足夠的存儲空間，轟炸的危險等，應對現在發行的出版物嚴格選擇。期刊方面，只應購買具有價值和持續性的期刊，例如，研究機構、學術團體以及部分政府機構出版的連續出版物。圖書方面，以下作品優先考慮：(1) 漢學，(2) 關於戰時中國的經濟和統計資料，(3) 關於中國及中國人思想（things Chinese）的原始資料，(4) 科學技術出版物。

上述提到的分委員會成員樂意協助此項工作，以其為愛做之事。但是，此工作量需要一名全職的受過訓練的助手服務，他的薪

水可能應由貴協會和敝協會分擔。

在戰爭持續期間，美國駐華大使館學術資料服務處（American Publications Service, American Embassy）將負責貯藏資料。由於沒有哪所中國圖書館有膠卷複製設備，所以這項工作不得不由該服務處來做。費正清主任樂意協助，但是不能保證他辦公室的設備能大量利用，因為缺乏膠卷和補給。

購買出版物的季度報告將通過美國駐華大使館提交給貴會。由於戰時的不確定性，我們提議將此項目限定在一個小範圍內，利用第一年作為試驗，如果雙方同意，翌年 7 月繼續進行。

再次向你保證我們在此項事業中的真誠合作。

（T. L. Yuan to Carl H. Milam, (1943-09-08). American Library Association Archives, University of Illinois, Urbana, 7/1/51, Box 2.）

9 月，中華圖書館協會會址由昆明遷至重慶沙坪壩國立北平圖書館內。（《本會會址由昆遷渝》，載《協會會報》1943 年 10 月 18 卷 1 期，13 頁）

10 月 28 日，美國圖書館協會國際關係委員會在華盛頓舉行會議，有下列決議：「本會對於中華圖書館理事長袁同禮先生之協助，願表示極誠懇之感謝。此項協助可使美國獲到中國在戰時出版之新書，並促進中美兩國圖書館界之互助與合作。」之後，該委員會主席 Ludington 女士及該協會總幹事米蘭（Milam）先生分別函告中華圖書館協會，內中談及今後合作辦法正在起草中，希望中方貢獻意見。（《美圖各圖委託本會代為徵購我國新書》，載《協會會報》1943 年 12 月 18 卷 2 期，17～18 頁）

11 月 22 日，米蘭覆函袁同禮。筆者翻譯如下：

尊敬的袁博士：

你 9 月 8 日回覆我們電報之來信由費正清夫人收到。費夫人和我們將信給特別相關之人士看過。你給予我們所需之信息，我們也正在努力前進。

在此情況下，關鍵人物是愛荷華艾姆斯的白朗，他是美國圖書館協會國際關係董事會圖書館合作遠東委員會主席。他一直在努力工作。幾天內，他將把關於合作購買方案的信件寄到各研究圖書館。每個圖書館需承擔 1000 美元，其中包括支付你助手的全額薪水，及

在中美兩國中產生的臨時管理費用。希望約有 15 個圖書館會參加。

白朗也一直致力於中美圖書館合作的總體計劃。因他用於這些事情的時間有限，所以該計劃略有推遲，但也接近完成。

在中國建立一所美國圖書館的建議也趨於完成，它將被提交到國務院。

在星期三，白朗將來談論所有的這些事情。就另一問題我們也可能得出結論——如何在現在聚集在美的部分中國學生進行一年期的圖書館學教育。

感謝你對我方問題的興趣及對我們請求的立即回應。你與我們起草的部分書面計劃，如果能進入實際操作，將極為可喜。

我想我的秘書在給你寄信時，經常寫作國立北平圖書館館長，但我們沒有忘記你也是中華圖書館協會的顯要人物。這是貫徹我們國際合作計劃的另一原因。

你和我有費正清夫婦這樣的合作者，難道不是幸運的嗎？

謹上。

（Carl H. Milam to T. L. Yuan, (1943-11-22). American Library Association Archives, University of Illinois, Urbana, 7/1/51, Box 2.）

同日，米蘭傳達一份感謝決議。筆者翻譯如下：「很榮幸傳達如下感謝決議。該決議於 1943 年 10 月 28 日被美國圖書館協會國際關係董事會通過。

決議：國際關係董事會代表美國圖書館協會向袁同禮博士所給予的關注和幫助表示真誠而特殊的感謝。袁博士促進了中美圖書館員更密切之聯繫，尤為突出的是，他確保了美國能獲得中國新出版的圖書及其他出版物。」（Carl H. Milam to T. L. Yuan, (1943-11-22). American Library Association Archives, University of Illinois, Urbana, 7/1/51, Box 2.）

12 月 2 日，致函米蘭。筆者翻譯如下：

尊敬的米蘭博士：

之前，你善意地建議中華圖書館協會提供一份中日戰爭爆發以來中國圖書館情況的報告。由於缺乏人手，加之我其他職務的壓力，未能及早為你提供。

由於大量訓練有素的人員離開，敝協會極感壓力。我們所有會員都急切盼望能與貴國圖書館員保持聯繫，所以我打算出版有一定財政保障的英文通信（circular letter）。該通信擬包括中國圖書館的現實及問題等內容。

我們極願戰爭結束後，得到貴國圖書館員考察中國並幫助我們恢復重建之優待。同時，如果貴國圖書館能為中國保存大量複製品，並在貴國圖書館或研究機構郵寄目錄上注明中國圖書館之名稱，於我們助益頗大。

對我方而言，非常高興幫助貴國圖書館獲得中國現在發行的資料，這些資料極易絕版。相關協議之通信（communication）已託美國國務院轉交給你，我們正期盼你的答覆。

大多數為中國捐書者（donors to Books-for-China），都想知道這些圖書在 1939 和 1940 年間運到中國之後的命運。日本人掠奪了一部分，但大多數仍保存在香港。保管人正在去往重慶的路上，我們隨後將寄上報告。

致以最好之祝願。

你真誠的

袁同禮

執行委員會主席

（T. L. Yuan to Carl H. Milam, (1943-12-02). American Library Association Archives, University of Illinois, Urbana, 7/1/51, Box 2.）（按：此信附有袁同禮先生《中國圖書館之情況》（Library Situation in China ）一文，分三部分敘述，即「中國圖書館所遭之破壞」、「中國自由區圖書館之情況（1937～1943）」、「未來計劃」。）

12 月 8 日，中華圖書館協會理事會在重慶舉行會議。議決事項共五項，其中兩項為：（1）推定戴志騫、沈祖榮、王文山、蔣復璁、洪有豐、嚴文郁、汪長炳、岳良木、陸華深、袁同禮、陳訓慈、劉國鈞、李小緣、杜定友、桂質柏為中華圖書館協會第六次年會籌備委員會委員。（2）議決討論的中心問題為「戰後圖書館復員計劃」和「戰後圖書館所需人才培養計劃」，第一組由袁同禮、陳訓慈召集，第二組由沈祖榮、汪長炳召集。（《本會理事會決議事

項》，載《協會會報》1943 年 12 月 18 卷 2 期，18 頁）

　　1942年底，中華圖書館協會向教育部和社會部請求1943年度之補助。1943年 3 月 23 日及 3 月 13 日，教育部與社會部分別訓令，各准予每月補助 200 元。(《教育部社會部補助本會經費》，載《協會會報》1943 年 6 月 17 卷 5、6 期合刊，11 頁) 至年底時，兩部一次匯到 4800 元。(《教育社會兩部補助費最近匯到》，載《協會會報》1943 年 12 月 18 卷 2 期，18 頁) 10 月，國立北平圖書館向該協會捐款 2000 元，以補助《中華圖書館協會會報》的印刷費用。繼國立中央圖書館也捐助 2000 元，文華圖書館學專科學校捐助 500 元。(《國立北平圖國立中央圖暨文華圖學專科學校捐助本會經費》，載《協會會報》1943 年 10 月 18 卷 1 期，12 頁) 是年 8 月，胡英先生辭協會幹事，轉就他職，但念協會經費困難，亦捐助 2000 元。此外，協會還收到中央大學捐助 1000 元、羅家鶴捐助 120 元、歐陽祖經經募 189.51 元等。(《胡英先生捐助本會》，載《協會會報》1943 年 12 月 18 卷 2 期，18 頁；《中華圖書館協會三十二年度工作報告》，載《協會會報》1943 年 12 月 18 卷 2 期，18～20 頁)

　　是年，袁同禮呈文教育部，報告國立北平圖書館損失概況。(孟國祥《大劫難：日本侵華對中國文化的破壞》，中國社會科學出版社 2005 年版，18～19 頁)

　　是年，朱士嘉就讀於哥倫比亞大學，但經濟拮据，袁同禮從王重民處得知此事後，讓朱士嘉兼任北平圖書館的外文采購工作。1943 至 1946 年，朱士嘉為北圖選購了許多外文書，託運至昆明。同時，袁先生讓他與國會圖書館和哥大圖書館聯繫，請求將館藏部分複本書捐贈北圖。「他們捐書共約兩千冊。住在紐約的美國哲學家杜威也捐贈了一百多冊書。他的女兒是研究物理學的，很熱心，竟把連續訂購多年的《物理學季刊》全部捐給北圖。」〔註77〕(朱士嘉《我所瞭解的袁同禮先生》)

1944 年（民國三十三年，甲申）　　50 歲

　　約在 1 月，中華圖書館協會在重慶籌設之圖書服務部成立。該部「為國

〔註77〕據《圖書季刊》載：杜威「最近贈送國立北平圖書館書籍一百二十餘種，期刊二十餘種（四百餘冊），其中頗多名貴著作。杜氏之女公子貞妮女士（Miss Jean Dewey）又贈送書籍十四種，期刊五種（二百餘冊）。情誼之隆，至足欽感。上項書刊共裝二十一箱，已於本年十月間運抵哥倫比亞大學圖書館暫存，一俟航輪暢通，即行啟運來華云。」(杜威氏之贈書〔J〕，圖書季刊，1945，新 6 卷 (3、4 期合刊)：76～77。)

外各處經購各項中國文獻，以資收宣揚國粹之效，一俟交通恢復，並可為國內各處購置國外圖書」。（《本會籌辦圖書服務部》，載《協會會報》1943 年 12 月 18 卷 2 期，17 頁）北平圖書館派孫述萬主持其事，後孫氏辭職，協會未能增聘職員，爰自 4 月起暫行停辦。（《圖書服務部暫行停辦》，載《協會會報》1944 年 6 月 18 卷 4 期，16 頁）

2 月 11 日，米蘭覆函袁同禮。筆者翻譯如下：

> 尊敬的袁博士：
>
> 12 月 2 日之惠函已於 1 月末收悉。你之來信及所附報告，我們很感興趣。如果我沒記錯的話，我們曾請求你寫一份關於中國圖書館受損的報告，但很高興的是，你在此之外，還增加了「未來計劃」這一部分內容。
>
> 報告及信件的複印件立即分發至國際關係董事會全體成員及它的遠東委員會、美國圖書館協會主席、國務院費慰梅夫人、以及其他人士。我們已建議在《圖書館雜誌》（Library Journal）上全文或節選刊載該報告。
>
> 遠東委員會主席白朗先生（Charles H. Brown）當然對此尤感興趣。下面我援引他的一些評論：
>
> 「這份報告讓我感到極其慚愧。我們已提出很多計劃，但自 11 月份以來，並無任何進展。在《中美關係之文化項目：關於圖書館》（A Proposed Cultural Program For Sino-American Relations Involving Libraries）中，已涉及到這些計劃中的多數。去年 10 月，在國際關係董事會會議上，我們所討論之計劃，正與今之袁博士所提相同。」
>
> 「我們很早就提出了應為中國做些什麼的綱要，但在真正實施計劃時，卻表現得遲緩。」
>
> 「我們已避免了為北平大學購書中的一些重複，也幫世界貿易公司（Universal Trading Corporation）解決了一些難題，但是，在過去的 3、4 個月中，我們確實沒為中國做太多事情。」
>
> 我引白朗之語以表達我們未能採取更多行動的愧疚。但是，我們大多數人認為，白朗已經做了大量工作。下段所提到的頭三項，主要歸功於他。

我附上《中美關係之文化項目：關於圖書館》（A Proposed Cultural Program For Sino-American Relations Involving Libraries）、《在華建立一所美國圖書館之建議》（A Proposal For An American Library In China）、《我們在華之利益》（Our Stake In China）（此三項由白朗撰寫），以及《圖書館戰時指南》（Library War Guide）（1944年2月）。

如上所述，我們對你的未來計劃很感興趣。中國教育部通過世界貿易公司告知白朗由教會大學聯合會為非政府機構提出的訂單，以及由中華基金會提出的訂單。促成這些行動間之協作，已見諸努力。你知道，美國圖書館協會每年花費大約 70000 美元洛克菲勒基金會資金，用於購買美國現行的學術期刊，以備戰後分配給戰爭地區的圖書館。我們已經建議，為類似目的，應提供用於購買現行重要參考書的資金，但還未獲得這筆錢。為外國圖書館發起全國捐書運動的可能性，正在仔細研究中。

白朗希望遠東委員會能幫助擴展中美大學圖書館結對子的範圍。

我們對你出版關於中國圖書館及其問題的英文通信之建議很感興趣。如果你認為有可能實施這一計劃，我們想要在美國分發一些複印件，因為有許多美國圖書館員急於瞭解中國圖書館的更多信息。

一旦交通許可，我們所有人都希望中國學生能到美國圖書館學校學習。對於我們可能的關係，樂意得到你的評論。

很高興幾天前從費正清先生那裡瞭解到，文華圖專仍在運行。請接受並傳達我的祝賀。在協助文華圖專或中華圖書館協會充分利用其設施方面，我們能做點什麼嗎？未來為其他圖書館學校之發展，你有一些計劃嗎？

最近，我向國際教育學會（International Institute of Education, IIE）主席 Stephen A. Duggan 建議，在美身處困境的一名或多名中國學生可能對進入圖書館學校感興趣。他對這一建議深思熟慮，以探索實施的可能性。

美國圖書館協會對派遣館員赴華考察也感興趣，這樣可使他們更熟悉中國圖書館，以及其他的教育發展情況，並更多瞭解中國人民的特點。如果他們能對中國圖書館的重建有些許幫助，將讓我們倍感高興。

10 所大型的圖書館已向白朗表達了他們參與聯合購買中國資料計劃的願望。我相信，白朗在這個月末與費正清及其他東方人士談話後，即可據此方案採取行動。

很高興獲得 1939 和 1940 年間運往中國圖書的命運之報告，並期盼我們能在你的指導下，啟動更大規模的圖書運輸那一刻到來。

信已寫得太長。但是，我還必須稱讚費正清夫婦。你已經將其變為所希望有的最好的朋友之一。他們總是以友好有益之方式促使我們給你提供一切可能之幫助。我們需要並且歡迎他們的知識和幫助。我們熱切希望不久可以找到增加行動的方式。因此，請與我們繼續保持聯繫。

致以美好祝願。謹上。

米蘭

執行秘書

（Carl H. Milam to T. L. Yuan, (1944-02-11). American Library Association Archives, University of Illinois, Urbana, 7/1/51, Box 2.）

2 月 25 日，哥倫比亞大學圖書館館長懷特（Carl M. White）致函袁同禮，建議他為哥大代理，接收、存放或發運美國駐華大使館學術資料服務處（American Publications Service）安排的圖書資料。（王成志《袁同禮先生和哥倫比亞大學》）

3 月 8 日，袁同禮覆函米蘭。筆者翻譯如下：

尊敬的米蘭：

收到你 11 月 22 日和 2 月 11 日之來信及所附文件，我極其高興。你的計劃體現出中美圖書館間將有更緊密之合作，這給我們極大鼓舞。白朗提議項目中的部分計劃，已由中華圖書館協會啟動，但因資金困難，完成有所推遲。

自 1 月份以來，中國圖書服務部（Chinese Book Service）已在敝協會之支持下組織成立，其目標是幫助外國圖書館獲取中文資料，並在戰爭持續期間，將其存於中國安全之地。在重慶沙坪壩南開大學中心是南開經濟研究所，一座耗資 200000 元的新建築正在該研究所校園內建設。該建築由國立北平圖書館提供資金支持，但在建築完工時，將借與中華圖書館協會開展上述活動。

敝協會已收集到許多關於中國圖書館現狀及他們當前及戰後需要的調查材料。其彙編（用英文）將對白朗先生和遠東委員會其他成員十分有用。

我已將你的建議項目借與美國駐華大使館 Hall Paxton 先生閱覽，他負責文化事務。稍後，我會對各項目作出評論。同時，我認為你訓練圖書館員的計劃正當其時。Mark Tseng 先生曾是我的一名職員，現正任職於克萊蒙特（Claremont）大學圖書館。如果他的上司感到他在圖書館工作上需要進一步培訓，而在你和 Duggan 博士的幫助下，使他能夠獲得在芝加哥大學進一步深造的獎學金，我將萬分感激。

如果貴國圖書館員能來華考察，我們熱烈歡迎。惟恐他們對我們在戰時所處之物質困難極感失望。但是一名美國圖書館員所給予我們的精神支持將是巨大的。其他事情之外，你能給我們希望，即在戰後恢復重建中，我們可以仰仗你的幫助。

白朗先生建議中美圖書館結對子一事，不太切合實際。因為我們大多數的館員不能閱讀英文，對他們而言，通信將很困難。更不用說在戰時我們沒有打字機及其色帶，甚至沒有複寫紙。我正在親自打寫這封信，因為我沒有秘書，也沒有打字員，更不用說有速記員和錄音機。

你建議，請求基金會的部分資金用於支持購買參考書的項目，這確實是個極好的主意。如果它能實施，許多外國圖書館將受益。

中華圖書館協會正計劃贈送 25 套（每套 25 本）有關美國的中文圖書給 25 所中國圖書館，以擴展他們對美國文化的知識，相信你對此有興趣。如果財政許可的話，該項目可能會擴大。

我想到，如果貴協會願意小額補助中華圖書館協會，以使其沿著這些方向擴大項目，敝協會將能做很多事情，並且會有一個更加持久的根基，以代替長期以來依靠國立北平圖書館支撐的局面。

在上封給費正清博士的信中，我力勸將貴協會的所有撥款通過國務院轉送至中國，這樣我們可以確保美國紙幣有高出官方匯率 4 倍之價值。

我正設法取明天的郵包，所以其他事情留待下封信再談。

對你之幫助，致以真誠之感謝。

你真誠的袁同禮

（T. L. Yuan to Carl H. Milam, (1944-03-08). American Library Association Archives, University of Illinois, Urbana, 7/1/51, Box 2.）

3 月 11 日，美國圖書館協會總幹事米蘭致函袁同禮，譯文為：

（銜略）

白朗克先生與敝人深信吾人如欲促進美國與中國圖書館界之關係，則吾人應速派一圖書館專家訪問中國。

此種訪問將具兩重目的：（一）搜集有關各種圖書館，圖書館學校及其他圖書機構之需要的特殊資料，並探求問題及困難之所在，此非經私人間的談話不易明瞭。（二）為美國圖書館協會準備一適當人材，使彼至少獲有直接認識的中國圖書館界的朋友，並對中國圖書館事業有確切的認識。

在我們腦筋中這樣的人有兩三位，一位是一個大規模的公立圖書館館長，不久將參加美國圖書館協會工作，另外兩位在大學圖書館服務，對美國圖書館協會事務頗有貢獻，因此事尚未決定，我們還未與彼等商洽。

在目前環境之下，這樣一次訪問，將需要一筆款項，我們尚未估計籌款之事，不過，我們可以保證，我們一定能夠得到政府要人及美國各基金董事會人士之熱烈贊助。

這封信的目的在徵求閣下是否同意於這種訪問的需要，如荷同意，我們建議由中華圖書館協會致美國圖書館協會一函，說明已取

得貴國教育部之同意，不知高見以為然否。

不幸的是，我不能肯定地說能對此訪問有立即而順利的回應，因為可能很難獲得這筆資金及其優先權。但是，我們會盡力而為。你對此之回信，將會支持我們。

（《美國圖書館協會擬派專家來華考察》，載《協會會報》1944 年 6 月 18 卷 4 期，17～18 頁；Carl H. Milam to T. L. Yuan, (1944-03-11). American Library Association Archives, University of Illinois, Urbana, 7/1/51, Box 2.）

聞知秘魯國立圖書館在上年 5 月被火焚毀這一消息後，中華圖書館協會於 3 月 16 日致函慰問。7 月 6 日，該館館長 Jorge Basadre 覆函袁同禮，以表感謝，並謂擬於館內設立中國部，收集中文圖書，極盼中國方面慷慨捐贈。中華圖書館協會爰函請各會員及學術出版機關踴躍捐贈，並願代收捐贈圖書。後並呈請教育部撥專款購書，以捐助秘魯國立圖書館。（《秘魯國立圖書館覆函本會致謝》，載《協會會報》1944 年 6 月 18 卷 4 期，18 頁；《外交部函請本會捐贈秘魯國立圖書館圖書》、《本會徵求捐贈秘魯國立圖書館書籍》、《秘魯國立圖書館館長覆函》，載《協會會報》1944 年 12 月 18 卷 5、6 期合刊，9～10 頁；《中華圖書館協會三十三年度工作報告》，載《協會會報》1944 年 12 月 18 卷 5、6 期合刊，12～13 頁）秘魯國立圖書館館長覆袁同禮信函，筆者翻譯如下：

尊敬的袁先生：

由於中國駐秘魯公使之善意，而由他的傑出助手 Li Tchuin 轉寄了你今年 3 月 16 日之惠函。我很高興表達在新的秘魯國家圖書館創建中國部之強烈願望。

在所附之概括了重組工作狀況的備忘錄中，以及在我給你的 Boletin 的第 2、3 條中（不能發給你第 1 條，因為它絕版了），你可以獲得關於此項目的總體梗概。總之，希望我們的圖書館經由現代圖書館員，能在服務和技術上做到最好，這恰是在戰前中國你所體現和象徵的。

為什麼我們對在歷史上首次創建中國部有特別的興趣，這有幾個原因。首先，中國和秘魯儘管相距遙遠，但擁有共同的興趣，因為它們擁有在太平洋上的利益，正如目前戰爭所顯示的那樣。對中

國而言，日本已是一貪婪的侵略者；對秘魯而言，……客氣的日本人在過去的 20 年已構成潛在威脅，僅由於太平洋戰爭的改變，才未變成可怕的現實。

另一方面，秘魯已有近一個世紀的大量勤勞的中國華僑，依我來評價，他們對這個國家的發展做出了貢獻。我絕不會忘記，在利馬 San Marcos 大學圖書館所上的第一堂課所學到的：事業機構的圖書館員應該服務於公眾。該課由一名異常智慧而友好的人員教授，從 1923 年到 1925 年他去逝為止，而他的父親正是一名中國人。在利馬，現在出現了兩份中國日報，分別是「Man Shin Po」（創建於 1911 年）和「Vos de la Colonia China」。最後，但不是最少的是，我們對這個偉大國家文化中的裝飾、品質、古人保持最高尊重，這些曾在南美洲並不為人熟知，因為通過祖先傳下來的美德，今日之中國人使殉節和英雄精神相統一，這引來整個世界的欽佩和重新尊重。

我們渴望你的幫助，以及以中國圖書館員作諮詢人員和初期定位，並且，如果環境允許這樣的實際協助，結果便是我們可能定期收到中國的期刊、雜誌、小冊子和圖書。我們正打算在未來預算中安排足夠的資金關注這些需求。

最近，我的老友，即美國圖書館協會幹事米蘭，經過利馬，他對這些想法極感興趣，許諾我，派赴中國的北美圖書館員，肩負交換館員的團結使命，將帶上我信函的一份複印件。

致以最親切的問候，願為所有鞏固和增加中秘關係的人士服務。

Jorge Basadre 館長

（Jorge Basadre to T. L. Yuan, (1944-07-06). American Library Association Archives, University of Illinois, Urbana, 7/1/51, Box 2.）

4 月 7 日，致函美國圖書館協會國際關係部主席。後得覆函，譯文為：

接讀四月七日大箚，無任欣慰，附來致畢少博博士一函經已轉寄。

去冬畢博士在赴佛羅里達途中曾在華盛頓下車探視我等，在其返回密歇根途中亦然。彼之面容及精神在回程時均較上年為佳，特

為奉告，諒為君所樂聞也。

鄙人於去年七月離開墨西哥前來華盛頓就任美國圖書館協會國際關係部主席一職，得有機會與閣下在華所從事之偉大工作發生聯繫，至感榮幸。余所用「閣下」一詞，一方面指袁先生，另一方面用以代表中國，因余自白朗先生處得到許多報告，獲悉閣下所完成之工作及貴國圖書館界同仁在極大的災難中所獲極有價值之成就，使余深為讚佩。

鄙人對閣下及貴國圖書館界過去之成就，謹表祝賀之忱。並敢斷言君等日後之成就當更偉大，余得有機會表示賀忱，實引為榮幸。在君等工作之中，鄙人等幸有協助之機會，使敝國圖書館界全體及個人感到無上之快樂，當為閣下所深信不疑者也。

（《美國圖書館協會國際關係部主席致本會函》，
載《協會會報》1944 年 6 月 18 卷 4 期，17 頁）

4 月 11 日，覆函米蘭。筆者翻譯如下：

尊敬的米蘭博士：

收到你 3 月 11 日之來信，知悉可能安排一美國圖書館專家來華考察，我十分高興。這是一最受歡迎之消息。我謹代表中華圖書館協會，即刻覆函，並表達最熱烈之邀請。如能成行，我敢保證，會向中國之所有同事表達歡迎貴協會代表之意見。

你可能還記得，1937 年春，中華圖書館協會邀請密歇根大學圖書館員畢壽普（Bishop）博士來華調查中國圖書館狀況，以促進中美圖書館之更緊密合作。然而，1937 年 7 月，中日戰爭突然爆發，畢博士來華之行被阻，此事我們一直深感遺憾。

既然戰爭期間，中美已經聯合，兩國間更緊密之文化合作便成為鄭重之願望。我們自信，貴協會代表之訪華，將極大促進兩國所望之密切合作。

我將確保來自中國教育部的支持，並且在不久的將來，我會繼續與你溝通。

為確保貴代表的官方身份，我建議他以美國國務院文化關係項目（Cultural Relations Program）下一名赴華專家的身份，被指派成

行。這一官方身份，正如你所知，在戰時是最稱心如意的。

　　致以最好之祝願。

你真誠的袁同禮

執行委員會主席

（T. L. Yuan to Carl H. Milam, (1944-04-11). American Library Association Archives, University of Illinois, Urbana, 7/1/51, Box 2.）

　　4 月 12 日，致函陳立夫，請示美國圖書館協會派專家來華考察等事。(《美國圖書館協會擬派專家來華考察》，載《協會會報》1944 年 6 月 18 卷 4 期，17～18 頁）

　　4 月 14 日，袁同禮覆函哥大圖書館館長懷特，表示願為哥大「做更大角色的代理，願意替哥大接收和存放為哥大購置的、或各機構向哥大贈送或交換的圖書資料。」（王成志《袁同禮先生和哥倫比亞大學》）

　　4 月 22 日，米蘭致函袁同禮。筆者翻譯如下：

　　　尊敬的袁博士：

　　　一段時間以來，我一直想寫信給你，但遲遲未動筆，直到聽說你發表在《圖書館雜誌》（Library Journal）上的優秀之作《中國圖書館之情況》所引起的極大反響。

　　　我收到大量美國圖書館員的來信，他們被你對中國圖書館受損的報導和你所提出的未來計劃，深深觸動了。對你報告的部分刪節，我深表遺憾。《圖書館雜誌》的編輯不同意給兩篇文章更多版面，也不情願我把自己的一些版面轉讓給你。

　　　我聽說，你所刊文章的 20 份複印件已通過美國國務院轉交給你。如果想要更多的複印件，請告訴我。我想，你也許願意把它們分發給中國政府的部分官員。

　　　我與正在美國訪問的大多數中國教授交談過。他們給我提供了能最大限度幫助中國的方式方法的信息，對我幫助極大。大難題是圖書的運輸，但我們希望每週至少能獲得一些書，可能在不久的將來，交通困難會極大緩解。

　　　你可能注意到，世界貿易公司有很多來自中國農業部的訂單。

據我所知，關於 1939 年的圖書訂單被彙編起來，但不包括過去四年的圖書。迄今，世界貿易公司還不能為這些圖書中的多數安排購買，但是我們希望他們能繼續下去。世界貿易公司分配給運輸到中國的空間極其有限，圖書很難包括在內。

中國農業部代表 P. W. Tsou 博士，熱衷於收集美國農業領域的政府出版物以及試驗站的快報。這些出版品將被貯存起來，俟機運華。

我對中美圖書館結對子的建議恐怕沒表達清楚。此建議僅用於戰後計劃，不是立即操作。現在，在中國教會學校和美國大學之間有大量的結對子存在。不幸的是，這種結對子非常不均衡。燕京大學與 6 所美國大學結對子，而金陵大學只與 1 所美國大學有聯繫。耶魯大學現正為它的姐妹機構中國耶魯（Yale in China）收集圖書。

我與胡適先生討論過幾次，是他首先提出在中美大學間結對子的辦法，並希望看到它在戰後得到發展。此法僅限於大學圖書館，不是公共圖書館。

在英美大學間，類似的結對子正在進行。美國與歐洲大陸的大學也正在考慮結對子的可能性。除了考慮此事外，現在還不能做太多。如果美國的機構與其他國家有密切關係，我不願看到中國被遺漏。較之現在，美國的大學在戰後將更國際化。

我們從中國學者瞭解到，並且我們也認同的是，如果結對子能擴展的話，那麼讓盡可能多的中美圖書館員彼此有真切之瞭解，並加強通訊，這將是可取之事。例如，如果中國某所大型的科技大學願與愛荷華州立大學結對子，交換圖書和學生，將使這兩所大學的圖書館員和教師建立密切而互助的關係。

你的朋友費正清夫婦和我被委派組成 3 人委員會，試圖加快（圖書）運華進展並負責協調。我有一關於戰後圖書計劃尤為需要的函件（note），已送兩三份給費正清夫人，看是否能通過國務院的渠道加以推進。在任何時候，如果你願惠告一些具體需求之信息，我們將樂意盡力滿足它們。

我驚訝地發現，如此多的中國學生欣賞你在困難情況下所做的

事情。幾位教授對他們自己的圖書館深感興趣，並且打聽在美國所收集到的圖書期刊在中國的分配情況。我已與這些學者談過，還有一名中國政府代表參與了這一話題。他們的建議是，繼續與你（作為中華圖書館協會的一名『官員』）保持緊密的關係。部分人確信，對你而言，最終指定由 3 人組成的委員會是必要的，這樣可以避免過多的批評。其中一人建議，該委員會可由你和國立中央圖書館的蔣復璁，以及某大學校長（此人心胸寬廣，對美國觀念表同情，且是你的好友）組成，這樣就可形成一優秀團隊。但是，一名中國學者告訴我，在現在，推遲指定該委員會可能更好，他認為，我們應繼續與你（作為中華圖書館協會主席）保持密切的關係，這給我極大的信心。

很高興知道文華圖專已獲得洛克菲勒基金會在未來三年每年 5000 美元的捐助。這確實是令人歡迎的消息。

另一件事需要你的幫助。我正提議發行一便宜的油印簡報，以供對中國感興趣並自然地想確保他們的興趣能持續的美國圖書館員使用。如果你能給我一些供出版之用的短文（notes），我將十分感激。T. F. Tsiang 博士給了我們一份關於他極有價值的私人圖書館的毀壞報導，非常引人關注。

對於戰後中國圖書館學校的發展，我們應幫助做些什麼，期盼你的建議。文華圖專能滿足所有的需求嗎？它是否需要來自美國的教員？或者，在中國你有能幫助教學的教員嗎？送一些館員來美進修，以為戰後中國的圖書館教學做準備，有這個可能性嗎？

根據你的來信，我已寫信給 P. W. Tsou 博士，言明（愛荷華州立大學）圖書館願意為某位有志成為圖書館員的中國學生提供獎學金。薪水按圖書館雇員的半工半薪算，其餘時間可用於大學學習。每月報酬是 75 美元，這在鄉村地區生活是足夠的。明尼蘇達大學也正有類似安排。

此信寫得太長了，但美國圖書館員渴望獲得有關中國的一切信息。對中國無可替代的藏書所遭之浩劫，我向你表達深切的同情。每天，我都收到陌生館員的來信，他們詢問能做點什麼來幫助中國。

你極忠實的白朗，

遠東及西南太平洋委員會主席

（Charles H. Brown to T. L. Yuan, (1944-04-22). American Library Association Archives, University of Illinois, Urbana, 7/1/51, Box 2.）

4月27日，致函米蘭。筆者翻譯如下：

尊敬的米蘭博士：

貴協會通過美國國務院轉送給我們兩份縮微膠卷的正片，現已收到，我們對貴協會的善意，表示深深的感謝。這兩份膠卷包括如下內容：

《美國圖書館協會目錄卡片歸檔條例》1942 年，1～109 頁.

《圖書分類編目導論》，Margaret Mann 著，1943 年，1～277 頁。

《大學圖書館建築》，Edna Ruth Hanley 著，1939 年，1～152 頁。

非常感謝你的體貼，能為我們送這些膠卷，它不僅對中國圖書館有用，而且對圖書館學校也有幫助。我們將會看到這些膠卷在各相關機構流通，以充分利用你為我們善意準備的可供自由支配的資料。

你極真誠的袁同禮

執行委員會主席

（T. L. Yuan to Carl H. Milam, (1944-04-27). American Library Association Archives, University of Illinois, Urbana, 7/1/51, Box 2.）

5月1日，米蘭覆函袁同禮。筆者翻譯如下：

尊敬的袁博士：

對於你 3 月 8 日之惠函，白朗和我未予及時答覆，直到我倆都能寫信時。在完成紐約和華盛頓這一被延長的旅行之後，白朗現已寫好回信，並急於寄出。因此，我只簡短地覆函。

我已寫信給克萊蒙特（Claremont）大學的圖書館員 Willis Kerr 先生，問他對於 Mark Tseng 先生的建議，但尚未收到答覆。

我們將進一步調查安排一名美國圖書館員赴華考察的可能性。因為以前解釋過的一些原因，我們熱切希望給一名重要的美國

圖書館員一次機會，讓他熟悉你及你的同事。

洛克菲勒基金會已撥出 100000 美元，用作為戰爭地區的圖書館購買參考書及研究資料。這是一筆相對較小的款項，不能走太遠，但也能做一些事情。作為援助外國圖書館總體項目的一部分，我們現在正在準備圖書清單，它們是美國圖書館員和學者認為外國圖書館員所想要的。這些清單對象你這樣關心選擇和購買問題的人士應該有幫助。

在為 25 所中國圖書館購買 25 套（每套 25 本）關於美國的中文圖書這一計劃中，你一定是最有魄力的。希望我們有一些資金能分配給你的組織，以使其擴展該項目。不幸的是，我們沒有。

今天我們已給費正清先生發去一份電報，他將在你 5 月 5 日和 6 日參加會議時，將電報及時送達。再表祝賀。今年我們沒有大會。

相信白朗已回答了你的其他問題。

致以最熱誠的問候，並對我們能一起工作之機會及其重要性，表達由衷的感謝。

你極真誠的米蘭
執行秘書

（Carl H. Milam to T. L. Yuan, (1944-05-01). American Library Association Archives, University of Illinois, Urbana, 7/1/51, Box 2.）

5 月 4 日，陳立夫覆函，表示同意美國圖書館協會派專家來華考察。（《美國圖書館協會擬派專家來華考察》，載《協會會報》1944 年 6 月 18 卷 4 期，17～18 頁）後美方擬派哥倫比亞大學圖書館館長、哥大圖書館學院院長懷特來華，將於 12 月初抵渝。（《美國團協會代表懷特來華考察》，載《協會會報》1944 年 12 月 18 卷 5、6 期合刊，10 頁）

5 月 5 日，參加在重慶國立中央圖書館舉行之中國教育學術團體第三屆聯合聯會。（《五月五日本會舉行第六次年會》，載《協會會報》1944 年 6 月 18 卷 4 期，16 頁）下午 1 時，出席在該館雜誌閱覽室舉行的中華圖書館協會第六次年會，任主席，李之璋紀錄。袁同禮首先致開會辭，據會議記錄稱：「首對中央圖書館蔣館長暨該館諸同仁籌備招待之盛意表示感謝。次述上次年會以後，數年來本會會員工作之努力，與戰後復興工作之重要。希望今後圖書

館界同志之工作，能與國策相配合，克盡文化工作者之責任。次論此次年會之旨趣有二：（一）集思廣益（二）聯絡感情。以精誠團結克服當前之困難。末謂刻下交通梗阻，本屆參加年會之會員不及全體會員十二分之一，未能到會之會員，關懷本會至為殷切，在其通訊中已屢有表示，希望年會之成就，得以滿足未能出席各會員之希望。」繼由蔣復璁、鄧光祿發言。嗣討論 7 項提案（另外 3 項提交中國教育學術團體第三屆聯合年會討論）。復由袁同禮進行會務報告：「近年來本會工作已先後在協會會報上及本日（五月五日）重慶中央日報本會年會專刊上發表，現在可報告的，是專刊上所未提到的各項（一）會員　已登記者，機關會員一百五十單位，個人會員約五百五十人，（二）經費有三種來源：甲，補助費，乙，會費，丙，捐款，每年會計報告均在會報發表（三）調查工作　現有一，淪陷區文獻損失，二，各省市縣圖書館及三，民眾教育館之調查材料，已搜集不少，正在整理中，（四）辦理英文通信，我國圖書館近況，譯成英文，擇要對國外發表，（五）美國圖書館協會將派專家來華調查中國圖書館狀況，準備作戰後兩國圖書館界合作之參考，教育部陳部長已來函表示歡迎，將來希望各會員儘量協助，於考察時予以種種便利。至今後改進會務，擬建議多設專門委員會，以期對於各種專門事業有所貢獻，並將本會事業改由各委員會積極推動。末謂本席近來身體欠佳，對於理事長一席未能兼顧，本日已向理事會辭職。今後願以會員資格，協助會務。」後討論該會組織大綱的修改和理監事的改選等事。6 時半散會。（《中華圖書館協會第六次年會第一次會議紀錄》，載《協會會報》1944 年 6 月 18 卷 4 期，6 ～11 頁）此次年會得美國圖書館協會賀電，除表祝賀之意外，還謂「中美兩國圖書館界有一共同目標——即發展圖書館事業以期有所貢獻於學術之研究，知識之交換及文化之溝通。鄙人等對於近數年來中美圖書館界關係之密切，極感愉快。今後自必更加密切合作，……」（《美國圖書館協會致本會第六次年會賀電》，載《協會會報》1944 年 6 月 18 卷 4 期，16～17 頁）中華圖書館協會隨即覆電表示感謝。（《大會覆電》，載《協會會報》1944 年 6 月 18 卷 4 期，17 頁）

　　5 月 6 日上午 10 時，繼續參加中華圖書館協會第六次年會，仍任主席。此次主要修改該會組織大綱並選舉理監事。會後赴中央黨部招待宴會。（《中華圖書館協會第六次年會第一次會議紀錄》，載《協會會報》1944 年 6 月 18 卷 4 期，6～11 頁）

5月8日，覆函米蘭。筆者翻譯如下：

米蘭博士：

中華圖書館協會全體職員和成員，對你及貴協會主席 Warren，在5月5日及6日敝協會召開會議之日，給我們之友好電報和熱情問候，表達深摯之謝意。多年來，中國圖書館員懷著不斷增加之欽佩，注視著你在圖書館服務和國際圖書館合作方面的偉大貢獻。在你振奮人心的領導下，美國圖書館協會取得了極大成就，這是我們在中國工作的持久動力源泉。今天，不僅在贏得戰爭上，而且在贏得和平上，我們自豪地與你的祖國站在一起。目標的一致性，加上由相互興趣和理解而產生的友誼，現已發展成為一種堅定的團結精神，這將奠定今後仍舊保持緊密合作的基礎。我們分享著你對建立一個沒有肆意破壞的世界的決心，並堅信，我們之共同努力，不僅在物質上會貢獻於戰爭地區的文化教育機構的加速恢復重建，而且會確保人類在圖書館、民主與合作的基礎上有一更幸福之世界。

中華圖書館協會執行委員會主席　袁同禮
1944 年 5 月 8 日

（T. L. Yuan to Carl H. Milam, (1944-05-08). American Library Association Archives, University of Illinois, Urbana, 7/1/51, Box 2.）

5月9日，H. M. Lydenberg 致函袁同禮。筆者翻譯如下：

尊敬的袁博士：

因國務院之善意，美國圖書館協會能將信後所附之出版物清單，贈送給文華圖專。總的來說，這些出版物得到美國圖書館協會的讚美，尤其是國際關係董事會的表揚。我們希望這些資料能引起文華圖專師生的興趣，此外，它們也許能略微暗示美國圖書館員現在對一些事情的所思所為。

根據收到的消息，中華圖書館協會大會將於本月5日舉行。我們皆希望在那一時刻，你們集思廣益，取得多產而有價值的成果。因此，我們也將期待有關你們所言以及下一步如何做的消息。

我知道，米蘭、白朗先生及無數在這裡的你的朋友們，想要借我之問候，向你表達他們的問候。

你忠實的

H. M. Lydenberg

（H. M. Lydenberg to T. L. Yuan, (1944-05-09). American Library Association Archives, University of Illinois, Urbana, 7/1/51, Box 2.）（按：美國圖書館協會贈送給文華圖專的圖書清單，共包括6種資料，此處從略。）

5月24日，覆函白朗。筆者翻譯如下：

尊敬的白朗先生：

非常感激你4月29日之來信。你將我的文章登於《圖書館雜誌》，並將轉載的5份複印件通過美國國務院轉送到這裡，此種恩惠，我深表感謝。尤其要感謝你對中國圖書館事業發展所投入的巨大關心。我們自信在你令人鼓舞的領導下，不久的將來，很多事情都可實現。

美國圖書館事業的偉大成就，是我們在中國工作的持久動力源泉。雖然我們彼此失去聯繫，尤其在珍珠港事變後，但是，得知美國圖書館員熱心關注著中國圖書館情況，這令人無比高興。我將不時給你發送你所需之信息，並希望我們的努力不辜負你的支持。

你對中美圖書館結對子的建議非常卓越，我極為贊同。但是，就我方而言，有許多實際困難，因為大量的圖書館員發現用英語通信困難。但是，這些困難可通過請求各教育機構教職員的幫助得以克服。正如你所建議，如果從一開始就把結對子限定在大學圖書館，那麼我感覺解決辦法會簡單得多。

我對中國各大學校長的一項建議是，在各校設立一圖書館委員會，它的職責是，不僅在資料選擇和獲取上，而且在與外國圖書館和科學機構保持更緊密之聯繫上，給圖書館員以建議。今日，中國缺乏訓練有素的圖書館員，這是我們的主要困難之———你已經注意到的事實。

指定由3人組成的委員會，負責將美國收集的圖書期刊在中國進行分配，我很感激你這一思慮周全的建議。該委員會的形成是最合意的，我感覺，它不僅應包括圖書館員，也應包括政府和大學的代表。這至少需要15名委員。

　　從過去在中國的經驗來看，我們對這一委員會將面臨的微妙形勢有充分的認識。以這樣的方式分配圖書和期刊，以滿足各方需求，絕非易事。但是，如果中美圖書館間結對子的安排能實現的話，該委員會的工作將極大減少，並變得更加簡單。考慮這些事情也許還太早，但從各個角度思考整體問題是值得的。無論如何，我建議保持我們間的通信，以使各自知悉對方國家的發展情況。

　　中國圖書館員非常感謝你及其你所在委員會的全體成員正在進行的開創性工作。在這項偉大任務中，能有機會與你共事，我尤感榮幸。相信我們持續而富有成效的合作，將使中美兩國在思想和情感上更緊密聯繫在一起，並為促進中美文化關係的更大計劃鋪平道路。

　　致以最熱誠之問候。

　　你真誠的

　　袁同禮

　　館長

　　P. S. 對美國圖書館協會的電報，我們非常感動。我方覆函的複印件附於信後。

（T. L. Yuan to Charles H. Brown, (1944-05-24). American Library Association Archives, University of Illinois, Urbana, 7/1/51, Box 2.）

5月31日，白朗致函袁同禮。筆者翻譯如下：

　　尊敬的袁博士：

　　米蘭先生寫信問我，能為 Mark Tseng 先生進入美國某所圖書館學校做點什麼。目前，我發現他受雇於斯坦福大學圖書館，工作表現突出。依我之見，現在他留任在斯坦福大學所擁有的臨時職位，比離職去一所圖書館學校，收穫會更多。另一方面，如果他打算返回中國，我希望他在芝加哥或哥倫比亞待一學期或一季度。

　　附上 Kerr 致米蘭先生的信和我致 Tseng 先生的信，供你參考。

　　米蘭先生在接下來的兩三個月會在南美洲度過。因此，我將不得不在沒有他的幫助的情況下，處理關於中國的事務。幾天內，我

還會寫信給你，討論合作購買計劃。我已要求來自合作圖書館的授權，以允為該購買項目給你 1000 美元的象徵性付款。

費正清夫人建議，華萊士先生也許能用他的專機，為這 13 所合作圖書館運回一些中國出版物。在副總統華萊士離開華盛頓以前，我與他交談過。他知道你和你的工作。我希望你有機會見見他。你可以提及我與他關於中國圖書館的談話。費正清夫人可能已通知你，她正與華萊士談論在他的專機上放 600 磅重的分配給中國大學的圖書。真心希望你有機會親自與華萊士談談。他是愛荷華州立大學的畢業生，是一位傑出的自由主義者。他對圖書館之發展也極有興趣，並對我們正嘗試做的工作，知曉一二。我個人結識他已有一段時間了。

你在《圖書館雜誌》上發表的文章，正受到熱心之認可。在美國，對中國有如此大的興趣，以致許多圖書館員希望在戰後訪問中國。在漢語學習方面，有巨大的增長。派一名美國圖書館員赴華的建議進展順利。我自信最遲明年秋天，我們能派送一名美國圖書館協會的傑出人士赴華，他能夠代表（美國各）大學和圖書館。

你極忠實的

白朗，遠東及西南太平洋委員會主席

（Charles H. Brown to T. L. Yuan, (1944-05-31). American Library Association Archives, University of Illinois, Urbana, 7/1/51, Box 2.）

6 月 3 日，致函白朗。筆者翻譯如下：

尊敬的白朗先生：

相信費正清博士已告訴你關於在中國組織委員會，以監督貴協會之合作購買中國出版物項目的願望。

我此信的旨在說明，George N. Kates 先生（國會圖書館遠東部代表）和 J. Hall Paxton 先生（美國駐華大使館第二秘書）都表達了對此項目成功的極大關注，並願意在諮詢委員會任職。一旦這裡收到你們的一部分資金，我們就立即開始，月度報告會提交給你，以使之在各參與圖書館間流通。該項目已多有延遲，如果可能，應在 7 月 1 日開始。

　　我已將惠函的複印件交給文華圖專的校長沈祖榮先生。他不久將回答你信中所提及的關於該校需求的各點。

　　鑒於中國需要訓練有素的人員，所以樂意知悉愛荷華州立大學已為有志成為圖書館員的中國學生，安排了一份獎學金。毫無疑問，這一良好範例將得到其他機構的跟隨。對於此項獎學金，我們確實有許多受過訓練的助手值得推薦，但現在的困難在於，要獲得他們在戰時旅行的優先權。

　　得知你希望每週能獲得一些圖書，我們極其高興。如果這項計劃能實施，確實是一件幸事。（我們）迫切需要關於戰後規劃、國際關係和社會科學的圖書。

　　附上一張我們每月出版的參考條約彙編的表格式目錄。我們試圖滿足人們對由外國政府訂立的官方文件的需要，但由於我們收藏的原始資料有限，此項工作只能盡力而為了。

　　致以熱誠之問候。

　　你真誠的袁同禮館長

　　（附：國立北平圖書館參考條約目錄彙編，略）

（T. L. Yuan to Charles H. Brown, (1944-06-03). American Library Association Archives, University of Illinois, Urbana, 7/1/51, Box 2.）

　　6月13日，致函傅斯年：「敝館編印英文本圖書季刊，刻由美國翻印，在華京重版，關於學術方面之論文亟願多所介紹。上年成都發掘王建墓，於我國歷史頗多考證，前請馮漢驥先生為敝刊撰一論文，業已脫稿，如荷贊同准予在敝館發表，無任感幸。」（臺灣中央研究院歷史語言研究所藏本複印件）

　　6月14日，致函白朗。筆者翻譯如下：

　　尊敬的白朗先生：

　　這裡附上一份中國出版物清單，這些出版物帶著我們對貴館的最好讚美，將被送至貴館。希望通過國務院的好意幫助，能將它們傳送給你，因為它們將很可能被放在副總統華萊士返程的專機上。

　　馬廷英（Ting-Ying Ma）先生最近的專著名為《古氣候與大陸漂移之研究》，在此次運輸中，就包括 13 套這部書，以分贈給 13

所美國圖書館。因為還未收到貴協會的資金，所以我們是提前寄出這些出版物。在它們上面寫的收信人是國務院科學教育藝術部，並請求根據所附清單重新分配。

儘管印刷困難，紙價昂貴，許多有價值的圖書仍然出現，正如你將從《圖書季刊》（Quarterly Bulletin of Chinese Bibliography）上看到的那樣。我將送上幾本《圖書季刊》。

中國的科學刊物現在只限量印刷，要獲得其過期刊物很困難，鑒於此，我們希望貴方之合作購買項目於 7 月 1 日開始。自從費正清先生和我提交聯合備忘錄以來，該項目已推遲了一年半。

由於匯率的不切實際，提出匯款至中國的建議是困難的。但如果你能安排各參與圖書館在每月初匯款 50 美元，就可使敝方指定的委員會開始此項目。如果你能通過官方渠道安排匯款，事情將極大簡化。

致以最好的祝願。

你真誠的袁同禮館長

附錄：

送給（愛荷華州艾姆斯市）愛荷華州立大學圖書館之出版物

Sinensia，2～12 月， 1942 年

〃 〃 〃 1943 年

《地質會刊》，1 月，1940 年，33 期

〃 〃 1941 年，34 期

〃 4 月， 1942 年，35 期

《四川地質調查會刊》，1～3 期

《Tsang Erh 區考古調查報告》，1942 年

《中國地質學書目》，1936～1940 年

《中國書目季刊》，卷 3，1943 年

《二十二年之農業經濟》（小冊子）

馬廷英（Ting-Ying Ma）著《古氣候與大陸漂移之研究》3 卷本 13 套

由國立北平圖書館寄至下列圖書館，請稍後付款。

加利福尼亞大學

芝加哥大學

哥倫比亞大學

哈佛大學

霍爾大學（Hawall）

密歇根大學

明尼蘇達大學

密蘇里大學

紐約公共圖書館

西北大學

賓夕法尼亞大學

華盛頓大學

耶魯大學

（T. L. Yuan to Charles H. Brown, (1944-06-14). American Library Association Archives, University of Illinois, Urbana, 7/1/51, Box 2.）

　　6月，《中華圖書館協會之過去現在與將來》一文在《中華圖書館協會會報》第18卷4期上發表。（袁同禮《中華圖書館協會之過去現在與將來》，載《協會會報》1944年6月18卷4期，2～3頁）

　　6月，美國副總統華萊士訪華，攜贈中國多種書籍、科學儀器、教育影片等。其中包括，給國立中央圖書館和國立北平圖書館的書籍多種，給國立中央大學的儀器多架，贈予教育部的美國各主要畜牧學校一覽一大箱，美國圖書館協會贈予文華圖書館學專科學校的 4 種圖書館學新著和數卷《美國圖書館協會年報》、《會報》等。為表謝意，教育部贈送多種書籍與美國國會圖書館，其中農業書籍贈予華氏本人。北平圖書館贈送美國醫學學術機關書籍多種，包括兩部《福建通志》，皆託華氏攜回。（《華萊士攜贈我國圖書儀器》、《我國贈華萊士書籍多種》、《美國圖協會贈文華書籍四種》，載《協會會報》1944年6月18卷4期，12頁；《納爾遜帶來美贈我大批圖書儀器》，載《協會會報》1944年12月18卷5、6期合刊，6頁）

　　7月1日，哥倫比亞大學圖書館館長懷特致函袁同禮。其中提到同年2月25日和4月14日二人的信件往來。懷特表示，鑒於袁先生的請求，以及美國圖書館協會在中國的採購項目進展緩慢，哥大願意請袁同禮全權代理為哥大

辦理圖書資料的事宜，並提出可否將 2 月 25 日信函的建議作如下修改：

1.哥大已在紐約市西 57 街 119 號華美協進社為袁存放美金 200 元，該款用於袁為哥大辦理文獻資料費用。不管文獻資料源自何處，此款都適用。200 元用完時，哥大再補；同時袁向哥大圖書館報送一份支出細目，以備哥大財務主管知悉和銷賬。

2.哥大願再於華美協進社為袁存放美金 500 元，此款應理解為袁作為哥大全權代理、替為哥大服務的酬金。

據王成志先生分析，袁同禮應該接受了懷特讓其全權代表哥大在中國搜集文獻的建議。（王成志《袁同禮先生和哥倫比亞大學》）

7 月 16 日，袁同禮與蔣復璁、沈祖榮一起，代表中華圖書館協會出席教育學術團體代表大會。他與蔣復璁當選為理事，沈祖榮當選為常務監事。（《本會參加教育學術團體聯合會》，載《協會會報》1944 年 6 月 18 卷 4 期，16 頁）

7 月 29 日，白朗覆函袁同禮。筆者翻譯如下：

尊敬的袁博士：

當你 6 月 14 日給我寫信時，我正在經受一場小型的右眼外科手術。我之恢復被極大推遲，因此，我還不能專心於你許多有趣而富於啟發的信件。雖然我還沒有解脫醫生的注意，不過，我正在返回工作。自 8 月 7 日開始，預計我會在芝加哥、華盛頓、紐約和波士頓待兩周。

我們期望能每月安排 1000 美元，通過國務院轉給你。主要擔心匯率問題。我們注意到，某些慈善組織已獲得 100：1 的匯率。不知這一匯率是否適用於由美國圖書館協會給你的錢。不管怎樣，必須將此事留與你裁奪。

為處理為美國 13 所合作圖書館購買的中國出版物，你所組織的諮詢委員會及諮詢委員的選擇，在我們看來是最優秀的。我已將此信息發至這 13 所合作圖書館。

在你 6 月 30 日的信中提到馬博士的《過去之氣候和大陸漂移之研究》的花費問題，並建議我們向各合作圖書館提及此問題。我肯定各合作圖書館將同意以所提到的價格接受這些書。我確信他們將高興擁有副總統專機上那些由中國帶回的書卷。因此，你可能支

付了此次運輸。我將立即通知各合作圖書館，此次運輸已付費。我還未收到費正清夫人的來信，談及關於國務院是否已將這些書運到這13所圖書館。美國新財年開始於7月1日，在7月份，政府部門極度忙於預算問題。

我們正計劃在這裡為戰區遭受毀壞的圖書館發起一場大規模的圖書運動。就你來說，建立一委員會以包括大學校長，圖書館員，以及部分政府代表的建議，看起來是最優秀的。來自中國的學者已經表達了他們對使自己所在大學的圖書館被包括在分配之列的渴望。顯然，身處美國的我們，不知道他們圖書館的需要，也無關於由戰爭引起的破壞之準確信息。

美國各協會和機構，比如美國圖書館協會，與政府機構尤其是國務院，在工作上緊密合作；但是，美國圖書館協會的各委員會和董事會則執行通信，正如我們已做的。我們已與這些人如費正清夫婦保持熱情友好的關係。美國國務院盼望繼續我們目前的協議。為了彼此互助，需要政府關係和私人關係。很高興你及你的政府正在經營這一政策。

我們不能為兩國間的大學圖書館結對子做更多，直到戰後。該計劃僅適用於大學圖書館。據我所知，戰後中國在高等教育領域可能會有一些重組，這一重組自然會影響大學圖書館的結對子。最終結成對子的一個目標是使更多的中美圖書館員建立私人通信和關係。

你將樂意知道，關於派一名美國圖書館員赴華的談話正地進行中。希望我們能安排哥倫比亞大學圖書館館長懷特（Carl White）博士赴華。我將在8月9號和10號在華盛頓會見他，以與國務院和戰爭情報局（Office of War Information）的官員進行磋商。

我正向《圖書館雜誌》懇求大學圖書館的最新報告的複印件，以送達給在艾姆斯的我，再傳送給你。我認為我應該請求過去四年之報告。不知你是否願意將這些報告中的少許通過國務院發送，或者你是否希望我們保留它們，直到普通渠道之運輸成為可能為止。但是，對我們將試圖努力搜集規模較大的大學圖書館和公共圖書館

的報告，你也許是有信心的。如果你也想要較小型公共圖書館的報告，請告訴我。但是，美國的許多（小型）圖書館沒有出版報告。

哈佛的一名學生 Zunvair Yue 正在哈佛神學院圖書館工作。他已寫信給我申請圖書館員獎學金。希望 8 月 14 日我在波士頓時能見見他。

我希望在未來回覆你之信函將不再被極大推遲。你正在做的工作在美國極受欣賞。美國圖書館員皆希望在戰爭結束後有機會以一種更實在的形式表達他們的感激之情。如果派送懷特博士赴華之安排能圓滿完成，你將發現，他在完善和擴展非同尋常的友好關係方面是極好的助手，而這一友好關係已由中美圖書館員保持了一段時間。

你極忠實的

白朗，遠東及西南太平洋委員會主席

（Charles H. Brown to T. L. Yuan, (1944-07-29). American Library Association Archives, University of Illinois, Urbana, 7/1/51, Box 2.）

9 月 13 日，向達覆袁同禮 7 月 27 日函件，告知能為《圖書季刊》寄上兩篇稿件，感謝袁同禮詢問其在敦煌需款情形，希望在袁氏為史語所代籌之五千美金中抽出一部分為其束歸旅費。他擬於十月中旬離敦煌，順訪麥積山，歲末抵渝。並告知石室寫經殘留於敦煌者，在民國時期又經歷「三劫」，所託搜求古文獻事，只能隨緣。（向達著，榮新江編《向達先生敦煌遺墨》，中華書局 2010 年版，431〜432 頁）

10 月 5 日，從重慶沙坪壩投寄信件，給時任中央研究院歷史語言研究所代理所長的李濟，收信人地址為「南溪李莊第三號郵箱」。（劉以煥《從袁守和遺存在大陸的一件墨蹟說起》，載《新亞論叢》2003 年 5 期，111〜114 頁）

10 月 18 日，中華圖書館協會假中美文化協會召開招待懷特博士籌備會。（《懷特博士招待委員會之組織》，載《協會會報》1944 年 12 月 18 卷 5、6 期合刊，10〜11 頁）

11 月 29 日下午 5 時，中華圖書館協會假中美文化協會舉行理監事聯席會議，袁同禮任主席，李之璋記錄。首由蔣復璁報告，為招待懷特博士，已募

得 35 萬元。繼開始議決各事，包括招待懷特事宜、向懷特建議事項〔註78〕、
請袁同禮赴美公干時代協會向美國圖書館協會致意、組織協會基金保管委員
會、理監事選票開票、推袁同禮為理事長，在其出國期間由蔣復璁代理。(《本
會舉行理監事聯席會議》，載《協會會報》1944 年 12 月 18 卷 5、6 期合刊，
11～12 頁)

　　12 月，奉行政院委派，赴美考察文化事業，促進中美文化關係，並考察
戰後農業復員工作。(他定於 11 月 30 日離渝，啟程飛印赴美。) 中華圖書館
協會，以其赴美之便，特託其訪問美國各公私立圖書館，並代致意。臨行前
由蔣介石召見指示一切。(《袁同禮今日離渝赴美考察農業》，載《中央日報》
1944 年 11 月 30 日 (2 版)；《會員消息》，載《協會會報》1944 年 12 月 18 卷
5、6 期合刊，15 頁) 抵美後，由美國圖書館協會宴請，並有國務院遠東司、
文化司諸人作陪，袁同禮即席發表演說。(《中華圖書館協會三十三年度工作
報告》，載《協會會報》1944 年 12 月 18 卷 5、6 期合刊，12～13 頁)

　　是年，推薦傅振倫赴加拿大博物館工作，傅從北碚到重慶打黃疫病防疫
針，適逢渝市霍亂流行，於是食宿於時在國民黨中央訓練工作委員會工作的
同學王耀漳家。(傅振倫《蒲梢滄桑：九十憶往》，24 頁)

1945 年（民國三十四年，乙丑）　51 歲

　　1 月 4 日，胡適致函王重民：「一月二日信與十二月三十日信同時寄到，
同時又得守和兄途中轉來江澤涵、馬叔平、沈兼士諸君的信。守和兄若還在
京，乞代為道謝」。(耿雲志，歐陽哲生編《胡適書信集》，北京大學出版社 1995
年版，1026～1027 頁)

　　1 月 8 日，米蘭致函袁同禮。筆者翻譯如下：

　　　　尊敬的袁博士：

　　　　幾個星期前，當知悉你確實將再次來美國，而不用等到戰爭結
　　束時，我非常高興。現在，知道你已到達，我很高興。

　　　　我代表美國圖書館協會及我自己向你致以熱誠的歡迎，儘管我
　　確信許多人已經如是做了。

　　　　你將從懷特、Lydenberg、白朗、費正清夫人那裡瞭解到我們之

〔註78〕包括：「(一) 本會擬一英文建議交彼帶回。(二) 請美國捐書事，以實際需要
　　　情形告知懷氏，並與教育部商定一致辦法。(三) 以中國書籍捐助美國。」

所想、盡力之所為、以及正稍稍之所做。能有機會親自與你談話，並獲得建議，對我方所有人都將極有益。

費夫人說你將在華盛頓待 3 或 4 周，並且希望到芝加哥和艾姆斯去。如果你能夠成行，這一路線當然可以實現。如果不能，那麼讓我知道，我將確定在別的地方見你。

謹上。

米蘭

執行秘書

（Carl H. Milam to T. L. Yuan, (1945-01-08). American Library Association Archives, University of Illinois, Urbana, 7/1/51, Box 2.）

同日，裘開明致函吳光清（Kuang-Tsing Wu，時在美國國會圖書館任職），並附上給袁同禮的一封信，託其轉交。（程煥文《裘開明年譜》，307 頁）

1 月 9 日，米蘭致函袁同禮。筆者翻譯如下：「很高興向你轉達如下簡短謝辭，該謝辭由美國圖書館協會國際關係董事會在其 1944 年 10 月 7～8 日之會議中表決通過。

美國圖書館協會代表 13 所參加聯合購買中文資料的圖書館，對袁同禮博士在執行該項目中所展現出的活力與智慧，表達崇高的謝意。

美國圖書館員及美國圖書館協會受惠於你的諸多好意。尤其是這一被挑選出來採取正式行動的項目，因為我們相信，它正給你帶來非同尋常的沉重負擔。」（Carl H. Milam to T. L. Yuan, (1945-01-09). American Library Association Archives, University of Illinois, Urbana, 7/1/51, Box 2.）

2 月 2 日，在美國國會圖書館 Whittall Pavilion〔註 79〕發表約半小時的演講。首先是恒慕義致歡迎詞，然後由袁同禮演講，他談及戰爭對中國圖書館的影響、在戰後中國圖書館的重建中將有三類圖書館發展迅速（即大學和科研圖書館、公共圖書館、專門圖書館）、中國圖書館界期盼與美方的互動合作等。該演講被錄音，保存於國會圖書館錄音資料中心（Recorded Sound Reference

---

〔註 79〕「現在的 Whittall Pavilion 在國會圖書館傑佛遜大樓（Jefferson Building）地面層，是一個可坐百多人的演講廳，重要的學術活動很多都在這裡舉行。」（潘銘燊，袁同禮在美國國會圖書館的一次演講〔C〕//國家圖書館編，袁同禮紀念文集，2012：235～237。）

Center）。1968 年被翻錄，現已經數字化，錄音非常清晰。〔註80〕（潘銘燊《袁同禮在美國國會圖書館的一次演講》）

2 月 3 日，王重民致函裘開明，建議減價購買王文山的一批寫本書。函中提到，「Elisséeff（葉理綏）給袁守和（袁同禮）先生一信，託他看看，我因此閱一遍，請守和先生以缺點為優點立意，覆他一封信。但王君要五千美金，則不便說價，請先生勸勸劉馭萬先生，減一些錢，乘機賣出最好」。（程煥文《裘開明年譜》，308 頁）袁先生覆信，按王重民先生意，指出有 4 種有價值的圖書，即「帶有中文標注的戲劇課本」、「地方政府的文件」、「古老的典業的記錄」、「一些未刊的手稿」。因此，哈佛燕就學社漢和圖書館決定以 1500 美元購買整批文獻，立即聯繫劉馭萬，劉獲得了王文山的應允，於是成交。（程煥文《裘開明年譜》，313～314 頁）

2 月 5 日，覆函米蘭。筆者翻譯如下：

> 尊敬的米蘭博士：
>
> 感謝你 2 月 3 日的短箋。非常抱歉，我於 2 月 15 和 16 日在費城有約會，這讓我不能與你在華盛頓見面。
>
> 期盼我們能在芝加哥會面。如果你能在 2 月 17 日出席 Butler 校長的宴會，也許我能見著你。
>
> 致以祝願
>
> 你真誠的袁同禮

（T. L. Yuan to Carl H. Milam, (1945-02-05). American Library Association Archives, University of Illinois, Urbana, 7/1/51, Box 2.）

2 月 7 日，哥倫比亞大學校長 Butler 致函袁同禮：「我們計劃將於 2 月 17 日在哥大設專宴款待您，此誠為幸事，我深為滿意。我們已向一些高興與您會面的一批人發送了赴宴邀請函。White 博士已經或即將向您告知宴會安排細節。但我此信則與您明確最基本的情況：宴會設在西 117 街 400 號男教授俱樂部，晚 7 時開始」。（王成志《袁同禮先生和哥倫比亞大學》）同日，米蘭覆函袁同禮。筆者翻譯如下：

〔註80〕2011 年 5 月 23 日中午 12 點多，筆者收到索菲女士託助理從美國寄來的袁同禮先生演講錄音 CD。在此，對索菲女士的熱心幫助表示感謝。從錄音可知，袁同禮先生聲調低沉，吐字清晰，表達流利。

尊敬的袁先生：

很遺憾，我不能參加於 17 日在紐約舉行的 Nicholas Murray Butler 的宴會。但是，我將在 2 月底和大約 3 月中旬再次返回華盛頓。

一旦你能編製計劃，我希望你將讓我知道，你何時有望在芝加哥，以便我能確信在這裡。交通之困難，讓我們在這些天打算任何旅程之前，都有必要提前計劃好幾周的安排。

謹上。

米蘭

執行秘書

（Carl H. Milam to T. L. Yuan, (1945-02-07). American Library Association Archives, University of Illinois, Urbana, 7/1/51, Box 2.）

2 月 10 日，袁同禮用 Bellevue Hotel 信紙，手寫回覆哥大校長 Butler：

您 2 月 7 日大箚收悉，我非常珍視您的好意。您專門為我安排週六晚宴會，如此殊榮，我衷心感謝。我愉快地接受您的宴會邀請。

您的成就一直激勵我在中國做好我的工作；我上次到哥大為 10 年之前，我非常愉快地期待重訪母校。

我將於週六上午拜望您，向您致敬。到後我會與您的大學秘書聯繫。

（王成志《袁同禮先生和哥倫比亞大學》）

2 月 17 日，出席哥倫比亞大學為其準備的專宴。校方邀請的作陪嘉賓原擬 51 位，後增加賽珍珠夫婦（Mr. & Mrs. Richard Walsh）等，人數達到 58 人，最後實際能來的有 33 人，包括王際真、趙元任、張彭春、劉廷芳、孟治、麥禮殊（Archibald Macleish，美國著名詩人，前國會圖書館館長、時任美國國務次卿）等。（王成志《袁同禮先生和哥倫比亞大學》）

2 月 19 日，美國圖書館協會遠東和西南太平洋委員會主席白朗（Charles H. Brown）致函中文書採購計劃的合作圖書館館長：「……袁（同禮）博士 4 月時將會在艾姆斯（Ames），那時，我們將會仔細討論一下合作採購的全部事宜。同時，我們在重慶為你們保存了一些有價值的中國出版物，在戰後根本不可

能獲得這些出版物了……」（程煥文《裘開明年譜》，309頁）

　　3月5日，白朗致函裘開明：「……袁（同禮）博士現在或很快將會在波士頓。在他來西部之前，你一定會先見到他。我有許多事情想徵求他的意見，也想請教他有關中英文雙語圖書目錄的問題，但我不想帶給他太多麻煩和不便」。（程煥文《裘開明年譜》，310頁）

　　3月14日，白朗致函參與聯合採訪計劃的13個合作圖書館的館長：「……袁（同禮）博士將會給我寄一份在中國仍在出版的科學期刊的目錄。他很樂意幫忙訂購特別的期刊和特別的出版物……我期待4月份袁先生在芝加哥與Ralph A. Beals先生、Carl H. Milam先生和我進行具體磋商，隨後去艾姆斯（Ames）參觀並修改中國項目的相關條款」。（程煥文《裘開明年譜》，311頁）

　　3月17日，白朗致函袁同禮。筆者翻譯如下：

　　　　尊敬的袁博士：

　　　　　我附上一則通知，該通知剛發送給13所合作圖書館。我也將插入一條來自《圖書館雜誌》的摘記。對於你可支配的錢，你已做了一份優秀的報告。我希望匯率將維持在低水平，這樣我們就能繼續運送圖書了。

　　　　　一旦你能安排你的計劃，我想要知道你何時將在芝加哥和艾姆斯。我發現，在下一個或兩個月中，我將不得不到美國東部去一段時間，而我不想錯過我們已計劃好的盡情談話。

　　　　　我正收到許多關於購買中國個人著作及關於我們的合作購買項目的未來的信件。這些事情，我想要和你討論。同時，我希望你不要作出任何明確的承諾，直到我們能討論該項目的未來為止。

　　　　　蔣復璁請求以包裹郵遞的方式發送出版物的信件已大量湧向美國各圖書館。如你所知，直到目前為止，這些包裹每向前郵寄，都是寄件人冒著風險而行。現在，我正收到來自Peter L. Yoh的類似請求，他的簽名顯示他是中央規劃部圖書館副館長（Associate Director of the Library of the Central Planning Board），我一直在想，中央規劃部圖書館與國立中央圖書館有何關係。此外，我想知道複印圖書館學領域內的圖書，我們應走多遠。我們已將這些出版物中的許多發送給文華圖專和在重慶的國立北平圖書館。我們也將發送

相同的圖書給中央規劃部圖書館嗎？還是試圖利用為在重慶以外的其他城市的圖書館準備的可獲得的複印件？

你極忠實的

白朗，遠東及西南太平洋委員會主席

（Charles H. Brown to T. L. Yuan, (1945-03-17). American Library Association Archives, University of Illinois, Urbana, 7/1/51, Box 2.）

3 月 29 日，發電報給米蘭，告知願意參加 4 月 13 日的午餐和談話。（T. L. Yuan to Carl H. Milam, (1945-03-29). American Library Association Archives, University of Illinois, Urbana, 7/1/51, Box 2.）

4 月 6 日，致函米蘭，回覆其 4 月 2 日的電報，表示願意參加 4 月 17 日星期二的午宴。（T. L. Yuan to Carl H. Milam, (1945-04-06). American Library Association Archives, University of Illinois, Urbana, 7/1/51, Box 2.）

4 月 10 日，米蘭發電報給袁同禮，讓其回覆其 4 月 2 日的電報，即答覆是否能參加 4 月 17 日 CLIFF DWELLERS 的午宴。（Carl H. Milam to T. L. Yuan, (1945-04-10). American Library Association Archives, University of Illinois, Urbana, 7/1/51, Box 2.）

4 月 21 日，白朗致函參加中國採購計劃的 13 個合作圖書館的館長：「……袁（同禮）博士正在準備中國出版的科技期刊目錄。……大多數圖書館已收到從中國寄出的所有出版物……到目前為止，圖書館普遍收到超過 88 件。直到 4 月 1 日只有 3000 美元已寄到中國，這意味著每個館 1000 美金的集資款中，只用了十三分之三，平均每館用了 230.77 元。這些數字顯示這 88 件平均費用為每件 2.62 元。一些從最初集資款中採購來的出版物還沒有發送。顯然，袁博士已經以一個相當優惠價格成功地採購了出版物，尤其是考慮到中國的通貨膨脹現狀。……」（程煥文《裘開明年譜》，314 頁）

4 月 25 日，美國學術團體協會中國學研究委員會秘書格雷夫（Mortimer Graves）致函裘開明，曰：「袁同禮先生（Tung-li Yuan）兩星期前來我這裡時提出想要兩本《漢和圖書分類法》，以供他的圖書館使用。如果你還有額外的兩本，請你按以下地址寄給他（紐約市第 65 東街 125 號美國中國研究所）。……」（程煥文《裘開明年譜》，315 頁）

4 月 25 日，以中國代表團顧問名義，參加舊金山《聯合國憲章》制憲會

議（也是聯合國第一次會議）。該憲章於 6 月 25 日通過，次日鑒署。（潘銘燊《袁同禮在美國國會圖書館的一次演講》）

　　5 月 1 日，格雷夫（Mortimer Graves）致函裘開明：「我們會寄給袁（同禮）博士幾本《漢和圖書分類法》。謝謝你提醒我們。……」（程煥文《裘開明年譜》，315 頁）

　　5 月 28 日，匹茲堡大學授予其（名譽）法學博士學位。（L. Carrington Goodrich（傅路德）《The T. L. Yuan Memorial Scholarship》；郭成棠《悼念一位承先啟後的不朽學人袁同禮先生》，載（臺灣）中國圖書館學會輯印《袁同禮先生百齡冥誕紀念專輯》1995 年版，24～26 頁）

　　6 月 15 日，國立中央研究院院長朱家驊及該院評議會秘書翁文灝召集有關人士在重慶開會，決定組織英美贈書分配委員會，設委員 11 人，公推翁文灝為主席，袁同禮為秘書，吳有訓、周鯁生、陳裕光、杭立武、傅斯年、樓光來、李四光、任鴻雋、蔣復璁為委員。在袁同禮未返國以前，由傅斯年代理其秘書職務。（《英美贈書分配委員會之成立》，載《協會會報》1945 年 6 月 19 卷 1、2、3 期合刊，5 頁）

　　7 月 14 日，致函羅氏基金會 John Marshall 先生，感謝羅氏基金會支持兩名中國學者赴美國研究博物館學。這兩名學者到美國後，希望羅氏基金會能為他們提供一年的獎學金和回國的旅費。（致傅振倫信札——民國袁同禮信札一通（附英文信札 2 通帶封）[OL]，孔夫子舊書網，[2011-03-30]，http://www.kongfz.cn/his_item_pic_2565866/。）

　　秋，在美國國會圖書館東方部（亞洲部前身）辦公室中，與李璜見面，約其在圖書館中的咖啡室午餐，詢問國事及國共和談前途。（李璜《憶民十四五在北大教書時的四位好友》）

　　9 月 13 日，盟國教長會議書籍委員會在倫敦開會。據《中央日報》記載：「袁同禮報告我國圖書館之被毀情形，並向各代表分送備忘錄。袁氏當選盟國書籍中心分配委員會委員，該會將負責向盟國分配書籍約一百萬冊。袁氏即將返國，遺缺將由我駐英大使館秘書錢存典繼任。」（《盟國教長會議，袁同禮出席書籍委會，報告我圖書被毀情形》，載《中央日報》1945 年 9 月 18 日（3 版））

　　10 月 3 日，午飯後，梅貽琦「晤守和稍談」。（黃延復，王小寧整理《梅貽琦日記（1941～1946）》，清華大學出版社 2001 版，177 頁）

10 月 16 日，呈函教育部部長朱家驊。事由是：「為加拿大教士明義士舊藏甲骨文字散佚堪虞，擬請鈞部派胡厚宣前往濟南調查保存情形，並設法收歸國有」。明義士（James Mellon Menzies），字子宜，為加拿大漢學家，曾在河南安陽一帶從事發掘，出版有《殷墟卜辭》及《殷墟卜辭後編》等書，有甲骨研究「西方學者第一人」之稱。這批被袁同禮關注的甲骨未能如願進入平館，而是收藏在濟南山東博物館，共有 8080 片，有字者 3668 片。（賈雙喜《袁同禮館長與金石組的發展》，載《袁同禮紀念文集》2010 年（打印本），137～141 頁）

10 月 22 日，中華圖書館協會召開理事會，理事沈祖榮、蔣復璁（繆鎮蕃代）、徐家麟、陳訓慈等 11 人到會，據稱：「由甫自美返國之該會理事長袁同禮報告此次赴美期內與圖書館界接洽圖書捐助我國及赴英與聯合國教長會議圖書館委員會接洽德日補償圖書，及盟國圖書援我之經過。並於十年來美英圖書館事業之進步，報告甚詳」。次討論議案 5 件，其中包括被損圖書館向日人索取賠償案，以及請求教育部恢復國立西北圖書館等案。（《圖書館協會召開理事會，袁同禮出席報告》，載《中央日報》1945 年 10 月 23 日（3 版））

11 月 12 日，袁同禮及其家人搬回北平，租住在金魚胡同一號（離王府井不遠，在東安市場，據稱曾是滿清貴族的房子）。二公子袁清在北平育英小學念四、五年級，六年級未念完即去美國。（2009 年 9 月 14 日筆者採訪袁清先生）當時，同機飛回北平的有胡厚宣等。抵平後，袁同禮給胡氏一紙聘書，請其為北平圖書館編纂委員，但胡氏婉拒了（他欲回濟南看明義士留下的甲骨）。因交通不便，胡氏未能回濟南齊魯大學，而是暫留平津 40 餘天，搜集甲骨片，收穫較豐。袁同禮與其商量，望其能將在平津收集的甲骨讓予北圖，胡氏同意了，在拓摹以後原價讓給北圖，經手人是上海北圖辦事處的錢存訓。（胡厚宣《古代研究的史料問題》，雲南人民出版社 2005 年版，119～120 頁）目前，國圖的甲骨藏品中，有 1974 片即是胡厚宣當年讓予的。（賈雙喜《袁同禮館長與金石組的發展》，載《袁同禮紀念文集》2010 年（打印本），137～141 頁）足見袁同禮先生徵集文獻之功。同月，袁同禮借館款給患嚴重腸病的顧子剛入中央醫院施行手術。（《顧子剛先生捐贈本館圖書目錄》，載《圖書季刊》1946 年 12 月新 7 卷 3、4 期合刊，72～79 頁）

11 月 13 日上午 10 時，袁同禮到國立北平圖書館辦理接收事宜。（《北京圖書館館史資料彙編（1909～1949）》，806～807 頁）

12 月 28 日，時在重慶，致函胡適，請其從美國設法爭取少許援助，以購買傅增湘、倫明、潘宗周、劉體智、劉承幹、潘祖蔭等私人藏書。(《胡適來往書信選》(下)，73～74 頁)

是年底，運往美國國會圖書館的書籍有 5000 餘本，國民政府文件無數，這些資料由袁同禮及屬下職員代為搜集。(盧雪鄉《袁同禮先生與美國國會圖書館》)

是年，由中英庚款董事會補助正在研究方志學的傅振倫研究金五萬元，對其生活有所補助。(袁同禮先生應該有推薦之力。)(傅振倫《袁同禮先生行誼》(手稿複印件))

1946 年（民國三十五年，丙戌）　52 歲

1 月 10 日，中國政治協商會議召開。袁澄時為記者，袁同禮為其寫介紹信，使他順利採訪了傅斯年、梁漱溟、張申府等先生。袁澄每勞父親介紹，他都樂意幫忙，一揮而就，但總提醒說：「新聞工作是很重要的，不過你現在的知識全靠看報而來，那是不夠的」。這是袁澄的興趣由新聞轉向歷史的起點。(袁澄《勞碌一生的父親》)

2 月 27 日，裘開明致函劉楷賢。于震寰讓裘開明附寄袁同禮先生一函給劉君。(程煥文《裘開明年譜》，326～327 頁)

3 月 21 日，袁道沖、袁同禮翁婿在徐森玉處，顧廷龍來遇，即偕來參觀合眾圖書館。(沈津《顧廷龍年譜》，380 頁)

6 月，抵英，將參加聯合國教育文化科學機構之圖書館及博物館特別委員會，他為該委員會副主席，打算會後即返國。趙元任亦赴英，參加聯合國教育文化科學機構之哲學文學特別委員會。(《趙元任袁同禮參加文教會議》，載《中央日報》1946 年 6 月 19 日 (3 版))

7 月 16 日，與前歐亞航空公司(已停辦)經理李景樅，由巴黎抵柏林。袁同禮此行是為圖書館購辦德文書籍。(《袁同禮李景樅相偕到達柏林》，載《中央日報》1946 年 7 月 18 日 (3 版))

8 月，陸徵祥晉級為名譽修道院長，在比利時布魯日(Bruges)聖當特來(Saint-André)之禮拜堂舉行典禮。袁同禮與金問泗相偕前往參加，並因此相識。(金問泗《袁守和先生對於本國外交問題之留意》，載(臺北)《傳記文學》1966 年(民國五十五年) 8 卷 2 期，36～37 頁，是文收入《思憶錄》69～73 頁)

10月，完成教育部派赴歐美發動捐募圖書運動之任務（歷時7個月），由羅馬飛滬，並往南京覆命。據《中央日報》報導：「袁氏在國外期間，曾赴各處作學術講演，宣揚我國文化，歐美捐贈之書，共得三十餘萬冊，均係權威著作，將託聯總陸續運華，交教育部統籌分配。」（《袁同禮返國，捐來大批圖書》，載《中央日報》1946年10月13日（5版））

11月21日，接受《中央日報》記者採訪，謂：「返平兩周，均作本館清理工作。本館即將另闢兩閱覽室，因燃煤已有著落，晚間閱覽短期即可恢復。渠對閱覽人不愛惜圖書，認為文化程度尚不夠，近來閱覽人多用修面刀片切割圖畫，極需各界注意。記者詢及該館在國際上之地位時，據稱：本館圖書約五十餘萬冊，經十年來之收購，已達百萬冊，為我國第一大圖書館，亦為遠東第一大圖書館，不但量多，且有許多名貴西洋圖書，已非有錢可以買到，可惜有些有價值之圖書，十幾年尚無一人閱讀，目前閱覽者，多為近代書籍。除該館外，國內其餘較大之圖書館為南京中央圖書館及北大圖書館，均在五十萬冊左右。該館戰前每年有三萬五千美金購書，此後能否有此大額款項，尚屬問題。記者提及北平圖書復員費兩億元，渠笑謂：能夠什麼？渠主張我國圖書館應從幼稚處□起，此項計劃曾與教育部商討，每任部長均同意，但人事變遷，一再延宕，戰事期中，美國圖書館增加最多，兵營醫院均有圖書館設置。最後袁氏談及教部平津特派員辦公處接收之日本書籍四十萬餘冊，將由該處延聘專家四五人，二個月內即可整理就緒，並將成立日文書庫及日本研究室。至於存放地址，因該館已不能再事容納，將借用靜生生物調查所剩餘空屋應用，如有重複本，則將分發華北各大學。」（《北平圖書館圖書已達百萬冊，館長袁同禮告記者》，載《中央日報》1946年11月22日（5版））

是年，朱士嘉從哥倫比亞大學研究院畢業時，又為維持生活所苦。袁同禮得知消息後，從白朗那裡為其申請到1200美元，並介紹他進入美國國家檔案局學習檔案管理法，為期半年。（朱士嘉《我所瞭解的袁同禮先生》）

1947年（民國三十六年，丁亥）　53歲

1月1日，行政院北平文物整理委員會成立，馬衡任主任委員，朱啟鈐、梁思成、關頌聲、譚炳訓、胡適、袁同禮、谷鍾秀、熊斌、何思源任委員。（劉季人整理《行政院北平文物整理委員會及修繕文物紀實》，載《北京檔案史料》2008年3期，239～246頁）

　　1 月 25 日下午，與馬衡、胡適、谷鍾秀、譚炳訓等出席在太廟事務所召開的北平文物整理委員會第一次會議，議決多項議案。(劉季人整理《行政院北平文物整理委員會及修繕文物紀實》)

　　2 月 21 日下午 3 時，教育部接收文物統一分配委員會第一次會議召開。黃念劬代表馬衡和袁同禮兩人出席。(《接收文物分配會》，載《協會會報》1947 年 4 月 21 卷 1、2 期合刊，12 頁)

　　3 月 2 日，奉教育部令由平赴津，視察天津市省立圖書館及市立美術館工作，對各館工作詢問甚詳。對於各館館員在經費困難之下仍熱心服務之精神，表示贊許。(《天津省市兩館狀況將轉佳》，載《協會會報》1947 年 4 月 21 卷 1、2 期合刊，21 頁)

　　3 月 3 日下午，往訪天津杜市長，建議增加經費，添購圖書。新聞記者問其視察感想，並記錄曰：「據云印象尚佳，惟對各館之辦公費認為為數過少（每處三萬元）幾不能維持現狀，況各館所存書籍大部分係線裝，閱者多不感興趣，急待增加經費，添購新書雜誌等，以資充實。每館每月經費最低須一百萬元，除正當辦公費外，餘數作其添購新書之用。再者各館工作人員，亦感不敷支配，亟應增添，擬建議杜市長設法辦理，至於美術館之現有館址，實不適用，如能設於東門文廟內最為理想。」(《天津省市兩館狀況將轉佳》，載《協會會報》1947 年 4 月 21 卷 1、2 期合刊，21 頁)

　　3 月，中華圖書館協會會所移至南京。(《財務報告》，載《協會會報》1948 年 5 月 21 卷 3、4 期合刊，6 頁)

　　4 月 4 日，任鴻雋覆函袁同禮，稱本年中基會補助購書費不便挪用，並討論分配美國贈書一事。(《北京圖書館館史資料彙編（1909～1949）》，875～877 頁)

　　5 月 24 日，中華圖書館協會留南京之理監事在國立中央圖書館舉行聯席會議。由袁同禮任主席。首由常務幹事于震寰報告會務，在談及事務所遷南京一事時，謂：「本會事務所戰前即有遷京之議，……不幸戰亂發生，……戰後經濟情形益劣，短期內難有獨立會所，經袁理事長（編者：指袁同禮）與蔣常務理事（編者：指蔣復璁）商定，本會會所由北平圖書館遷至南京中央圖書館內，所有事務亦由中央圖書館派員辦理，以節開支，並請于震寰為常務幹事。三月間由北平移來最近檔案及圖章戳記，由上海移來已出版會報若干冊。此外尚有舊檔及會報一箱存重慶沙坪壩南渝中學，又書物八箱於抗戰

期內由李鍾履先生存入北平政治學會，皆因財力不足未能移運來京。」在言及參加籌備聯合國教育科學文化組織中國委員會一事時，謂袁同禮、蔣復璁均當選為委員，並為圖書館及博物館專門委員。（《留京理監事聯席會議》，載《協會會報》1948 年 5 月 21 卷 3、4 期合刊，5～6 頁）

6 月 5 日，至顧廷龍處長談，言及傅增湘以手校本 4000 餘冊贈北平圖書館，內中有《冊府元龜》一書。（沈津《顧廷龍年譜》，411 頁）

6 月 9 日傍晚，至鄭振鐸處談。鄭振鐸日記曰：「傍晚，馬叔平、森玉、湯臨石、其潛、默存、玄伯、守和、存訓、蕙玉陸續來，談甚暢，酒喝得不少」。（鄭振鐸著，陳福康整理《鄭振鐸日記全編》，山西古籍出版社 2006 年版，285 頁）

約在上半年，胡適向新聞記者稱，北京大學擬增設兩職業專科，一為圖書館學，一為博物館學。圖書館學方面，將請袁同禮設計，並聘請王重民任課；博物館學方面請韓壽萱任教。這兩專科待有發展後再擴充為系。（《北大考慮增闢圖博職業專科》，載《協會會報》1947 年 4 月 21 卷 1、2 期合刊，20～21 頁）後北大獲教育部核准，於 1947 年度起創辦圖書館學與博物館學，均附設於文學院內。（《北大文學院增設兩專科》，載《協會會報》1948 年 5 月 21 卷 3、4 期合刊，14 頁）

10 月 15 日，舉行聯合國教科文組織中國委員會首次執委會，議決推定各專門委員會委員，其中圖書館及博物院當選委員有李濟、袁同禮、蔣復璁、陳楨、凌純聲。（《聯教組織中國委會推定各組專門委員》，載《協會會報》1948 年 5 月 21 卷 3、4 期合刊，9 頁）

12 月，在北平圖書館協會上，講演《英美捐贈中國各大學圖書之經過》。講詞全文載《中央日報》上。（《英美贈我圖書，袁同禮談經過》，載《中央日報》1947 年 12 月 22 日（4 版））

是年，芝加哥大學顧立雅教授致函袁同禮，希望北平圖書館推薦人選，赴芝大遠東圖書館幫助整理多年積存的中文藏書。函中特別提到，美國的人工較貴，遠東館的主要工作只有一人擔任，望予理解。當時錢存訓是北圖安排出國的優先人選〔註 81〕，經袁先生介紹，他立即獲得芝大的邀請，

〔註 81〕錢存訓在上海成功運出中國善本圖書，袁先生很高興，於是決定送他出國進修。他回憶道：「當時羅氏基金會曾贈送北圖一套製作縮微攝影機並附帶一名獎學金到美學習製作技術，袁先生推薦我應徵，希望學成回國後，一面在館

並以交換學者的身份赴美工作，同時可在芝大圖書館學研究院選課進修。
（錢存訓《留美雜憶：六十年來美國生活的回顧》，黃山書社 2008 年版，
24 頁，66 頁）袁先生打算讓錢存訓兩年後回北圖工作，並在北京大學籌設
的圖書館學系任教。但一年後，顧立雅教授希望錢存訓延期居留，並在東
方語言文學系兼課。雖然錢存訓欲早日歸國，但顧先生已與袁先生聯繫，
獲得延期的同意。（錢存訓《留美雜憶：六十年來美國生活的回顧》，黃山
書社 2008 年版，28 頁）

　　是年，美國協助中國基督教大學聯合董事會，應中方邀請，派 Swarthmore
（Pa.）大學圖書館館長 Charles B. Shaw 來華考察中國各大學圖書館行政概
況，途經北平，袁同禮與之會談。Shaw 建議聯合董事會資送金永銘（福建協
和）、胡紹聲（金陵）、喻友信（東吳）三人去美進修，他們果於 1948 年秋抵
美，均在哥倫比亞大學圖書館學院研究。（徐家璧《袁守和先生在抗戰期間之
貢獻》）

1948 年（民國三十七年，戊子）　54 歲

　　1 月 5 日，毛準、王重民致函胡適和袁同禮。徵詢如何接受和使用白朗
（Brown）請求到的捐助北京大學的款項（Fulbright Bill 的錢），並提出建議：
應該舉辦「中文編目」和「西文編目」的訓練；繼續接收國外的西文書目卡
片，並不斷補充，建立西文學術參考中心；編纂「中國書目總志」；請 Brown
繼續轉請羅氏基金會撥給五萬美金，以襄助北大圖書館學專科的發展。（王菡
《王重民致胡適、袁同禮的一封信》，載《國家圖書館學刊》2004 年 1 期，87
～89 頁）

　　1 月 16 日，邀請美國圖書館協會遠東委員會主席、美國愛荷華州立大學
文學博士白朗和美國國會圖書館副館長克萊普午宴。（《白朗克萊普二氏來華
本會在京平各地招待》，載《協會會報》1948 年 5 月 21 卷 3、4 期合刊，4～5
頁）

　　1 月 17 日，引導白朗和克萊普參觀北平圖書館。（《白朗克萊普二氏來華

中負責縮微工作，一面在北大新設的圖書館學系任教。就在同時，教育部又
派我去華盛頓接運當年運美的善本圖書回國，一切手續均已辦妥，但因國內
戰事爆發而奉令從緩。」（錢存訓，袁同禮先生對國際文化交流的貢獻〔G〕
//（臺灣）中國圖書館學會輯印，袁同禮先生百齡冥誕紀念專輯，1995：10
～14。）

本會在京平各地招待》）

　　1月18日，中華圖書館協會假北平圖書館集會歡迎二氏，袁同禮參加。（《白朗克萊普二氏來華本會在京平各地招待》）當歡迎會結束時，已是夜幕降臨，他親自帶領克萊普（Verner W. Clapp）登上北海的小山，參觀白塔（White Dagoba）。其時，星光閃爍，半輪明月照在結冰的湖面上，勾畫出城市的輪廓。儘管寒冷，但他們仍坐在臺階上，凝望星空，注視湖面，偶而看看遠方的煙火，不時用茶館的熱茶溫暖身子，直至快到午夜。其間，克萊普對他說：「北平的北極星比華盛頓的更高些」。（Verner W. Clapp（克萊普）《To the memory of T. L. Yuan》，見《思憶錄》（英文部分），12～15頁）

　　1月29日，與趙萬里、王重民、金毓黻在六芳齋吃晚飯。（金毓黻《靜晤室日記》，6522頁）

　　3月，袁同禮、胡適、馬衡、谷鍾秀、梁思成（梁的簽名時間為1948年3月12日）聯名致函國民政府主席北平行轅主任李宗仁，談保護北平文物事，並提出建議：「茲為杜漸防微、加強管理使用古建築起見，擬懇惠予分別轉令，嗣後凡本市重要古建築，概不准充作機關或學校宿舍，如不得已使用古建築為辦公室時，須有適當防火設備，並須經常檢查電線、火爐、煙囪等物，以策安全（室內裝設煙囪概須伸出簷口以上）。又，對於古建築不得隨意拆改，對於富有藝術價值之裝修藻井天花等，尤須妥加愛護，以章文物」。（劉季人整理《行政院北平文物整理委員會及修繕文物紀實》）

　　4月21日，李宗仁覆函袁同禮、胡適、馬衡、谷鍾秀、梁思成：「除重行申令，飭切實保護外，敬希貴會派員來轅，會同察勘，共謀保存」。（劉季人整理《行政院北平文物整理委員會及修繕文物紀實》）

　　5月16日，中日戰事史料徵輯會舉辦中日戰史展覽，包括抗戰資料、敵偽資料、戰時期刊及剪報、戰時日報、敵偽期刊、敵偽日報六項，共計15000餘件。袁同禮稱：「此項史料為國內僅有之一份，展覽會中對各次戰役及游擊戰，均有有系統的陳列，將忠勇烈士傳與漢奸傳並陳，尤足表忠懲奸。而向胡適校長借展之中美交涉照片，更覺珍貴。其中有一漫畫上有羅斯福總統親筆字跡，胡氏注云：「這是星報Berry Man的漫畫之一，羅斯福總統用鉛筆簽名，說可以寄給蔣委員長看看，十一日後就是珍珠港事件了。」此漫畫用意在諷刺日本人在玩危險的把戲，羅斯福總統於一九四一年十一月二十六日接

見胡氏時當面交給者。」在茶會中，袁先生作報告，略謂：「徵輯會由北平圖書館及清華北大南開合組，於抗戰第二年在長沙成立，姚從吾、馮友蘭兩教授先後負責，九年以來，從未間斷，現仍繼續徵輯中」，並「籲請全國各界割愛贈予，以廣史乘。」（《北平圖書館展覽中日戰史》，載《協會會報》1948 年5 月21 卷3、4 期合刊，14 頁）

　　8 月 5 日，美國圖書館協會中文資料聯合採購計劃秘書謝拉（Jesse H. Shera）和遠東和西南太平洋委員會主席白朗（Charles H. Brown）致函參加美國圖書館協會中文資料聯合採購計劃的圖書館館長，云：「在戰爭期間安排將所採購的中文圖書通過航運寄到美國的袁同禮博士（Yuan Tung-li）來函說，該項目現在已經正式停止，在中國採購辦公室的活動記錄已在重慶遺失或是被毀。……」（程煥文《裘開明年譜》，387 頁）

　　9 月上旬，裘開明致函哈佛燕京學社中日文卡片訂購者，其中談到：「……1947 年 3 月，我們收到了重慶寄來的最後一個圖書清單，編號是 347；自那時起，中華圖書館協會理事長袁同禮（Yuan Tung-li）又從上海和北平寄來一些書籍，以用盡剩餘的 1000 美元，但是，這些書籍都沒有清單，也沒有提交給合作圖書館的整個購買計劃的詳細賬單。哈佛燕京圖書館就此事詢問中方，袁同禮博士的助理 T. K. Koo 先生曾寄回一份從北平郵寄美國的圖書清單，但他未能提供在上海購買圖書的清單。哈佛燕京圖書館已將從重慶、上海和北平獲得的所有圖書（除了中文連續出版物）編目，並印製了目錄卡片。……」（程煥文《裘開明年譜》，389～390 頁）

　　11 月 18 日，致函恒慕義（Arthur W. Hummel），談北平局勢及個人打算，希望恒慕義以美國國會圖書館的名義發封電報，正式任命他。如果能成行，他將攜家眷同往，費用自負。（信函複印件，由袁清先生提供。）

　　11 月 30 日，吳光清覆函袁同禮，告知美國國會圖書館相關人士極願幫助他（因為他與國會圖書館有著長達 20 餘年的友好合作），但某些事情要獲得法律許可才能辦，有些困難。儘管如此，恒慕義會想盡一切辦法促成此事。一有結果，會立即電告。遵照袁的建議，已在 Chase 國家銀行中的國立北平圖書館帳戶中存入了 200 美元。袁同禮寄往美國的支票，于震寰已收到（金額166.25）。（信函複印件，由袁清先生提供。）

　　12 月 17 日下午 4 時半，與馬衡、梅貽琦、鄭天挺、周炳琳等訪焦實齋，探聽消息。又赴北平市府劉市長處，不遇。馬衡在日記中如是記載：「四時

半偕月涵、毅生、守和、枚蓀等訪焦實齋〔註82〕探消息，不得要領。又赴市府晤劉市長，不遇。與高秘書長略談而歸。」（馬衡撰，施安昌，華寧釋注《馬衡日記（附詩鈔）：一九四九年前後的故宮》，紫禁城出版社 2005 年版，23 頁）

12 月 21 日，攜家眷〔註 83〕，與清華大學校長梅貽琦、北平研究院副院長李書華、北大哲學教授前四川大學校長張真如等，於上午 11 時及 11 時半，分乘專機〔註 84〕兩架離北平飛南京。（《梅貽琦昨抵京，李書華袁同禮等同來》，載《中央日報》1948 年 12 月 22 日（2 版））而《馬衡日記》記載，梅貽琦、李書華、張真如、袁同禮等是下午 2 時起飛。（馬衡撰，施安昌，華寧釋注《馬衡日記（附詩鈔）：一九四九年前後的故宮》，紫禁城出版社 2005 年版，24 頁）馬衡在 12 月 26 日日記中還有一條述及袁同禮：「趙斐雲來，述守和之欺人謊語。館中同人皆不滿。余告以此公恐懼心倍於常人，為生理上之缺陷，應原諒之。」（《馬衡日記（附詩鈔）：一九四九年前後的故宮》25 頁）張申府對袁同禮離平一事，也有記述：「袁同禮是一位正直的老實人，他為人熱情，卻又很膽小。袁不太關心政治，一心鑽研圖書館工作，而且英語很好，與國外有很多聯繫。解放的前夕，時局緊張，傳言又很多，他非常害怕，要離國赴美，我一再挽留他：『你是圖書館長，不會有什麼事情的，是絕對不會出問題的。』可是他仍然走了。」（張申府《所憶：張申府憶舊文選》，中國文史出版社 1993 年版，45 頁）抵南京後，彭昭賢到明故宮機場迎接。二人兩手緊握，注視許久。袁同禮苦笑說：「做夢也沒有想到，勝利的果實剛剛看見，我們又要逃難！」。他此時兩鬢斑白，走起路來已有點駝背。（彭昭賢《追念袁守和先生》）

〔註82〕施安昌、華寧注：「焦實齋（1899～1987）字化南，河北井陘人。1923 年畢業於北京高等師範英語系。任天津市教育局局長，河北大學教授。1939 年赴英國留學，入牛津大學研究國際政治。回國後，任中國遠征軍外事組主任，中國駐印度加爾各答辦事處主任。抗日戰爭勝利後，任東北中正大學教授兼教務長，北平師範大學教授兼總務長，華北『剿總』副秘書長。1949 年隨傅作義起義。中華人民共和國成立後，歷任政務院參事，國務院法規編纂委員會副主任。」

〔註83〕據浦江清日記所記，當時傳言袁同禮先生的「老媽子」（傭人）也上了飛機。（浦江清，清華園日記，西行日記〔M〕，增補本，2 版，北京：三聯書店，1999：281～282。）

〔註84〕據彭昭賢說，此專機主要是為接出一部分崇尚自由主義之學人。

　　約在是年，北平市立圖書館得北平圖書館輔助，將中山公園分館改建為北平市兒童圖書館。袁同禮允將北平圖書館館現有之兒童書籍寄閱於此館。（《平市設立兒童圖書館》，載《協會會報》1948 年 5 月 21 卷 3、4 期合刊，14 頁）

　　是年，西門華德來華收集漢籍，在北平圖書館晤見袁同禮。（西門華德（Walter Simon）撰，陳祚龍譯《悼念袁同禮博士》）

　　約在是年，還是學生的芮瑪麗（Mary C. Wright）試圖搜集中國戰爭及革命的原始資料，約請與袁同禮見面，尋求幫助，立即獲允。袁同禮詢問她的研究興趣及困難。芮氏說她最大的困難在於 19 世紀中期中國的歷史，以及缺乏《大清歷朝實錄》的人名索引。袁同禮笑言，這對中國人而言，也是個困難。並言，如果她願意承擔編製《大清歷朝實錄》人名索引的準備工作，他會為其配備一名中國職員和一間工作室。芮氏對編製索引的技術知識感到困惑，所以謝絕了。那以後，袁同禮在圖書館看到她時，經常請她進去喝杯茶。（Mary C. Wright（芮瑪麗）《Dr. T'ung-li Yuan: A personal reminiscence》，見《思憶錄》（英文部分），46～47 頁）

　　是年，袁同禮函請衛立煌到東北大學接傅振倫，搭軍用飛機返回北平。後來，衛立煌以軍機夜間高飛不便而婉言謝辭，傅振倫於是改搭東北院校租機回平。（傅振倫《蒲梢滄桑：九十憶往》，華東師範大學出版社 1997 年版，50 頁）

　　是年，袁同禮對國民黨軍政當局的一些指令敷衍搪塞，使北圖在北平的一書一刊都未運往臺灣。（焦樹安《將畢生精力貢獻給中國圖書館事業的袁同禮》，載《國家圖書館學刊》2001 年 2 期，74～81，86 頁）

　　是年，美國國會圖書館館長艾文斯博士（Dr. Luther H. Evans）邀請他做中國文獻部（Chinese Literature Division）榮譽顧問。（盧雪鄉《袁同禮先生與美國國會圖書館》）

1949 年（民國三十八年，己丑）　　55 歲

　　1 月 28 日（陰曆除夕）夜，與彭昭賢長談，互道珍重。此是二人最後一次見面。據彭昭賢回憶，袁先生在這次談話中說到：「在一個兇惡的政權產生之下，只有三條路可走。一是反抗它，推翻它；二是不合作，逃避它；三則只有俯首投降。滅絕人性的政權，我寧死也不願屈服。我是一個文弱書生，當然談不上反抗它或推翻它。只有走逃避之一路。從前的逃避，可以隱居深

山，現在則必須遠適異域」。（彭昭賢《追念袁守和先生》）據袁清先生講，他的父親不親共，但也不至於反共。彭昭賢的回憶可能有失真的地方。而袁疆先生的分析是：袁同禮「是愛國及反日、反侵略的知識分子。據張申府所說，袁同禮不太關心政治。我們也知道，他終生沒有參加過國民黨。袁同禮在解放後，曾一度想回中國，可見他並不如彭昭賢所說那樣極端。他不瞭解中國共產黨是肯定的。論文中二處所舉袁同禮涉共之詞，都是彭昭賢所反映。可能彭昭賢先說了一些涉共的話，袁同禮在那個場合也說了涉共的話，但後來他也曾想回國」。（2010 年 10 月 27 日，袁清先生轉來袁疆先生給筆者所編年譜的書面意見）

1 月 27 日，白朗（Charles H. Brown）致函各擁有東方館藏的圖書館館長，推薦嚴文郁（Yen Wen-yu）和沈寶環（Harris Bao Huan Seng）二人。信末云：「北平國家圖書館館長袁同禮（Yuan Tung-li）博士將會在 2 月 15 日到達美國。我知道他會有一段時間和我們一起。之後可以通過國會圖書館的恒慕義（Arthur William Hummel）博士與他聯繫」。（程煥文《裘開明年譜》，404～405 頁）

2 月 4 日，攜眷乘船赴美。（王重民 1949 年 3 月 28 日致函袁同禮，提及「奉二月三日上海發來手諭，知師四日放洋」，由袁清先生提供信函複印件）但據袁清先生回憶，他們是 1 月底離開的，路上共花費了 21 天才抵美。（2010 年 10 月 27 日晚筆者詢問袁清先生）

到美後，在美國國會圖書館東方部主題編目組（Subject Cataloging Division）工作。（張紀定《袁同禮先生與圖書編目》，載（臺北）《中央日報》1965 年 2 月 28 日（6 版），是文收入《思憶錄》51～53 頁）國會圖書館東方部主任恒慕義讓他重校王重民的《國會圖書館藏中國善本書錄》。接到這一任務後，「他先把王重民的注釋風格標準化，刪除一些不必要的詞句，然後以中文古書沿用的『四部分類法』去排列這些善本書。最後袁先生在書面上題上書名」。「書中包括 1,777 種善本書，比王重民手稿上注釋的多上 155 種。其中 11 本是宋版本（960～1279），1 本是金版本（1115～1234），14 本是元版本（1260～1368），和 1,578 本是明版本和 70 本是清版本。再加上 140 本是手稿，11 種是日本版本的中文書，11 種韓國印的中文書及 1 個拓片。」（盧雪鄉《袁同禮先生與美國國會圖書館》）國會圖書館的聘請是暫時性的，因此他要不斷找事做，申請基金，負擔較重。當時一家人住在華盛頓市內一

套小公寓內，離國會圖書館很近，他時常帶袁清去那裡看書。到五十年代後半期，他們搬到華盛頓的西北區，與國會圖書館有一定距離。（袁清《回憶我的父親袁守和先生》）入美國國會圖書館後，即開始《西文漢學書目》的調查工作。該工作費時約 5 年。袁同禮常站在國會圖書館前樓聯合目錄卡片櫃前，從 A 至 Z，逐張翻閱，遇有關於中國的書目，即抄錄在隨帶的卡片上，積有二、三十張時，即步入書庫，一一翻閱核對。這些工作都是站著完成的，並經常持續三四個小時，一刻也不休息。對編目工作，他十分嚴謹，常說：「編目錄的工作，有一本書自己沒查到都不放心」。（袁澄《勞碌一生的父親》）

3 月 28 日，王重民覆袁同禮 2 月 3 日信函（信的主體部分在 2 月份已寫好），勸其回國，略曰：「……師一月廿四日信後，適報載有古書古物運美之說，即發表一個書面談話，附帶說明吾師赴美，將由歐返平。對一班的人也都表示『以前不得不晉京的苦衷，到了南方，便不好意思一直回來，必須向歐美繞個道兒，幾月後一定返回北平。』文化接管委員會對於這件消息，十分高興。……吾師南京之行，已獲得劉王二君十分諒解，不論如何，他們都希望吾師能早早回到北平。比方京滬若一二月內能解放，便望師夏秋之間能回來。……吾師不論在美在歐，萬勿發表任何有關政治之言論，因為處在美洲，差不多算是另一個世界，以不談為最妙」。（信函複印件，由袁清先生提供）

4 月 1 日，何多源致函袁同禮：

守和館長鈞鑒：接寄自檀島之手諭後，曾上一函，諒蒙察閱。昨馬鑑先生已將港幣壹佰七十元寄下，□片亦已代印，遲一二日即可寄往北平。王重民先生，現教部經已易人，由杭立武繼長。此間中央機關已有一部分遷返南京。謹此奉達，並請

大安！

後學何多源上

（信函複印件，由袁清先生提供）

是年春〔註 85〕，張紀定及其丈夫致遠到華盛頓，去國會圖書館拜訪袁同

〔註85〕張紀定《袁同禮先生與圖書編目》開篇云：「民國四十七年春天我們到了華盛頓，外子就帶我去美國國會圖書館拜訪袁守和先生。那時袁先生已經任職於國會圖書館主題編目組……」，其時間恐係記憶錯誤或排印差誤，袁同禮先生赴美任職國會圖書館的時間應在 1949 年（民國三十八年）。

禮，在主題編目組（Subject Cataloging Division）辦公室未遇，於是步入書庫，見其正查書目，片刻，袁同禮走過來與他們打招呼。「從那天以後，因為致遠須在國會圖書館的稿本組（Manuscripts Division）研讀詹森文件，我也幫忙抄寫，我們每天到國會圖書館工作，享有許多便利，都是袁先生協助安排的。」（張紀定《袁同禮先生與圖書編目》）

6月15日，王重民覆袁同禮4月18日信函，催其返國：「師和師母，則應快快返國，不必待到明年也。……最好是今年秋間離美赴蘇聯……」。又詳細談論平館館務情況（包括人事、經費、圖書、工作）及個人近況。（信函複印件，由袁清先生提供）

9月19日至10月15日，聯合國教科文組織第四次大會在巴黎舉行。中國代表團共5人參加，梅貽琦任首席代表，李書華、熊慶來（迪之）、陳通伯、袁同禮任代表。會畢，袁同禮仍返美。（李書華《追憶袁守和先生》，載（臺北）《傳記文學》1966年（民國五十五年）8卷2期，33～35頁，是文收入《思憶錄》62～68頁）

11月27日，王重民覆函袁同禮，勸其歸國：「奉到手諭後，即和鄭西諦王冶秋商議，他們都非常歡迎吾師早早回國，繼續發展我圖書館事業，多多為人民大眾服務。」繼談其歸國後之職務擬為北京圖書館館長和圖書館處處長。又談向達之近況、蔣復璁欲回北京作事但須改造、以及北京圖書館情形等事。復提醒其應注意並立即行動之事：「一、給鄭西諦王冶秋寫一信，表明立即回國，並且願為人民大眾服務。寄美善本書，可把提單帶回，一俟航運暢通，一定可提回。二、回國路線，最好取道歐洲。不論簽赴英或赴法護照，並不難辦理，到法國如不易簽赴蘇護照，可去另一小民主國家，赴蘇俄一行。此事最重要。因為一則蘇聯東方學者方面，對吾師感情素好，而由蘇回國，最為國人所崇拜也。師兄姊等能維持，最好不要回國，師母暫留亦可，則吾師單人旅行，雖經行數國，亦不到有若何困苦也。」末提及北大代國會圖書館印善本書目事，並問及錢存訓是否願回北大教授圖書館學。（信函複印件，由袁清先生提供）

11月28日，趙萬里致函袁同禮，勸其回國，略曰：「文物局負責人鄭西諦（正局長）王冶秋（副局長）兩先生均以吾公羈居海外，決非長策，擬懇早日回駕新京，共襄建國大業。萬里暨本館多數同人，久隨吾公，一旦遠離，不勝依戀，望公之來，有如望崴，尚乞俯順輿情，即日啟程赴歐轉蘇考察返

國，固本館同人之幸，亦全國圖界所殷殷之切望也」。（信函複印件，由袁清
先生提供）

　　約在是年，首次參觀 Freer 美術館。以後又經常前往那裡的圖書館閱讀，
並與工作人員討論問題。當他編撰《中國藝術考古西文目錄》時，就更頻繁
地光顧 Freer 美術館。他常飽含熱情地說：「我恰恰喜歡編目」。（John A. Pope
《A delightful human being》，見《思憶錄》（英文部分），37～38頁）

1950 年（庚寅）　　56 歲

　　1 月 6 日，李馨吾覆袁同禮 1949 年 12 月 4 日函，勸其歸國，並報告北平
圖書館上海辦事處人員的去留問題。（信函複印件，由袁清先生提供）

　　1 月 19 日，王重民致函袁同禮，繼續勸其歸國：「回國之期，愈早愈好！」
並告知平館近況。（信函複印件，由袁清先生提供）

　　4 月 19 日，何多源致函袁同禮：

> 守和先生尊鑒：廣州解放後，以事忙，迄未修函致候興居，至
> 以為歉。敝校學生人數由三千人減至五百人，經費困難。下學期能
> 否維持，尚在未可知之數。有三兄函邀赴北京圖擔任編纂參考書工
> 作，待遇有小米六百斤，源現在考慮中。據京圖同人來函謂，王祖
> 彝、王□訪二人已去職，其餘仍舊，代館長為重民兄。現京圖隸屬
> 文化部文物局，部長沈雁冰，局長鄭振鐸，局長之下有圖書處長（未
> 定人選）及博物處長（裴文中）。現京圖工作人員待遇由三擔半小米
> 至八擔，辦公費、事業費每月有小米二萬二千斤。北京物價，小米
> 每斤人民券一千一百元，豬肉每斤五千元，麵粉每袋九萬五千元，
> 普通人家每人每月生活費約需小米一百五十斤。此間每日有北京《人
> 民日報》閱讀，故所知北京情形頗詳。月前先生寄下美金拾元，現
> 尚餘陸元，應代購何物，敬乞示知為感。此請
>
> 　　鈞安！
>
> 　　　　　　　　　　　　　　　　　　　　　　後學何多源上
> 　　　　　　　　　　　　　　　　　　　　一九五〇年四月十九日

　　　　　　　　　　　　　　　　　（信函複印件，由袁清先生提供）

　　6 月，朝鮮戰爭爆發。阻斷了他回國的夢想。（2010 年 6 月 1 日袁清先生

在「紀念袁同禮先生座談會」上的發言）據傅振倫講：「周恩來總理託北京圖書館代理館長王重民召之回國，苦於家累未克成行」。（傅振倫《近百年博物館事業先輩的事蹟》）袁清先生也講到，五十年代初，王重民曾多次寫信邀請他的父親回國定居。（袁清《回憶我的父親袁守和先生》）

9月17日，何多源致函袁同禮：

……現國內學校課程列俄文為第一外國語，源已開始學習四個月。本市電臺早晚播送俄語教授，頗便學習。坊間俄文書籍、雜誌頗多，但精通俄語者，全國統計只有千人，而英文人才則有十三萬之多。先生早年在北京圖創辦蘇聯研究室，足具遠見。先生在北大創辦之圖書館學專修科，今年第一屆畢業，均由政府分配工作。臺駕何時返國，便乞示知。此請

大安！

後學何多源上

一九五〇　九月十七日

（信殘，複印件由袁清先生提供）

12月6日，何多源致函袁同禮：

守和先生尊鑒：十一月廿六日掛號寄上下列各種期刊，想不久可以到達座右。

一、人民中國二卷三——七期及第九期（今日寄上八、十兩期），二、中國科學一卷一期，三、燕京社會科學五卷一期（英文本）一九五〇年，四、新建設第二期（贈閱本），科學通報，中國科學院印行

又前託友人在港代定天地新聞半年，需港幣三十元，□美金五元，未知有收到此刊否？如未收到，請即示知，以便向出版者交涉。由十月三日起寄往韓慕義先生處之書刊，已值美金壹百四十九元三角八分，未悉已收到一部分否？便請一查示知，然後再寄。因此間最近雖收掛號寄往國外之郵件，但聲明不負安全到達之責也。又因郵件須由香港轉寄，故郵資比由美國寄此間約高一倍。例如由美寄航空信來廣州不過美金二角五分，但由此寄美國則要美金五角。囑代購英文刊物，已函京滬搜購，一俟購得，當即寄奉不誤。此請

鈞安！

　　　　　　　　　　　　　　　　　後學何多源上

　　　　　　　　　　　　一九五〇　十二月六日

　　　　　　　　（信函複印件，由袁清先生提供）

1951 年（辛卯）　57 歲

　　1 月 24 日，裘開明覆函袁同禮，曰：「為答覆您 1 月 5 日的調查，現寄上本館所藏 1934 年到 1943 年間的 7 份有關留美學生的目錄。同時奉上我的一個折疊式小冊子，裏面包括清華、燕京、南開的留美同學校友錄。……」（信函複印件，由袁清先生提供）

　　3 月 13 日，愛荷華州立大學圖書館白朗（Charles H. Brown）致函裘開明：「去歲春季在安娜堡（Ann Arbor）會議上，Howard P. Linton 同意負責籌備今年 3 月 27～29 號在費城舉行的遠東協會—美國圖書館協會東方館藏聯合委員會會議。……我將你的名字也加到計劃中去了。我們可能需要你的論文以備出版。……袁同禮（Yuan Tung-li）寫信說他沒有提交中國圖書館狀況報告。我認為他是錯的，但是我沒有責怪他。……」（程煥文《裘開明年譜》，471 頁）

　　7 月 6 日，裘開明致函胡佛圖書館中文文庫主管芮瑪麗（Mary Clabaugh Wright），建議她與袁同禮先生聯繫，請他幫忙推薦編目的適合人選。7 月 27 日，芮瑪麗覆信，稱袁同禮先生有可能會到胡佛圖書館工作。（程煥文《裘開明年譜》，483 頁）

　　8 月，應朋友歐文·拉鐵摩爾（Own Lattimore）的請求，為其證明學術和人品，因為他遭受到參議員約瑟夫·麥卡錫（Joseph McCarthy）的攻擊。（Tsing Yuan《Tung-li Yuan (1895-1965): Founding father of National Library of China and cultural communicator between the East and West》，載沈志佳，周煉紅，陳同麗編《架起中美文化的橋樑：華人圖書館員協會回眸三十年，1973～2003》（Bridging cultures-Chinese American librarians and their organization: a glance at the thirty years of CALA, 1973-2003），廣西師範大學出版社 2004 年版，180 頁）

　　是年底，袁澄被牛津大學接收為本科學生。旋辦理赴英手續，但紐約英領館以與國民政府無外交關係而拒簽。（袁澄《勞碌一生的父親》）

　　1951～1953 年，任斯坦福研究所《中國手冊》編纂主任（Chief bibliographer

for the Stanford Research Institute ）。同時參加的還有吳元黎、許芥昱、侯服五
等人。（L. Carrington Goodrich（傅路德）《The T. L. Yuan Memorial
Scholarship》；吳文津《憶守和先生》，載（臺灣）中國圖書館學會輯印《袁同
禮先生百齡冥誕紀念專輯》1995 年版，22～23 頁）是年，因要使用斯坦福大
學胡佛圖書館中文部的資料，於是認識了剛畢業到此擔任中文編目工作的吳
文津。（吳文津《憶守和先生》）

1952 年（壬辰）　58 歲

4 月 28 日，袁同禮致函裘開明，云：「上星期我寄給你 2 本大陸出版的新
書書目。從這些書目中你可注意到共產主義中國未出版任何科技類書籍。你
核查完這些書目後，請回寄給我。臺灣大學的方豪（Fang Hao）教授提交了哈
佛燕京學社資助申請。他是一名很有才華的學者，我希望他能獲得資助。如
果董事會過一段時間開會的話，你能否為他爭取這個機會？如有消息，煩請
你告知我。獲悉有關燕京大學方面的壞消息，我感到很悲傷。希望你不久後
可以完成你的報告，屆時能否告訴我一些相關的消息？我已經完全斷了和中
國的聯繫，因為沒有人敢寫信說重要的事情。裘太太（曾憲文）和你們的孩
子都一切可好？我女兒秋天的時候繼續在哈佛讀化學，全託你和裘太太照顧
她了」。（程煥文《裘開明年譜》，505 頁）

6 月 9 日，袁同禮致函裘開明，曰：「茲奉上兩本由香港 Willing 圖書公司
（Willing Book Co.）寄給我的 1950 和 1951 年的《全國新書目》。如果你對其
中的圖書有興趣，可以把賬單寄給 Willing 圖書公司，並在發票上注明編號『No.
TLY0011』。我想貴館應該已經訂購了《四部要籍序跋》，該書包括了重要的中
文著作的序言和跋文。因此書僅限售 209 本，所以非常值得購買。你可向臺
北商務印書館訂購（每冊 35 美元）。煩請告訴我最近獲得貴社基金資助的人
員名單」。（程煥文《裘開明年譜》，508 頁）

8 月 12 日，裘開明回覆袁同禮 4 月 28 日和 6 月 9 日函，曰：「很抱歉我
們還沒有核對完 1950 年和 1951 年的新書目錄，遵照你的建議，我們向香港
Willing 圖書公司（Willing Book Co.）購買了這兩部書。事實上，我們還沒有
完成對 Wayne Altree 先生所購的全部新書的編目工作，這些書是 Altree 先生在
香港為胡佛圖書館買書時順便幫我們買的。但是草編目錄紙片已經排入公共
檢索四角號碼目錄。因此對於我們來說查找館藏新書並不難。另外，如果你
想知道你需要的書我館是否有藏，我們將很樂意幫你檢索任何專門的文獻或

簡目。關於獲得學社資助的人選名單，秘書處說名單尚不完整，入選名單要等到 11 月份以後才能確定，屆時將會在哈佛大學名錄上公布。但是我知道臺灣大學的方豪（Fang Hao）教授不在入選名單上。我們已經購買了一套《四庫要籍序跋》。非常感謝你的建議」。（程煥文《裘開明年譜》，512 頁）

9 月初，袁澄赴英的簽證還無著落，而牛津大學已近開學。此時，袁同禮問他：「你為什麼一定去英國念書？」袁澄曰：「在美國讀了三年，真想再看看別的國家。」袁同禮說：「你對美國教育的認識還不夠。不過，你一定願意去英國我就幫幫你罷。」於是，袁同禮致函老友 R. H. Scott（時任英國外交次長，後任英東南亞高級委員）請求幫助。3 星期後，紐約英領館即允簽證了。在家庭教育上，他希望子女「不要為學位或學校而讀書，應為學問而讀書。」並屢次舉羅家倫（志希）、傅斯年（孟真）、毛準（子水）為例，言他們雖不曾念學位，但學術成就極高。（袁澄《勞碌一生的父親》）

1953 年（癸巳）　59 歲

2 月 13 日，裘開明覆函印第安納大學歷史系教授鄧嗣禹（Teng Ssu-yü），其中，對四卷本義和團資料彙編中收錄的袁昶的 3 篇回憶錄提出質疑，並建議鄧函詢斯坦福大學圖書館的袁同禮先生。（程煥文《裘開明年譜》，533～534頁）

是年，仍回國會圖書館擔任中國文獻顧問（Consultant in Chinese Literature）一職。〔註86〕8 月，周策縱為完成博士論文，從密西根大學前往國會圖書館，在其附近住了 7 個月。在國會圖書館書庫或目錄卡片處，能時常與袁同禮見面交談（如談論書籍資料及邊疆問題）。一次，周策縱談及胡適在 1915 年的日記說過：「國無海軍，不足恥也。國無陸軍，不足恥也。國無大學，無公共藏書樓，無博物院，無美術館，乃可恥耳。我國人其洗此恥哉！」接著說：「我深有同感，而你一生似乎正盡力於此。」袁先生「聽了很高興，發出會心的微笑。」其間，他對周策縱研究五四運動，極其關切、同情、鼓勵和贊助，發現任何資料都會告訴他。對此，周氏回憶道：「記得有一次，他手裏拿著一張紙，興致衝衝地走到我的座位旁邊來，說：『好消

〔註86〕據周策縱講，當時國會圖書館東方部（Orientalia Division）已設在亞當斯大廈（Adams Building），辦公室和閱覽室都在五樓，五樓以下各層是書庫。東方部參考組主任是吳光清，任中文編目的有徐亮、曾培光（曾琦任兒）等。除袁先生外，張君勱也在五樓一個房間研究。

息！中國大陸要出版五四運動資料了，』原來是中國史學會正在主編一套《中國近代史資料叢刊》，由上海人民出版社陸續出版，當時好像已出了《洋務運動》四冊，他拿著的是一張鉛印廣告，裏面列舉要陸續編印《戊戌變法》、《義和團》、《辛亥革命》和《五四運動》」。袁先生希望五四運動資料在出版時，能儘量保持原貌，不作刪改。這張廣告，周策縱多年一直留著。（周策縱《憶袁同禮先生》）

11 月 1 日，賴伯陽（Bayard Lyon）〔註87〕教授夫婦邀請袁同禮和周策縱到家裏晚餐。賴氏夫婦皆懂多國語言，會話中，袁同禮的法文和俄文應對得很好。當晚，他們談了很多歐美漢學家的情況。賴夫人名叫柔曼（Germaine），怕變胖，不肯喝牛奶，賴先生舉例相勸，袁、周二先生也從旁鼓勵，她還是不願喝。周策縱寫了兩首打油詩贈給賴夫人，袁先生看了，對她說：「這些詩很有趣，說的還是實話」。（周策縱《憶袁同禮先生》）

是年，由羅氏基金會（Rockefeller Foundation）資助，赴歐研究西文漢學書目。偕夫人同往，期年而返。（吳光清《袁守和先生傳略》）也有學者說是獲魯斯基金會（Luce Foundation）資助前往。（盧雪鄉《袁同禮先生與美國國會圖書館》）但據袁清先生講，應該是羅氏基金會。之後，他又獲得過美國學術團體委員會（American Council of Learned Societies, ACLS）的補助金。（Tsing Yuan《Tung-li Yuan (1895-1965): Founding father of National Library of China and cultural communicator between the East and West》，載《架起中美文化的橋樑：華人圖書館員協會回眸三十年，1973～2003》，180 頁）

1954 年（甲午）　60 歲

1 月 11 日，費正清致函裘開明，曰：「袁同禮（Yuan Tung-li）建議我們應當從香港獲得《文匯報》，因為《文匯報》比其他日報包含的經濟新聞更多。我總的感覺是我們可能已經有了《文匯報》，如果沒有，那麼你不認為我們應該做此事嗎？」（程煥文《裘開明年譜》，562 頁）

1 月 22 日，裘開明致函哥倫比亞大學遠東圖書館館長 Howard P. Linton：「熱烈祝賀你完成了不朽的著作《高第（Henri Cordier）中國書目作者索引》。請你寄給我兩本及其雙聯發票。並請將這部重要著作的出版通知寄給以下兩

〔註87〕賴伯陽在民國初年即到中國，在北洋大學教授英文。後到密西根大學教中文。在北平時，他常去國立北平圖書館，結識了袁同禮。

人：康奈爾大學西文部的 Rudolf Lowenthal 博士，他的《高第俄文著作索引》幾年前就完成，但尚未出版，我看過他的手稿。袁同禮（Yuan Tung-li）博士（地址：60 Orchard Street, Cambridge 38, Mass.），他正在洛克菲勒基金的支持下增補高第的《中國學書目》。……」（程煥文《裘開明年譜》，563 頁）

是年初，讓大公子袁澄研究中國抗戰前後約二十年間，蘇聯對新疆的經濟侵略，他親自修改定稿，命名為 The Soviet Grip on Sinkiang（《蘇聯對於新疆之操縱》），以筆名形式發表於美國 Foreign Affairs（《外交季刊》）1954 年 4 月 32 卷 3 期上。（金問泗《袁守和先生對於本國外交問題之留意》）

是年，偕夫人到德國馬堡訪問。西德圖書館館長（Martin Cremer）及夫人邀請他們在一家名叫「Stadtsäle」的餐館用餐。Wolf Haenisch（Erich Haenisch 之子）和 Wolfgang Seuberlich 也參加。這是他與 Wolfgang Seuberlich 第二次會面。此次見面，奠定了二人的友誼基礎。在這次宴會上，袁同禮對他所面臨的困難表示理解，提出了一些建議。此後，二人多次通信交流，主要關於「漢學領域的新出版物，畢業於德國各大學的中國學生的姓名，東德出版的有關中國和遠東的書目，更正已在西方國家出版作品的中國作者的姓名，不為美國所熟知的部分德國作者的作品目錄，等等」。（Wolfgang Seuberlich《A personal reminiscence》，見《思憶錄》（英文部分），39～40 頁）

1955 年（乙未）　61 歲

是年初，偕夫人赴牛津大學看袁澄，但大部分時間仍在圖書館中。臨走前，攜袁澄拜見蔣彝先生。其後，他對袁澄說：「蔣先生真給中國及中國人爭光，總是每年有一本新的著作」。是年，袁澄返美後，言讀了不少年書，該做點事，袁同禮笑曰：「念書的事，不能用年來計算，而是一輩子的事。」（袁澄《勞碌一生的父親》）

11 月，應芮瑪麗（Mary C. Wright）之請求，評價在她領導下的斯坦福中文館藏的特點和質量，（Tsing Yuan《Tung-li Yuan (1895-1965): Founding father of National Library of China and cultural communicator between the East and West》，載《架起中美文化的橋樑：華人圖書館員協會回眸三十年，1973～2003》，180 頁）以應對麥卡錫主義的影響。

是年，梅貽琦、趙元任在國會圖書館看書，有時在袁同禮家（當時離國會圖書館僅隔五條街）吃午飯，並借袁澄的床午睡。袁澄藉此勸父親也午睡，但袁先生說：「不要緊，我的身體比他們都好，用不著睡」。吃過午飯，又回

館工作了。1957 年後，家搬遠了，他連中飯都不回家吃。國會圖書館的中飯時間有一小時，但他只用半小時就餐，擠出半小時來繼續工作。每天傍晚 6 時左右，他下班回家，即坐在書桌前，閱信覆信。為趕晚上 9 點鐘郵筒最後一趟收信，他在晚飯前後時常要寫中、英文信 6、7 封之多。其中不少是向歐美各大圖書館詢問《西文漢學書目》中一些書的基本信息。發完信，他即對白天所記卡片目錄分類整理，然後用打字機打出，近 11 點才站起來說：「收攤兒了」，然後就寢。次日晨 7 時起床，赴館工作。週末他在家工作如常，有時更甚，夫人相勸，他總說：「這是頂好辦事的時候，現在寫信，別人星期一就可收到了」。袁先生對工作如此執著、勤奮，以至定居美國後，只與家人有 3 次共度旅行假期的機會，而且遇有圖書館或學校，總要入內查訪中國書籍或詢問有無中國學人。（袁澄《勞碌一生的父親》）袁清先生也如是回憶道：「從國會圖書館下班後，他經常是與人合夥乘車回家，大約 45 分鐘，到家後，查看郵件，閱讀報紙。晚飯時，喜歡聽收音機裏的新聞，在電視預報過後，常常看 6：30～7：00 的晚間新聞。飯後短暫休息一下，又投入到工作中，經常工做到 11 點以後才休息。」（Tsing Yuan《Tung-li Yuan (1895-1965): Founding father of National Library of China and cultural communicator between the East and West》，載《架起中美文化的橋樑：華人圖書館員協會回眸三十年，1973～2003》，183 頁）「除工作外他幾乎沒有什麼嗜好，也難得有片刻的消遣。他雖天性好客，常請客人到家中吃飯，但又不願客人坐得太久，因為他每天有自己規定要完成的項目，客人離去幾分鐘，他又恢復工作了。他學習新知識的欲望也很強烈，曾和我一起到夜校學習俄文，那時他已六十多歲，但仍興致勃勃，後來他還編纂了幾部研究漢學的俄文書目。他這樣拼命的工作是為了什麼？想來是為了保存華夏文化的一點紀錄吧。」（袁清《回憶我的父親袁守和先生》）

　　是年，徐森玉所編《畫苑掇英》出版。袁同禮「在美國看到此書後，即通過在澳大利亞的友人輾轉寫來親筆信，除對國內解放後的文物徵集和保護工作表示贊許外，還表示要捐獻存放在上海的一件銅器。」信中有「臨風懷想，不盡依依」的字句。並告知今後的聯繫方式。（徐文堪《永懷中國現代圖書館事業的奠基者袁同禮先生》，載《袁同禮紀念文集》，13～19 頁）據袁清先生講，袁同禮喜歡收藏古玩，曾捐贈 6 件春秋戰國的銅器給中國歷史博物館。（2010 年 6 月 1 日袁清先生在「紀念袁同禮先生座談會」上的發言）

1956 年（丙申）　　62 歲

2 月 16 日，印堂覆函袁同禮，告知其生年及所著《中緬未定界地》的研究情況。（信函複印件，由袁清先生提供）

2 月 20 日，鄭德坤（1907～2001，著名考古學家）覆函袁同禮，認為袁所編中國文獻總目（即西文漢學書目）有功於學術，但自己作品的目錄，因圖書皆留成都，所以無法應命，僅附上三種作品的基本情況。並一一答覆袁同禮所詢問作者的生年、中文姓名等。（信函複印件，由袁清先生提供）

3 月 21 日，袁同禮致函裘開明：「關於臺灣出版之西文圖書，各圖書館編目時有用『Formosa』或用『Taiwan』冠其書者，辦法頗不一致。下月美國圖書館協會（ALA）CCS 委員會在紐約開會時可否由兄提議一律改為『臺灣』以期一致。遇必要時可將弟名列入也」。（程煥文《裘開明年譜》，639 頁）

6 月 7 日，王毓銓致函袁同禮，勸其回國。其中寫到：「這幾年中我們經常盼望先生回國，因為在紐約時先生嘗說願意回國」。（信函複印件，由袁清先生提供）

6 月，《「清華」學報》新 1 卷第 1 期在臺北創刊。發行人：梅貽琦。編輯委員會委員：何廉（主席）、李田意（秘書）、柳無忌、蒲薛鳳、梅貽寶、楊聯陞。顧問編輯：李書華、李濟、李方桂、沈剛白、房兆楹、洪業、胡適、袁同禮、許烺光、陳世驤、陳受頤、陳榮捷、裘開明、董作賓、趙元任、鄧嗣禹、劉崇鋐、蕭公權。（《「清華」學報》各期）

7 月 25 日，查良鑒（1904～1994，字方季，查良釗之四弟，金庸之堂兄，著名法學家）覆函袁同禮，告知近幾年情況，並答覆袁同禮所詢中國留法學生情況等事。（信函複印件，由袁清先生提供）

10 月 11 日，國會圖書館東方部中文組代理組長 Edwin G. Beal, Jr.致函裘開明：「……袁同禮（Yuan Tung-li）博士已經讓我們為你查找關於研究我館所藏《三才圖會》版本中匈奴國圖片的文章。我館所擁有的 2 個版本為後期重刻本（重刻於萬曆年間）。如果你希望複印，我們建議你直接向我館的照相複製部提交申請……」（程煥文《裘開明年譜》，653～654 頁）

12 月 6 日，袁同禮致函蔣復璁，感謝其寄送中國留德同學名單及臺灣中央圖書館刊物；詢問中國留德同學之中文姓名；請求代為函索中華文化出版事業委員會出版之英文小冊；詢問 Hsin Kwan-chi 之中文姓名。（臺灣中央圖書館檔藏複印件）

是年，《現代中國經濟社會發展目錄》（Economic and Social Development of Modern China: A Bibliographical Guide）、《中國音樂書譜目錄》（Bibliography on Chinese Music）出版。

是年，朱文長受聘於耶魯大學遠東語文學院。袁同禮讓袁澄多與朱文長接近，向其請教。因為他看過朱氏的論文，認為工夫實在。（朱文長《袁同禮與其紀念獎學金》，見《思憶錄》，58～61 頁，原載（臺北）《中央日報》，1965 年 4 月）

是年，想要攜眷回國，但因國內形勢變化，終未回，但從未去過臺灣。（2010 年 6 月 1 日袁清先生在「紀念袁同禮先生座談會」上的發言）

1957 年（丁酉）　63 歲

春，亞洲學會在紐約開會，袁同禮參加。三組被安排於同一間屋子，現場有些混亂，但他一直聽到下午五六點散會才離開。在電梯口，對並不認識他的朱文長說：「你今天宣讀的文章很好啊」。這讓朱氏很感激。（朱文長《袁同禮與其紀念獎學金》）

是年，回到美國國會圖書館編目組（Descriptive Cataloging Division）工作，擔任一名普通編目員。（吳光清《袁守和先生傳略》）

是年，王重民輯錄、袁同禮重校的《美國國會圖書館藏中國善本書目》（A Descriptive Catalog of Rare Chinese Books in the Library of Congress）出版。袁同禮輯錄的《胡適先生著作目錄二（西文）》（Selected Bibliography of Dr. Hu Shih』s Writings in Western Languages）發表於《中央研究院歷史語言研究所集刊（第二十八本　下冊）：慶祝胡適先生六十五歲論文集》。

是年，與查良釗在華盛頓歡聚話別。據查良釗回憶，袁先生在觀看由臺灣去的 100 位青年演出話劇《改變》時，流露出極大的愛國熱情。（查良釗時任職於臺北市「國立中央圖書館」。）（查良釗《守和我兄千古》，見《思憶錄》，9 頁）

1958 年（戊戌）　64 歲

春，王冀（國民黨上將王樹常之子，王樹常曾是張學良部下）進入美國國會圖書館遠東編目組工作。他常向袁同禮先生請教圖書館學問題，接觸較多。袁先生曾對他說：「我現在看似確實很委屈很潦倒，但是想想，我已經是 60 多歲的人了，在美國除了做圖書館館員還能做什麼呢？能有這樣的一份工

作我也很滿足了。」還鼓勵王冀說，圖書館是很有趣的工作，要持之以恆幹下去，最好能做別人不能做或沒做過的事，將來定有前途。（王冀《我在國會圖書館的歲月》，北京師範大學出版社 2009 年版，12 頁）後來，王冀牢記袁先生的話，留意並抓住了能做出與眾不同成績的機會，果然改變了他的人生，先後擔任國會圖書館科技部專員（職位級別 11 級）、中文部副主任、主任職務，還曾任香港中文大學圖書館館長，並為中美文化交流做出了重要貢獻。

6 月 18 日，袁同禮致函裘開明，推薦 Kathryn Chang 小姐到漢和圖書館求職。（程煥文《裘開明年譜》，709 頁）

7 月 24 日，裘開明覆函袁同禮，告知漢和圖書館暫時沒有空缺職位提供給 Kathryn Chang 小姐。（程煥文《裘開明年譜》，710 頁）

是年，到美國國會圖書館主題編目組（Subject Cataloging Division）工作，直至退休。（L. Quincy Mumford（孟佛）《T. L. Yuan and the Library of Congress》）

是年，《西文漢學書目》（China in Western Literature: A Continuation of Cordier's Bibliotheca Sinica）由耶魯大學遠東出版社出版。時在該校做研究生的袁澄主動為父親洽談印刷事宜，但因校方印刷或校對不慎，產生不少謬誤，致使袁先生受到批評。袁澄每向他表示歉意時，他卻總說：「不要緊的，再版時改正好了」。（袁澄《勞碌一生的父親》）是書與《現代中國經濟社會發展目錄》一起，被列為哥倫比亞大學「中國書目學」一課（由傅路德等講授）的主要課本。（胡應元《袁守和先生與學術研究工作》，見《思憶錄》，25～28 頁）

1959 年（己亥）　　65 歲

2 月 20 日，致函蔣復璁，言已收到蔣復璁所寄臺灣中央圖書館善本書目上、中冊，下冊及索引未收到，盼檢寄；希望蔣復璁將近十餘年來臺灣出版之論文編一索引；寄《西文漢學書目》四部給臺灣教育部，擬將其分贈臺灣中央圖書館、臺灣大學圖書館、中研院圖書館、臺灣教育部圖書館。（臺灣中央圖書館檔藏複印件）

是年，《俄文漢學選目 1918～1958》（Russian Works on China 1918-1958: A Selected Bibliography）發表在《華裔學誌》（Monumenta Serica）18 卷上。

20 世紀 50 年代，徐森玉主持編輯出版了《藝苑掇英》，袁先生在美國看到這本畫冊後，寫信給徐森玉，表達懷念之情。徐森玉次子徐文堪回憶，信的結尾有兩句是「臨風懷想，不盡依依」。（鄭重《中國文博名家畫傳·徐森玉》，文物出版社 2007 年版，135 頁）

約在是年（或上年），寫信給鄭壽麟，徵求一些資料。鄭氏盡力寄來相關資料。（鄭壽麟《從永樂大典與圖書集成說起——袁守和先生與中德文化之溝通》）

1960年（庚子）　66歲

2月2日，郭廷以覆函袁同禮：

> 守和尊兄道席：
>
> 華府拜別，瞬已年餘，無時不在念中。去歲杪
>
> 惠教，以輾轉投遞，上月中旬始行奉到，惟承賜之日本外務省及陸海軍檔案縮片目錄，則迄未獲。日前曾與志希先生商談，一俟收到，再共同斟酌，分別逕購。但近史所財力有限，申請結匯復極不易，恐須待至下年度矣（七月以後）。聞國會圖書館所攝是項資料，可以相當之書刊交換。如屬可行，敝所願將新近出版中俄關係史料及以後續印之其他各書寄呈，敢希
>
> 便中一詢見示為禱。近史所人手不足，加之待遇菲薄，工作進行，未克盡如理想。就資料整理而言，除已刊行之海防檔外，最近兩年所完成者，計有一、中法越南交涉史料（一八七五～一九一一），約三百餘萬字，今夏準備付印。二、清季礦務檔（一八六五～一九一一），約四百餘萬字，本月內付印（經費由亞洲基金會負擔）。三、中美關係史料（一七八四～一八七四），約一百五十餘萬字。四、中俄關係史料（一九一七～一九一九），約五百餘萬字，分為六編（共九冊），即俄國革命、外蒙古、中東路、東北邊防、新疆邊防、出兵西伯利亞，其中「外蒙古」編已於去冬印就，茲先郵奉一冊就　正，「中東路」編正在排版，其餘四編之印刷經費，尚待設法。在進行中之工作，有「近代中國之西方認識」（一八二一～一九二七），分為八輯，本年七月，可望完成第一輯（一八二一～一八六一）；有「清季教務及教案」（一八六〇～一九一一），本年七月，可望完成同治朝前期之部；有民國史口述，係分別訪問軍政元老，預計五十餘人，已接洽及開始談話者，有何成濬、莫德惠、趙恒惕、秦德純、傅秉常等十餘位。目前之最大困難，為同人之生活問題，上月曾函商福特及洛氏基金會並提具計劃，請予協助，恐亦不易獲得滿意結果，

甚望能得長者一言為重，

　　便中代向該兩基金會吹噓，成與不成，均所感激。吾人所求，極為有限，每年如能有一萬元以上之補助，裨益已屢不鮮。過去華盛頓大學每年資助近史所僅四千元，今年起，已告中止矣。　　郭鴻聲先生乃弟之恩師，想常晤及，

　　可否代為致意，亦請從旁為助之處，尚希

　　卓裁。謹此，祗頌

　　福綏！

弟　廷以拜啟

四九、二、二

　　府上均好

　　「俄人研究中國文獻」一書前日郵到，謝謝。又及

（陸寶千主編《郭廷以先生書信選》，臺北中央研究院近代史研究所

1995 年（民國八十四年）版，39～41 頁）

2 月 16 日，郭廷以覆函袁同禮：

　　守和先生道席：

　　二月九日大教奉悉，至感厚誼。福特及洛氏基金會已均有覆信，反應尚佳，惟尚無具體表示。洛氏代表 Campton 及福特代表 Enerton 等，將分於四月及九月再度來臺訪問。茲將近史所上月提交兩基金會計劃複本郵呈就正，並請轉 Grane 先生等一閱。如能於兩基金會下月會議期間獲得批准，當即積極準備。謹再謝。又承賜日本海陸軍檔案縮片目錄，亦已收到，請釋念，並代向楊覺勇先生致意。中俄關係史料第二冊（中東路）下月內出版，容續呈。第三、四冊正在排印中。謹此，敬頌

　　道安！

弟　廷以拜上

四十九年二月十六日

（《郭廷以先生書信選》，42 頁）

4 月 12 日，亞洲學會（AAS）美國圖書館遠東資源委員會第四次會議在哥倫比亞大學東亞圖書館召開，出席會議人員有 Edwin G. Beal, Jr., G. Raymond Nunn（主席），裘開明，袁同禮，錢存訓，童世綱等。會議主題包括敦煌資料、民國以前中國出版的西文報紙、中共文獻縮微膠卷等 21 個問題。（程煥文《裘開明年譜》，753 頁）

是年，《俄文日本研究選目》（Russian Works on Japan: A Selected Bibliography）發表在《華裔學誌》（Monumenta Serica）19 卷上。在編製該目錄的過程中，袁同禮多次與 Peter Petcoff 會面，並得其建議。Dr. Rudolf Loewenthal 和 Mrs. Nina Peacock 也為其提供了幫助。（Tung-li Yuan 《Russian Works on Japan: A Selected Bibliography》，載 Monumenta Serica, v. XIX（《華裔學誌》19 卷），1960 年，403～436 頁）

約在是年，夏威夷大學成立東西文化中心，東方圖書館需要擴充，於是高薪聘請袁同禮擔任館長（約為國會圖書館薪水之兩倍）。袁先生因不願中斷研究，婉言謝絕。（胡應元《袁守和先生與學術研究工作》）

1961 年（辛丑）　67 歲

是年冬，為編製《新疆研究文獻目錄》（日文本），向石田幹之助教授請教，石氏介紹渡邊宏協助之。（袁同禮、渡邊宏合編《新疆研究文獻目錄（1886—1962）》（日文本），Published by Tung-li Yuan（Printed in Tokyo），1962 年版，序）

是年，《中國留美同學博士論文目錄 1905～1960》（A Guide to Doctoral Dissertations by Chinese Students in America 1905-1960）、《美國圖書館藏俄文漢學書目 1918～1960》（Russian Works on China 1918-1960, in American Libraries）出版。

是年，《新疆建置志》刊行時，請勞幹作跋文。（勞幹《記袁守和先生》，載《中外雜誌》？年 4 卷 2 期，9～10 頁）

是年，是朱家驊（字騮先）逝世十週年，其子朱文長撰寫簡傳初稿，並附列著作書目，請各方長輩指正。袁同禮隨時將所見朱家驊遺著告知朱文長。（朱文長《袁同禮與其紀念獎學金》）

是年，去耶魯大學考察。適胡應元任該校圖書館中文編目工作，因得相識。胡君回憶當時情形：「其謙謙君子雍容長者風度，令人倍感親切可近，其對耶魯館務，視察周詳，訓切指示，聽者莫不心折無已，尤以筆者個人每喜

探索，問題特多，而守和先生不厭其詳，一一妥為解答，別時並殷勤叮嚀，今後如續有問題，可隨時來函討論云云」。之後，胡應元以古典經書編目問題，專函袁先生，袁先生「於百忙中抽暇來函，贊其問題重要，並詳加討論」。（胡應元《袁守和先生與學術研究工作》）

1962年（壬寅）　68歲

1月29日，郭廷以覆函袁同禮：

> 守和先生道席：
>
> 　　去春病後，體力迄未復元，益以俗務叢集，遂使問候有缺。日昨獲誦手教，多承關垂，感愉難宣。福特補助計劃，商談兩年，卒底於成，實有賴於長者及諸友好之大力協助，公私均感。此事接洽伊始，弟即預料一旦實現，定有不少麻煩。臺灣人事既極端複雜，難蟲得失爭奪尤烈。適之先生為敷衍應付（實同自找煩惱），力主將補助費分潤於近史所以外人士若干名，並特置一諮詢委員會處理之。及消息正式發表，吳相湘首先發難，無理取鬧，其師姚從吾（諮詢委員）起而和之。吳尚可不論（此君近五六年來，對羅志希、李玄伯、劉壽民等不斷攻擊，去冬尤烈。即先時與之合作之李定一、全漢昇、王德昭亦一一鬧翻，惡言醜詆，對弟比較還算客氣），而從吾舉動，則不可解。因之弟決心請去，半月未到所辦公，適之先生堅留不放，所內同事且以一同進退相脅，而客居此間之韋伯（Martin Wilbur）先生亦以大義相責，情意至為殷切。適在此時，公權兄以在美看到吳某攻詆近史所文章，大為憤慨，專函勸勉，更給予不少勇氣，遂暫打消辭意。惟今後問題仍多，正如　長者所言，仍一頭痛事也。照規定，近史所同人（所外四名）可有十二名接受補助，但今春實僅七名，研究計劃有「民六～十一之中俄交涉」、「民六～九年白俄在華活動」、「恭親王傳」、「淮軍志」等，張貴永、楊紹震、胡秋原另有專題。（「淮軍志」、「恭親王傳」由弟協助）廷黻先生於近史所之愛護一如長者，便中請代達一切。
>
> 　　騮先先生去年健康欠佳，近月大為好轉，不時晤及。關於留英同學博士論文目錄一書封面題簽，弟可負責辦到。關於留英庚款學生名單及每次人數，前天已與前庚款會總幹事徐可燦兄談及，須檢

閱庚款會檔案，稍需時日，以開箱既費手續，又值舊曆新年也。按
此項檔案三年前已決定移交近史所，以人力不足，且無空餘房間放
置，迄未接收。無論如何，弟必有以報命也。

尊著蘇俄研究中國文獻目錄已收到，謹謝。此類工作，造福士
林實巨。近史所新刊「中俄關係——新疆邊防」月前曾郵呈一部，
如未邀鑒，當續寄，希示知。

適之先生臥病兩月，刻仍在靜養中。渠準備於三月初去華府主
持中華基金會，惟親友均不贊同其作長途旅行。

鴻聲校長想常晤及，懇為致意。拉雜寫來，不成章法，至希
諒宥。祇此，敬問

雙福！

弟　郭廷以拜啟

五十一、元、廿九

（《郭廷以先生書信選》，43～45 頁）

5 月 28 日，日本國際基督教大學（International Christian University）圖書
館館長 Tane Takahashi 致函裘開明，告知已經收到通過袁同禮轉交的交換贈書
《中國留美同學博士論文目錄 1905～1960》。（程煥文《裘開明年譜》，802 頁）

9 月 11 日，郭廷以覆函袁同禮：

守和先生道席：

上月拜奉大示，祇悉一是。「巴布闊福回憶錄」複印本日昨亦
已收到，價款支票隨函呈上，敬祈

查收。關於該書今後翻譯問題，日內當再切實接洽，一俟確定，
即行函告。此間俄英兩種語文俱精者，恐不易得，如不得已只好先
轉為中文，但譯者之外交歷史及西北地理知識如何，亦須考慮。

尊編新疆書目，將來不妨交由臺北商務書館或正中書局代銷，
手續費約為百分之十五上下。此外近史所亦可經辦，但不及書店之
方便。又巴布闊福書無論譯英或譯漢，均須本所研究人員從旁協助。
年來同人工作十分緊張，各有單獨研究計劃，並須如期完成，一時
尚未想到妥人。福特計劃，現在參加專題研究者十五人，其中國內

史（政治、經濟、軍事、制度、思想）八人，中俄關係四人，中美二人，中日一人。所有工作，幾均須弟照顧協助，能力時間俱感不足。另出國者三人，分赴哈佛、哥倫比亞、東京，正在辦理手續。弟內外肆應，極以為苦，而外間壓力尤大，一切可想而知。有　便務希多多賜教為幸。匆此，祇頌

撰安！

弟　廷以拜啟

五一、九、十一

（《郭廷以先生書信選》，46～47頁）

是年，沈亦雲經華盛頓時，請袁先生看她回憶錄的初稿。沈回憶云：「他知道純孺先生曾看過。他來取稿，問：純孺先生看幾天，我說五天，他請我五天後到他家便飯，還我稿。及期我去，他請再留稿三天，因他的公子袁澄研究歷史，方南下省親，對此亦有興趣，且說昨夜父子輪看，看到三時，故我在三天後又去了一次，當時以累袁夫人燒菜不安，不知此會已難再得。」（沈亦雲《紀念袁守和先生》）

是年，《新疆研究叢刊》十種開始出版。其中，與日本學者渡邊宏合編的《新疆研究文獻目錄（1886—1962）》（日文本）出版。而《新疆研究文獻目錄》（中文本）、《新疆研究文獻目錄》（西文本）終未完成。

是年，臺北《傳記文學》4卷5期上刊登了袁同禮與羅家倫、張群、陳布雷、陳紹寬的合影照片。後來，袁同禮先生去信該雜誌社，請求加洗一張給他，因前所未見也。但該社無原始底片，僅將鋅版以銅版紙加印數張寄去。（徐家璧《袁守和先生在抗戰期間之貢獻》）

是年，在國會圖書館會見西門華德，引導其參觀關於東亞的館藏，介紹他和國會圖書館的同事晤談。（西門華德（Walter Simon）撰，陳祚龍譯《悼念袁同禮博士》）

1963年（癸卯）　69歲

2月4日，郭廷以覆函袁同禮：

守和尊兄道席：

元月廿五日手書及惠寄中俄國際約注均收到，至感。

大著「新疆文獻目錄」（日文）十五冊，亦於昨日郵到。關於中俄界記、中俄界約輯注、中俄國際約注及中俄約章會要各書重印事，已商得此間文海書局同意，由其承辦，出版後以原書若幹部分贈吾兄及近史所，此外無何條件。惟中俄約章會要一書尚未收到。藝文書局早已關閉。「巴布闓福回憶錄」決定由孫桂籍（東北人，俄文法政畢業，現任立法委員）譯漢，前寄原書缺472～473頁，務希設法補齊擲下。熱梅尼致格爾斯函札近史所亦願譯出，請即代向荷蘭購買原書。

俄文漢學書目及中共今日兩書價款，俟發票收到，即奉上。國務院一九四九白皮書已有，不需另購，謝謝。

朱騮公年來健康不佳，但始終不知患有心臟病。元月三日中午尚出外訪友，下午四時許病發，不五分鐘，即溘然辭世。一年之內，胡、梅、朱三前輩相繼作古，洵教育學術界之至大不幸，傷愴曷亟！

鄭憲（Shelley Cheng）確為一不可多得之才，渠亦有意他就，尚望　鼎力為助。其通訊地址：

Dr. Shelley H. Cheng

2303 Franklin St.

Cedar Falls, Iowa

三月廿日前弟可到紐約，除參加費城之會議，將有三四個月停留。一切容再面陳。匆此，祗頌

時福

弟　郭廷以謹啟

五二、二、四

（《郭廷以先生書信選》，48～49頁）

2月18日，郭廷以覆函袁同禮：

守和尊兄道席：

十二日大教敬悉。錢、鄒、施三書正由廣文書局影印（前函誤為文海書局），日前見該書局廣告，定於三月下旬出書，相當迅速。惟售價稍昂，每冊約臺幣八、九十元。一俟出版，當以每種五冊奉

贈長者。至原影印本，日內即通知該局於出書後寄還。

　　辛丑和約駐京外交團會議記錄及各國公使往來文件，自為極重要資料，應及早刊布。關於政府補正事，日昨曾與羅志希先生談及，請其便中一詢張岳軍先生。今日擬再與王雪艇先生一商。弟準於三月三日動身，過日本將約有十日停留，廿日前後可抵紐約。

　　賜書可由淬濂兄收轉。匆覆，敬頌

　　雙福！

弟　廷以拜上

五二、二、十八

（《郭廷以先生書信選》，50 頁）

　　3 月 6 日，在荷蘭購到《俄國在東方》（Russia in the East，1876～1880）一書。後來並代臺灣中央研究院近代史研究所購買一冊。（郭廷以《伊犁交涉的俄方文件・序》，載袁同禮譯《伊犁交涉的俄方文件》，臺北中央研究院近代史研究所 1966 年（民國五十五年）版，1～5 頁，是文收入《思憶錄》110～113 頁）

　　3 月 7 日，致函金問泗：

　　　純孺大使道席：昨在荷藏購到 Russia in the East〔註88〕一書，其第二段專述伊犁交涉經過附錄另有外長吉爾斯致該部總辦熱梅尼〔註89〕信札內中可與曾紀澤伊犁交涉談話錄（原名金軺籌筆）相參證，可稱新資料，為國內研究外交史者所未見，因此擬將曾侯談話錄早日出版，並利用此項新資料，將重要者列入附錄〔註90〕。茲將兩書附上，請參閱，並盼得暇時賜一序文，以光篇幅，先此申謝。

　　敬候

　　道祺

〔註88〕按：書名全稱 Russia in the East: 1876-1880，作者 Charles and Barbara Jelavich（耶拉維基夫婦）。

〔註89〕按：俄外相吉爾斯（Nikolai K. Giers, 即格爾斯），俄外部侍郎熱梅尼（Aleksandr G. Jomini）。

〔註90〕按：後並未列入，而是由袁同禮將信札翻譯成中文，託臺灣中央研究院近代史研究所所長郭廷以（量宇），設法出版。譯出約十萬字，題名為《伊犁交涉的俄方文件》。1966 年出版之時，袁先生已不及見矣。

　　　　　　　　　　　　　　　　　　　　同禮再拜

　　　　　　　　　　　　　　　　　　一九六三年三月七日

　　附書兩部。

　　近代史研究所郭量宇現來紐約，已請渠將法文資料譯成中文，
由該所出版。

　　　　　　　　　（金問泗《袁守和先生對於本國外交問題之留意》）

　　是年夏，利用美國國會圖書館年假 3 周的時間，赴西歐查書。原答應袁
澄赴南德相會並略作休息，但臨時又草寫了一個字條說「無時間來看你們」。
因為他從歐洲飛抵波城機場後，逕直去了哈佛 Widener 圖書館，未給自己留任
何休息時間。裘開明對袁靜說：「你父親真是老當益壯」。不久，袁澄遇見國
會法律圖書館東方部主任夏道泰，夏說：「你父親工作的勁，真不得了。年紀
比他輕的人，三、四個都不如他一個人做得多」。（袁澄《勞碌一生的父親》）

　　9 月，郅玉汝去國會圖書館查書。袁同禮邀請其到圖書館左側一家餐館吃
午飯。飯後，郅君欲赴市區購物，但不熟道路，袁先生於是將其送至公共汽
車站，直到車來，看其上車，方才離開回館。（郅玉汝《憶守和先生》，載（臺
灣）中國圖書館學會輯印《袁同禮先生百齡冥誕紀念專輯》1995 年版，17 頁）
應洪餘慶之邀，為洪有豐《圖書館學論文集》作序。談與洪有豐的交往及洪
之貢獻。（洪範五著，《圖書館學論文集》，臺北：洪餘慶發行，1968：袁序）

　　10 月 10 日，郭廷以覆函袁同禮：

　　守和先生道席：

　　　　費城華府兩度暢敘，獲益良多，快慰莫名。離美之前，復奉手
　　札，以行色匆匆，未即作覆。返臺之後，復因瑣事待理，炎暑逼人，
　　一再遲遲，罪甚罪甚。日前續獲賜示，欣悉已自英倫歸來。近年先
　　生對於文獻搜尋，用力之勤，貢獻之大，士林共欽。此行收穫，諒
　　亦不少。關於中俄西北交涉史料三種，以付印之前未與承辦者說明
　　條件，商人重利，事後再提，難期就範，經一再交涉，始勉允另以
　　原書四部見贈，連同前寄五部，共為九部，價值約在八十元左右。
　　日內即可付郵。有負雅命，頗覺不安，敢祈諒之。近史所以限於人
　　力財力，所成有限，有負先生及各方囑望，深為愧汗。今後四五年
　　內決集中力量於有系統的專題研究，而以近代化之成敗為中心，俟

此項計劃告一段落，如力能勝任，再事全部近代化之撰寫。史料編纂自當庚續進行，然亦以事實所限，困難重重。但無論如何，必設法將中俄關係及近代中國之西方認識完成。民國史研究此時此地確有其必要與便利之處，不過亦有若干顧忌，目前只好仍從事於有關資料之搜集，四年以來，訪問人物約四十位，紀錄近三百萬言。此事王雪艇先生亦深感興趣，或可漸趨好轉。福特補助計劃為期尚有三年，擬待一九六五年再與商洽延展，多承關注，至感。拙編「近代中國史事誌」僅屬於工具之書，俾備史家參考之需，說不上有何重大價值，謬蒙過獎，實不敢當。華府或其他各地學者及圖書館，可否　便為推介，以廣流佈。如屬可行，當先郵上數部。王雪艇先生近日將去華府，此間情形，想可知其梗概。金純儒先生晤及將請代為致意。國會圖書館複本書刊，至希繼續費神留意。匆此，敬頌

　　時福！

　　　　　　　　　　　　　　　　　　　弟　郭廷以拜上
　　　　　　　　　　　　　　　　　　　五二、十、十

　　　　　　　　　　（《郭廷以先生書信選》，51～52頁）

　　是年，所著《中國留英同學博士論文目錄　1916～1961》（Doctoral Dissertations by Chinese Students in Great Britain and Northern Ireland 1916-1961）發表在臺北《Chinese Culture》4 卷 4 期上。《中國留歐大陸同學博士論文目錄　1907～1962》（A Guide to Doctoral Dissertations by Chinese Students in Continental Europe 1907-1962）出版。《現代中國數學研究目錄　1918～1960》（Bibliography of Chinese Mathematics 1918-1960）出版。與 Eugene L. Delafield 合編的《胡適先生西文著作目錄》（Bibliography of Dr. Hu Shih's Writings in Western Languages）發表於《中央研究院歷史語言研究所集刊（第三十四本　下冊）》上。

　　是年，由其主編的《新疆研究叢刊》有六種書出版，分別是：《中俄西北條約集》、《西陲要略》（四卷）、《新疆國界圖志》（八卷）、《西疆交涉誌要》（六卷）、《新疆建置志》（四卷）、《戡定新疆記》（八卷）。

　　是年，給彭昭賢回一信，言不同意早日退休，原因是：老年的生活不能

靠兒女，要自己養活自己；還有些研究工作要做，離開崗位有諸多不便。（彭昭賢《追念袁守和先生》）

1964 年（甲辰）　70 歲

4 月，作健康檢查時，發現患貧血。（袁澄《勞碌一生的父親》）

5 月 14 日，致函郭廷以：

> 守和先生有道：
>
> 　二月十六日曾肅一箋，諒早邀鑒。近史所事備承愛護，公私均感。洛氏基金代表康君（Campton）上月來臺，對於「近代中國之西方認識」及「口述民國史」兩計劃，頗感興趣，六月間將再度前來，容續奉陳。長者得便，仍希鼎力相助。費正清先生到此已四周，晤談之下，贊許有加，愧不敢承，以近史所實少成就可言。渠除撰文送交「亞洲學報」介紹外，並力勸將拙編「近代中國史事誌」出版（全書約二百餘萬字），已函哥大包華德（Boorman）先生商洽。「中俄關係史料」、「中東鐵路」編兩冊已成書，另行郵奉就正。其「俄國革命」及「東北邊防」兩編四冊，亦可望於下月內印就，當續呈。今夏七月在西雅圖召開之中美學術合作會議，弟或將前往參加，如情勢許可，甚望能重去東部一遊，俾獲面聆明教。
>
> 　公餘之暇，務希時
>
> 　錫箴言為幸。匆此，祗頌
>
> 　道綏！
>
> > 　　　　　　　　　　　　　弟　廷以拜上
> > 　　　　　　　　　　　　　五三、五、十四
>
> 府上均好

（《郭廷以先生書信選》，53～54 頁）

5 月 24 日，郭廷以覆函袁同禮：

> 守和先生長者道席：
>
> 　十一日惠教及寄下 Russia in the East 一書，先後收到（書款即寄去），既慰且感。該書約略翻閱，其中多前所未聞未見記述，譯稿如整理竣事，懇即郵賜，願代印行，作為史料叢刊之一。長者如能

惠撰序文，當更為生色。龍章先生極願一晤，日內當設法向外交部
探詢聯絡。年來此間與歐洲學術界甚少往還，實一大遺憾，最近弟
開始與倫敦大學、劍橋大學接觸，D. C. Twitchett 教授等常有書至，
相互交換出版品，Twitchett 將於今秋訪日之便，順道來臺一行，近
史所去年曾派一人赴英，明春可望再有同事一位續往。其他歐陸大
學弟亦欲與取得聯繫，敢祈予以介紹。費正清此次到臺，印象甚好，
對於近史所及史語所尤熱心協助，惟王院長似尚有其政治顧慮，頗
不可解。又近史所呂實強君在哈佛進修二年期滿，不久擬去華府，
屆時尚望加以指導為幸。日誌銷售，多承費神，謹再謝。敬問

　　雙安

　　　　　　　　　　　　　　　　　　弟　郭廷以謹上
　　　　　　　　　　　　　　　　　　五三、五、廿四

　　　　　　　　　　　（《郭廷以先生書信選》，55～56頁）

　　5月，將《俄國在東方》（Russia in the East，1876～1880）一書附錄的信
札全部譯成中文，題名《伊犁交涉的俄方文件》，交給臺灣中央研究院近代史
研究所，1966年正式出版。郭廷以作序。（郭廷以《伊犁交涉的俄方文件·序》）

　　6月8日，徐先雁致函裘開明，云：「家父藏有古書兩部（宋版《事文類
聚》和明版《文獻通考》），現擬出售。承袁先生同禮之介紹，聞先生所主持
之哈佛大學圖書館中文部尚無這兩部書，不知貴館可有意購買？懇請先生幫
忙，家父當以明版《易傳》全套或售出價之廿分之一酬謝」。（程煥文《裘開
明年譜》，868頁）

　　6月18日，利用國會圖書館的休假，以及美國社會科學研究所和美國學
術團體聯合會的資助，乘機赴英，為《海外中國藝術珍品目錄》作調查工作。
後赴德國慕尼黑，進入大學醫院檢查，發現胰臟有流血，住院幾日，仍打算
赴維也納調查後再返美。其實胰臟已發現有癌，醫生不允他再赴維也納，堅
持要他立即返美。於是，袁先生於7月11日乘機返美醫治。（袁澄《勞碌一生
的父親》；吳光清《袁守和先生傳略》）

　　7月17日，在華盛頓動手術。開刀時，醫生發現癌已蔓延，無法割治，
於是縫上。醫生囑咐袁夫人和袁清，不要告知袁同禮先生真相。（袁澄《勞碌
一生的父親》）

7月29日，在家人給袁澄的信中，袁同禮附寫了一句：「我割治後，經過良好。今日大夫說下星期一可以出院，在家靜養幾星期再上班。」（袁澄《勞碌一生的父親》）

8月，在家休養，但吃食物便嘔吐，於是又入院治療。袁澄於8月底返美看望他，送皮帶一條，袁先生說：「別太小了，等會兒胖了，又不能用了。」可見，他對自己的身體仍充滿信心。（袁澄《勞碌一生的父親》）

夏，胡應元有兩種工作選擇，一是美國國會圖書館東方部，一是華盛頓大學圖書館東方部，於是向袁先生請教。袁先生坦白指示，「略謂國會圖書館，是政府機構，缺乏研究空氣，自不若去學術機關如大學圖書館，可多求進益，且華大東方圖書部新創不久，一切從新開始，更可藉此實現自己理想」。受此言影響，胡君果然選擇去華盛頓大學。上任之前，他專程去謁晤袁先生，得其「指示如何建立與擴充華大圖書館東方部，甚為詳盡，並鼓勵於工作之餘，努力研究寫作」。受此鼓勵，胡君於是年秋，撰寫一文，論述中文圖書編目問題及解決之道，寄給袁先生修改。「守和先生對該稿之組織及體別以及英文方面，均有詳盡之指示」。（胡應元《袁守和先生與學術研究工作》）

經過X光診療，9月17日，再度出院。（袁澄《勞碌一生的父親》）

10月10日，見全家團聚，他提議晚飯吃鍋貼，自己也吃了幾個。飯後步行數圈，覺背痛，即上樓就寢，不一會，醒來大吐。（袁澄《勞碌一生的父親》）

10月15日，覆函李書華：「……弟患Pancreas，入院割治後住院兩月，迄今未能復原，終日度日如年，亦無他法可想。吾人在此幸有良醫，又有健康保險，否則更不堪設想矣。……」（李書華《追憶袁守和先生》）

11月4日，堅持回國會圖書館工作。由袁清負責接送，並照顧午飯。（袁澄《勞碌一生的父親》）

11月27日（感恩節次日），袁澄送他去國會圖書館，午飯時，他告訴袁澄，自己打算在明年1月中旬退休，這樣就可得到館中的養老金，加上社會保險的錢，足敷每月需用。（袁澄《勞碌一生的父親》）

12月24日，致函彭昭賢：「君頤妹丈 世輝二妹如晤，久未通訊，時在念中，近接籛妹來信，知希淵、子仁等身體健旺，兒女輩均已成婚，一切情形漸已好轉矣。世真〔註91〕到紐約後曾通電話，擬在錢姨處過聖誕再來華京，屆時均照一相片再行寄上，兄自七月割治PANCREAS後住院數月，現雖恢復

〔註91〕彭昭賢之子。

健康，仍擬多加休息，下月即退休在家靜養。」（彭昭賢《追念袁守和先生》）

12 月，他的體力漸衰，幾乎到家即上床臥著。12 月 30 日，袁澄、袁清參加在華盛頓舉行的美國歷史學會年會，原訂下午 5 時可至國會圖書館接他。在一會場中，袁清遇到傅樂素（傅斯年堂姪女），於是送她去找國會圖書館附近的旅館，但車子卻在中途壞了。等袁澄開車到國會圖書館時，已是 5 時 3 刻，袁先生在門口等了很久，不但無責怪之辭，反而堅持讓袁澄去幫傅教授找旅館。是日，他比平時晚到家兩小時。31 日晨，因無力起床，請假一天。（袁澄《勞碌一生的父親》）

是年，鄭壽麟寄來其所編《中國德意志學書目》一冊。（鄭壽麟《從永樂大典與圖書集成說起——袁守和先生與中德文化之溝通》）

是年，函詢朱文長所作有關新疆問題的文字，「大概是為編著中西文有關新疆著作書目之用的」。（朱文長《袁同禮與其紀念獎學金》）

是年，由其主編之《新疆研究叢刊》第八種《金軺籌筆》（四卷）在臺北商務印書館出版。序文請金問泗作。二人對序文兩處語句的存刪有不同看法，但經金君說明，他終從之。其直諒亦如是。（金問泗《袁守和先生對於本國外交問題之留意》）

1965 年（乙巳）　71 歲

1 月 15 日，從國會圖書館正式退休。同事 50 人為他餞行。後復有館中中國同仁歡宴他。（袁澄《勞碌一生的父親》）

1 月 21 日，袁澄來看望，他出示同事們送的一套文具，並且高興地告知袁澄，袁靜於晨生一女。但從這時起，又開始嘔吐，幾乎不能咽下任何東西。（袁澄《勞碌一生的父親》）

1 月 24 日晨，他告訴袁澄，從收音機中得知邱吉爾逝世了。袁先生平素欽佩邱吉爾的毅力和終生勞碌的事業。是日晚飯吃火鍋，他吃了一兩口，八時，堅持自己上樓，走了一半，身體不支，又休息了三四分鐘，終於走完樓梯去睡覺。這是他最後一次在家中上樓梯。（袁澄《勞碌一生的父親》）

1 月 26 日，全日未嘔吐，然臉色及雙目開始發黃。晨收到臺北國史館館長羅家倫（志希）一信，請他代辦在國會圖書館影印自美國國務院獲得的日本檔案。他當即口述一信，給國會圖書館影印部負責人，由袁澄筆記並打出送去。此信較長，然無一錯誤。（袁澄《勞碌一生的父親》）

1月27日至30日，袁澄及袁清總是陪伴在床側。他的話較多，精神很好，兩眼也有神，但服用阿司匹靈的次數增多，以減輕背部疼痛。然每過一天，從床上去浴室的步態愈加衰弱。30日，需要人幫忙才能從床上坐起來。是日，囑袁澄抄下他從一本食譜中抄來的做火鍋的方法，並一再說：「你要先放豬油、糖、醬油和蝦米、水」。（袁澄《勞碌一生的父親》）

1月31日晨，袁澄偕妻離家返校。告別時，他滿臉愉快地對袁澄說：「小心開車。再放假，你沒什麼事，就在那兒休息，不用回來了。」袁澄言：「現在公路不錯，開車容易，過兩個禮拜再來看爸爸。」他笑言：「也好」。待袁澄正要啟程時，他又讓袁清轉來一囑咐：「不要忘記把昨天買的火鍋帶走」。（袁澄《勞碌一生的父親》）

2月3日晨，他說：「我乘神智清楚，還是去醫院罷，也許他們有辦法可治。」（袁澄《勞碌一生的父親》）

2月4日，進入昏迷狀態。（袁澄《勞碌一生的父親》）

2月5日，雖有氧氣管之助，然呼吸已很困難。雙眼睜著，看袁澄等來看望，雙手振動，似要說話，但又說不出。此後一小時，袁慧熙夫人餵他湯，還能一點點咽下去。（袁澄《勞碌一生的父親》）

2月6日凌晨（三時一刻），因癌症不治，與世長辭。後葬於華盛頓石灣公墓。羅家倫撰碑文曰：「袁先生同禮，字守和，具溫良恭儉讓之美德，抱溝通中西文化濟世之宏願，噴智慧之泉，穆春風之化。夫人慧熙為袁太常昶孫女，淑德令聞，相輔益彰。子澄、清，女靜，均克承庭訓，允繼家風。茲值卜葬華府，咸仰靈旗奕奕，永護欝欝佳城。　學弟羅家倫拜撰並書。」（羅家倫《袁同禮先生之墓》，見《思憶錄》，10頁）蔣介石寫挽詞：「守和先生千古望重士林 蔣中正」。（見《思憶錄》中文目錄後之挽詞）

1946年底，美國國會圖書館打算歸還中國存美善本書，但因中國內戰爆發，時局不穩，未能返回。袁先生生前，臺灣方面曾有人提出將存美善本運臺，但據說他表示，這批善本的產權屬於北圖，他個人無權更改，所以直到辭世時，這批善本仍保存於國會圖書館。（焦樹安《將畢生精力貢獻給中國圖書館事業的袁同禮》）1965年，臺灣國民政府再次向國會圖書館館長孟佛請求歸還，這批善本才於1965年10月21日離開國會圖書館，11月23日抵達臺北市中央圖書館。（盧雪鄉《袁同禮先生與美國國會圖書館》）

譜後

1965 年（乙巳）

2 月 10 日，蔣復璁在臺北《中央日報》上發表悼念文章，稱：「中國從事圖書館事業最勤勞的，要算守和先生了」。（蔣復璁《悼念袁同禮先生》，載（臺北）《中央日報》1965 年 2 月 10 日（5 版），是文收入《思憶錄》39～42 頁）

3 月 7 日，在臺灣中央圖書館曾舉行袁同禮追悼會。蔣復璁、查良釗二先生致辭，要言不煩。參加者多為中央研究院、中央圖書館同事及袁先生同學、友好。（《八學術團體 追悼袁同禮》，載（臺北）《中央日報》，1965 年 3 月 8 日（3 版）。）追悼會簡單肅穆，「禮堂除靈桌外，沒有座位」。沈亦雲前往參加，是少數女賓之一。（沈亦雲《紀念袁守和先生》）在袁同禮遺像上方是程天放所書悼詞「盡瘁學術」四個大字，左右依次是毛子水和羅家倫的輓聯：「中秘立功佳書何止八千卷，上庠同舍往事追懷五千年」、「脫文化於浩劫，渡學者以津梁」（見《思憶錄》151 頁照片），這些或許是最能概括袁同禮一生豐功偉績的語言了。

6 月，金問泗作詩紀念：「酒壚終古有深悲。此阨今朝身遇之。我又尋書人不見。天胡吝壽命難知。層樓傴僂相迎日。病榻纏綿欲別時。逝水光陰忍追溯。重來只恨訂交遲。」（金問泗《袁守和先生對於本國外交問題之留意》）

秋，袁同禮紀念獎學金在臺灣大學圖書館學系設立。（袁慧熙《思憶錄·前言》）

12 月，王伊同撰文悼念。其中，贊其延攬推譽人才曰：「丈之主司北平圖書館也，士懷才知，必禮延善遇，置之館舍，厚其俸祿，以專其向焉，越數年而功大著。於是考古有唐立庵，劉子植，金石有趙斐雲，說部有孫子書，目錄有向覺民、王有三、謝剛主、錢公垂。才秀趨歸，若水之匯海也。比年居華京，遠顧高瞻。唯才是獵。國人有所長，延譽推介不容口，必使人盡其才，才盡其用而後已。蓋丈之領袖群倫，扶掖後進，其誠且篤又若是。」（王伊同《哀守和丈》，見《思憶錄》，11～12 頁）

1966 年（丙午）

5 月，費正清在哈佛大學寫就《我所認識的袁守和先生》一文。其中談到：「回顧過去，袁先生赤誠為中國圖工作獻身的犧牲，真令人感動。同時他非乎尋常的幹勁兒及順應環境而找出方法的才能，總有助於學問的進步，更令

人景仰。綜他一生而言，他時時注意使有價值的學術資料，供學者使用。他領導有能力的團工作人員，出版各種參考資料，供給學問研究上不斷的支持。這些都為他日常的工作。一整代的學者，向袁先生尋求不同的協助。他自己永遠在腳踏實地的領導，時時在思索實際的結果。他工作上的另一特點，是他對於中美文化關係的注意。此外他對中西關係，也有興趣。」（費正清《我所認識的袁守和先生》）

是年，哥倫比亞大學圖書館學院宣布設立「袁同禮紀念獎學金」（The T. L. Yuan Memorial Scholarship Fund）。（Jack Dalton《The T. L. Yuan Memorial Scholarship Fund》，見《思憶錄》（英文部分），5～6 頁）據稱，後改為「袁同禮、袁慧熙夫婦紀念獎學金」（Tung Li and Hui Hsi Yuan Memorial Scholarship Fund）。（王成志《袁同禮先生和哥倫比亞大學》）袁澄解釋了在該校設立獎學金的原因：一是因為父親袁同禮一生奉獻於圖書館事業，且曾就讀於哥倫比亞大學，二是為了傳承父親知識為公的理念及其服務精神。（C. Yuan（袁澄）《'Knowledge for others': A note》，見《思憶錄》（英文部分），72～74 頁）

1975 年（乙卯）

由范德本（Harrie A. Vanderstappen）教授整理、增訂的《袁同禮中國藝術考古西文目錄》（The T. L. Yuan Bibliography of Western Writings on Chinese Art and Archaeology）出版。

1981 年（辛酉）

是年，袁清〔註1〕前往印地安那大學，與圖書情報學院的 David Kaser 教授商議在該校設立袁同禮紀念獎學金事宜，獲得同意。不久，專門成立一委員會負責此事。在親朋好友的支持下，獎學金很快就緒。1984 年，該校頒發了第一份袁同禮紀念獎學金。之後，有多位欲獻身中美圖書館事業的華人學生獲此獎。（David Kaser《Dr. Yuan T'ung-li and Indiana University》，載（臺灣）中國圖書館學會輯印《袁同禮先生百齡冥誕紀念專輯》1995 年版，27～29 頁）據袁清先生講，他們以企業贊助與個人贊助相結合的方式，在多所大學設立了「袁同禮紀念獎學金」。如臺灣大學、哥倫比亞大學圖書館學院、印第安那大學、伊利諾大學、加州大學柏克萊分校、密歇根大學、匹茲堡大學、Drexel 大學、Rutgers 大學等。（2010 年 7 月 23 日筆者採訪袁清先生）

〔註 1〕據稱，應該是袁澄去的。（筆者 2010 年 7 月 23 日採訪袁清先生）

1995 年（乙亥）

4 月，顧廷龍撰《紀念袁同禮先生百齡冥誕》，高度評價了袁同禮的一生。文曰：「我國現代的圖書館事業創始於清末，然採訪、編目、閱覽、典藏等工作，仍大體與歷來藏書樓之管理無甚異也。袁同禮先生留學美國哥倫比亞大學，學成歸來，佐蔡元培先生創辦國家圖書館，學習西方，結合國情，制訂新的規章制度。大學圖書館及省立圖書館都受其影響，管理體制和社會服務等方面逐漸改觀，出現新貌，此皆同禮先生首為創導之功也。……圖書館既為事業機構，亦為學術機構，袁先生為謀圖書館事業之發展與提高，聘請專家從事典籍文獻專業之研究，編製專題書目，創辦館刊，解答讀者專業諮詢。此種研究與服務相結合的方式，實為大型圖書館和專門圖書館向高層次發展的必由之路。先生的遠見卓識，良可欽佩！先生尚資送有為青年出國留學，為圖書館事業培養了很多的高級人才。同禮先生一生辛勤從〈事〉圖書館事業，享譽世界，為中國圖書館的前輩，是後學的導師。……」（顧廷龍《紀念袁同禮先生百齡冥誕》，載（臺灣）中國圖書館學會輯印《袁同禮先生百齡冥誕紀念專輯》1995 年版，2～3 頁）

2005 年（乙酉）

8 月，北大圖書館為紀念蔡元培、章士釗、李大釗、袁同禮、馬衡、蔣夢麟、嚴文郁、胡適、向達 9 位先賢在北大圖書館事業上的豐功偉績，鑄其頭像於館內南門大廳牆上。白化文先生為此撰《紀念先賢鑄像銘文》，用妙筆盛讚了先賢們的豐功偉績。其中，贊袁先生的銘詞為：「袁公守和，任職年多。圖書專業，經歷坎坷。東鄰搆釁，禹域洪波。西南聯大，不輟絃歌。」（白化文《紀念先賢鑄像銘文》，抄自北京大學圖書館南門大廳）

2010 年（庚寅）

6 月 1 日上午，「紀念袁同禮先生座談會」在中國國家圖書館古籍館（文津街 7 號）學術活動東廳舉行。袁清夫婦、徐文堪（徐森玉公子）、李興輝（1931年即入北平館當館員）、張志清（國圖副館長）、王子舟教授、王菡及袁疆、袁剛、袁方、索菲（Sophie Volpp，袁靜大女兒）、塞麗娜（Serena Volpp，袁靜二女兒）等人士出席了該會。大家從不同方面，讚頌了袁同禮先生的偉大品格和卓越貢獻。其中索菲說，其外祖母袁慧熙評價祖父的一生是「Following the books」（跟著書走）。（筆者參會筆錄）

　　是年，《袁同禮文集》（6月）、《袁同禮著書目彙編》〔註2〕（6月）由國家圖書館出版社出版。

〔註 2〕此書是「海外中國學研究書目系列」之一。

附錄二：袁同禮先生著述目錄

作　者	書（篇）名	刊（書、報）名	出版地及出版者	出版時間	卷期頁
袁同禮	諾貝爾賞金（Nebel Prize）	北京大學日刊		1919.01.16，1919.01.18	1919 年 1月 16 日、18 日（4、5 版）
袁同禮	永樂大典考	學衡		1924.02.	26 期 1～19 頁
袁同禮	永樂大典現存卷目	中華圖書館協會會報		1925.12.20	1 卷 4 期 4～10 頁
袁同禮	清代私家藏書概略	圖書館學季刊		1926.03.	1 卷 1 期31～38 頁
袁同禮	楊惺吾先生（一八三九～一九一五）小傳	圖書館學季刊		1926.12.	1 卷 4 期637～642頁
袁同禮	老子考序	老子考（王重民著）	北平：中華圖書館協會	1927	第1冊首1頁
袁同禮，劉國鈞，合編	永樂大典現存卷數續目	中華圖書館協會會報		1927.02.28	2 卷 4 期 9～13 頁
袁同禮	永樂大典現存卷數續目	中華圖書館協會會報		1927.08.31	3 卷 1 期 9～11 頁
袁同禮	明代私家藏書概略	圖書館學季刊		1927.12.	2 卷 1 期 1～8 頁
袁同禮	中國加入國際交換出版品協約之經過	中華圖書館協會會報		1927.12.31	3 卷 3 期 3～20 頁
袁同禮	中國音樂書舉要	音樂雜誌（國樂改進社）		1928.01.10	1 卷 1 期 1～12 頁
袁同禮	新書介紹	音樂雜誌（國樂改進社）		1928.01.10	1 卷 1 期 1～2 頁
袁同禮	中國音樂書舉要（續）	音樂雜誌（國樂改進社）		1928.02.10	1 卷 2 期13～23 頁
袁同禮	中國音樂書舉要	中華圖書館協會會報		1928.02.29	3 卷 4 期 6～17 頁

袁同禮	西人關於國樂之著作	音樂雜誌（國樂改進社）		1928.03.10	1 卷 3 期 1～4 頁
袁同禮	宋代私家藏書概略	圖書館學季刊		1928.03.	2 卷 2 期 179～187 頁
和（袁同禮）	（評）中國圖書館計劃書	中華圖書館協會會報		1928.04.30	3 卷 5 期 23 頁
和（袁同禮）	（評）四庫全書總目韻編	中華圖書館協會會報		1928.04.30	3 卷 5 期 23～24 頁
袁同禮	本館略史	北京圖書館月刊		1928.05.	1 卷 1 期 1～6 頁
和（袁同禮）	荷蘭圖書館參觀記	中華圖書館協會會報		1928.08.31	4 卷 1 期 3～6 頁
袁同禮	皇史宬記	圖書館學季刊		1928.09.	2 卷 3 期 443～444 頁
袁同禮	北平圖書館西文音樂書目錄	音樂雜誌（國樂改進社）		1928.10.20	1 卷 4 期 1～12 頁
袁同禮	永樂大典現存卷帙簡表	文瀾學報		1929 年	1 期
袁同禮	永樂大典現存卷目表	北平北海圖書館月刊		1929.04.	2 卷 3、4 期 合 刊 215～251 頁
和（袁同禮）	永樂大典現存卷數表續記	國立北平圖書館月刊		1929.10.	3 卷 4 期 458 頁
和（袁同禮）	永樂大典現存卷數表再補	國立北平圖書館館刊		1931.03、04.	4 卷 2 期 42 頁
和（袁同禮）	永樂大典現存卷數表三補	國立北平圖書館館刊		1931.07、08.	4 卷 4 期 4 頁
袁同禮	近十年來國際目錄事業之組織	北大圖書部月刊		1929.10.20	1 卷 1 期 7～18 頁
T.L.Yuan	Modern Libraries in China	North China Daily News（《字林西報》）		1929.12.13	
Tung-li Yuan	Preface to "Libraries in China"	Libraries in China	Peiping: Library Association of China	1929	1p.

袁同禮	宛委別藏現存書目	北大圖書部月刊		1930.03.20	2 卷 1、2 期合刊 39〜52 頁
袁同禮	北平故宮博物院圖書館概況	圖書館學季刊		1930.06.	4 卷 2 期 311〜313 頁
和（袁同禮）	民國十九年來出版之地志書簡目	中華圖書館協會會報		1930.10.31	6 卷 2 期 7〜13 頁
袁同禮	國立北平圖書館之使命	北平晨報副刊‧學園		1931.06.24	120 期
袁同禮*	國立北平圖書館之使命	中華圖書館協會會報		1931.06.30	6 卷 6 期 3〜4 頁
袁同禮	國立北平圖書館概況	圖書館學季刊		1931.06.	5 卷 2 期 300〜315 頁
Tung-li Yuan	Preface to "Union Catalogue of Books in European Languages in Peiping Libraries"	Union Catalogue of Books in European Languages in Peiping Librarie (edited by the National Library of Peiping)	National Library of Peiping and National Academy of Peiping	1931	v.1, p.1-2
袁同禮	永樂大典存目	國立北平圖書館館刊		1932.02.	6 卷 1 期 93〜133 頁
袁同禮	近三年來發現之永樂大典	讀書月刊（國立北平圖書館）		1932.03.10	1 卷 6 期 40〜46 頁
袁同禮	宛委別藏現存書目及其板本	圖書館學季刊		1932.03.	6 卷 2 期 256〜277 頁
袁同禮*	國立北平圖書館概況	浙江省立圖書館月刊		1932.04.30	1 卷 2 期 1〜14 頁
袁同禮	關於圖書集成之文獻	圖書館學季刊		1932.09.	6 卷 3 期 403〜406 頁
袁同禮*	關於圖書集成之文獻	國學季刊		1932.09.	？ 423〜426 頁

袁同禮	關於永樂大典之文獻	國立北平圖書館館刊		1933.02.	7 卷 1 期 13〜29 頁
袁同禮	永樂大典現存卷目表	國立北平圖書館館刊		1933.02.	7 卷 1 期 103〜140 頁
袁同禮	觀海堂書目序	圖書館學季刊		1933.03.	7 卷 1 期 111〜112 頁
袁同禮（譚其驤代作）	北平圖書館方志目錄序	北平圖書館方志目錄（譚其驤編）	北平：國立北平圖書館	1933	首 1〜2 頁
袁同禮（譚其驤代作）*	北平圖書館方志目錄序	圖書館學季刊		1933.06.	7 卷 2 期 339〜340 頁
袁同禮，向達	選印四庫全書平議	北平晨報副刊·學園		1933.08.14	
袁同禮，向達*	選印四庫全書平議	國風半月刊		1933.08.16	3 卷 4 期 9〜11 頁
袁同禮	四庫全書中永樂大典輯本之缺點	北平晨報副刊·學園		1933.08.18	
袁同禮，向達*	選印四庫全書平議	讀書月刊		1933.09.10	2 卷 12 期 1〜14 頁
袁同禮*	四庫全書中永樂大典輯本之缺點	國立北平圖書館館刊		1933.10.	7 卷 5 期 63〜70 頁
袁同禮	現代德國印刷展覽目錄序	中華圖書館協會會報		1933.12.31	11 卷 3 期 1 頁
袁同禮	清季外交史料序	清季外交史料（王彥威輯，王亮編）	北平：外交史料編纂處	1933	卷首冊 1〜2 頁（自為起訖）
袁同禮	南行紀事詩注跋	南行紀事詩注（李濂鏜著，江翰題簽）		1934.01.	11 頁
Tung-li Yuan	Address delivered at the Conference of the International Committee on Intellectual Cooperation (Geneva, League of Nations)			1934.07.	

袁同禮	赴歐美考察圖書館之經過	（北平）華北日報		1934.12.10～11	9 版
袁同禮	袁同禮昨談發展圖書館事業計劃，擬倡議籌設省市立圖書館，並準備設立圖書專科學校	（北平）華北日報		1934.12.19	？版
袁同禮，講演	十年來國際圖書館博物院發展概況	天津市市立通俗圖書館月刊		1935.01.31	7～9 期合刊 20～24 頁
袁守和講，胡延鈞，鄔學通筆記	歐美圖書館之新趨勢	文華圖書館學專科學校季刊		1935.03.	7 卷 1 期 1～4 頁
Tung-li Yuan	Forword to "Exhibition of Modern American Printing: A Catalogue"	Exhibition of Modern American Printing: A Catalogue	Peiping: National Library of Peiping	1935.05.	2p.
Tung-li Yuan	Forword to "Libraries in China"	Libraries in China: Papers Prepared on the Occasion of the Tenth Anniversary of the Library Association of China	Peiping: Library Association of China	1935.08.	1p.
Tung-li Yuan*	Forword to "Exhibition of Modern British Printing: A Catalogue"	Exhibition of Modern British Printing: A Catalogue	Peiping: National Library of Peiping	1935.12.	2p.
袁同禮	現代英國印刷展覽目錄序	民眾日報圖書特刊		1935.12.11	11 期
袁同禮*	現代英國印刷展覽目錄序	中華圖書館協會會報		1935.12.31	11 卷 3 期 1～2 頁
袁同禮	國立北平圖書館善本書目乙編序	國立北平圖書館善本書目乙編（趙錄綽（孝孟）編）	北平：國立北平圖書館	1935	首 1～3 頁

袁同禮*	國立北平圖書館善本書目乙編序	圖書館學季刊		1935.12.	9 卷 3、4 期合刊479～480 頁
袁同禮	現代中國作家筆名錄序	現代中國作家筆名錄（袁湧進編）	北平：中華圖書館協會	1936	5 頁
袁同禮	對於膺白先生參加華盛頓會議之回憶	黃膺白先生故舊感憶錄	上海：〔出版者不詳〕	1937（民國二十六年）	114～117頁
袁同禮（實為傅振倫代作）	我國藝術品流落歐美之情況	教育部第二次全國美術展覽會專刊		？	
袁同禮（實為傅振倫代作）	我國藝術品流落歐美之情況	中國藝術論叢（滕固編）	商務印書館	1938	？頁
袁同禮	全國美術展覽會陳列之版書畫	中國藝術論叢（滕固編）	商務印書館	1938	？頁
Tung-li Yuan	Preface to "Japan's Aggression and Public Opinion"	Japan's Aggression and Public Opinion (Compiled by the National Southwest Associated University Library)	Kunming, Yunnan: National Southwest Associated University Library	1938	p.iii-iv
袁同禮	永樂大典現存卷目表	圖書季刊		1939.09.	新 1 卷 3 期 246～286 頁
Tung-li Yuan	In Memoriam: Dr. Ts'ai Yuan-p'ei 蔡元培，1868～1940	Quarterly Bulletin of Chinese Bibliography (English edition)	Kunming, Yunnan	1940.03.	New series, v.1, no.1, 2 unnumbered pages prior to Editorial comment
袁同禮	國立北平圖書館現藏海外敦煌遺籍照片總目	圖書季刊		1940.12.	新 2 卷 4 期 609～624 頁

袁同禮	石刻題跋索引序	石刻題跋索引（楊殿珣編）	［香港］：商務印書館	1940	首1～2頁
Tung-li Yuan	Editorial Comment	Quarterly Bulletin of Chinese Bibliography (English edition)	Kunming, Yunnan	1940.03-12. 1941.03/06. 1943.03/06.	New series, v.1, nos.1-4, p.1-4, 117-122, 245-250, 349-350; New series, v.2, no.1/2, p.1-6; New series, v.3, no.1, p.1-6; no.3/4, p.?
袁同禮	國立北平圖書館藏碑目（墓誌類）跋	國立北平圖書館藏碑目（墓誌類）（范騰端編）	上海：開明書店	1941	末頁
袁同禮	國立北平圖書館工作概況	社會教育季刊		1943.12.	1卷4期10～12頁
袁同禮	中華圖書館協會之過去現在與將來	中華圖書館協會會報		1944.06.15	18卷4期2～3頁
袁同禮（實為袁同禮指導，傅振倫代作）	朱逖先生與目錄學	文史雜誌		1945	5卷11、12期合刊？頁
袁同禮	海外中國銅器圖錄序	海外中國銅器圖錄（陳夢家編纂）	上海：商務印書館	1946	第一集上冊第1頁
袁同禮	出版法修正草案意見書	報學雜誌		1948.08.	試刊號9頁
Tung-li Yuan	Address delivered at the Fifth Annual Conference of UNESCO (Paris)			1949.09～10.	

Tung-li Yuan	Address delivered at the Conference on Museograph (Madrid)			1949.10.	
Tung-li Yuan	Address delivered at the Conference of the Western Branch of the American Oriental Society (Berkeley and Seattle)			1951.11～ 1953.03	
Tung-li Yuan	Archaeological and Anthropological Finds in China: An address delivered at the International Congress of Orientalists (Cambridge, England)			1954.08.	
Tung-li Yuan	Directory of Chinese Librarians in the United States of America		Cambridge, Mass: Zunvair Yue	1955.09.	22 頁
Tung-li Yuan	Economic and Social Development of Modern China: A Bibliographical Guide（現代中國經濟社會發展目錄）		New Haven: Human Relations Area Files	1956	viii+130 頁；v+87 頁
袁同禮原著，梁在平增訂	中國音樂書譜目錄 （Bibliography on Chinese Music）		臺北：中華國樂會 （Taipei: Chinese National Music Association）	1956.09.	77 頁
王重民輯錄，袁同禮重校	美國國會圖書館藏中國善本書目 （A Descriptive Catalog of Rare Chinese Books in the Library of Congress）		Washington, D. C.: Library of Congress	1957	2 冊共 1306 頁

袁同禮，編	胡適先生著作目錄二（西文）（Selected Bibliography of Dr. Hu Shih's Writings in Western Languages）	中央研究院歷史語言研究所集刊（第二十八本 下冊）：慶祝胡適先生六十五歲論文集	臺北：中央研究院歷史語言研究所	1957.	909～914頁
Tung-li Yuan	China in Western Literature: A Continuation of Cordier's Bibliotheca Sinica（西文漢學書目）（又譯為：西洋文獻中的中國：高第〈中國書目〉續編）（1921～1957）		New Haven: Far Eastern Publications, Yale University	1958	xix+802頁
Tung-li Yuan	Russian Works on China 1918-1958: A Selected Bibliography（俄文漢學選目（1918～1958））	Monumenta Serica, v. XVIII（《華裔學誌》18卷）		1959	388～430頁
Tung-li Yuan, Edwin G. Beal, Jr.	Some Problems and Possibilities in Bibliography and Library	Sino-American Conference on Intellectual Cooperation: Report and Proceedings	Seattle: University of Washington	1960	134～138頁
Tung-li Yuan, Edwin G. Beal, Jr.	Sinological Reference Desiderata	Sino-American Conference on Intellectual Cooperation: Report and Proceedings	Seattle: University of Washington	1960	320～321頁
Tung-li Yuan	Russian Works on Japan: A Selected Bibliography（俄文日本研究選目）	Monumenta Serica, v. XIX（《華裔學誌》19卷）		1960	403～436頁

Tung-li Yuan	Russian Works on China, 1918-1960 in American Libraries（美國圖書館藏俄文漢學書目（1918～1960））		New Haven: Far Eastern Publications, Yale University	1961	xiv+162頁
Tung li Yuan	A Guide to Doctoral Dissertations by Chinese Students in America 1905-1960（中國留美同學博士論文目錄（1905～1960））		Washington, D. C.: Sino-American Cultural Society	1961	xix+248頁
袁同禮	對於膺白先生參加華盛頓會議之回憶	黃膺白先生故舊感憶錄（金問泗等著）	臺北：文星書店影印	1962(民國五十一年)	227～234頁
？	American Cultural Influence on China in the Field of Libraries	Chinese Culture	Taipei	1962.03.	v.4, no.1, p.144-146
袁同禮，主編或校訂	新疆研究叢刊十種	有各種序言，待補。		1962～1964	
袁同禮	新疆研究文獻目錄（中文本）		未完成，待印		
袁同禮，渡邊宏，合編	新疆研究文獻目錄（1886～1962）（日文本）		Published by Tung-li Yuan (Printed in Tokyo)	1962	正文共 92頁，卷首有影印袁同禮序文2頁，凡例和目次各1頁。
袁同禮	新疆研究文獻目錄（西文本）		未完成，待印		
袁同禮，校訂	中俄西北條約集		香港：新華印刷股份公司	1963	181頁
祁韻士，撰述；袁同禮，主編	西陲要略（四卷）		臺北：臺灣商務印書館	1963(民國五十二年)	一冊

王樹枏，著；袁同禮，校訂	新疆國界圖志（八卷）		香港：新華印刷股份公司	1963	227 頁
鍾鏞，著；金梁，校訂；袁同禮，主編	西疆交涉誌要（六卷）		臺北：臺灣商務印書館	1963（民國五十二年）	一冊
曾紀澤，撰述；袁同禮校訂、主編	金軺籌筆（四卷）		臺北：臺灣商務印書館	1964（民國五十三年）	一冊
宋伯魯，撰述；袁同禮校訂、主編	新疆建置志（四卷）		臺北：臺灣商務印書館	1963（民國五十二年）	一冊
魏光燾，黃丙焜，楊調元，撰述；袁同禮校訂、主編	戡定新疆記（八卷）		臺北：臺灣商務印書館	1963（民國五十二年）	一冊
Tung-li Yuan	Doctoral Dissertations by Chinese Students in Great Britain and Northern Ireland 1916-1961（中國留英同學博士論文目錄（1916～1961））	Chinese Culture	Taipei	1963.03.	v.4, no.4, p.107-137
袁同禮，Eugene L. Delafield，編	胡適先生西文著作目錄(Bibliography of Dr. Hu Shih's Writings in Western Languages)	中央研究院歷史語言研究所集刊（第三十四本　下冊）	臺北：中央研究院歷史語言研究所	1963.12.	813～828 頁
Tung-li Yuan	Bibliography of Chinese Mathematics 1918-1960（現代中國數學研究目錄）		Published by Tung-li Yuan (Printed in the U. S. A.)	1963	x+154 頁

Tung-li Yuan	A Guide to Doctoral Dissertations by Chinese Students in Continental Europe 1907-1962（中國留歐大陸同學博士論文目錄(1907～1962)）		Reprinted form Chinese Culture Quarterly (Taipei) v.5, nos.3-4, p.92-156　v.6, no.1, p.79-98	1963	154 頁
袁同禮，譯	伊犂交涉的俄文文件	中央研究院近代史研究所史料叢刊（第 2 輯）	臺北：中央研究院近代史研究所（承印者：精華印書館股份有限公司）	1966	目次 7 頁，序 5 頁，正文 106 頁
袁同禮	袁同禮先生序	圖書館學論文集	臺北：洪餘慶發行	1968	袁序
Tung-li Yuan, Harrie A. Vanderstappen	The T. L. Yuan Bibliography of Western Writings on Chinese Art and Archaeology（袁同禮中國藝術考古西文目錄）		London: Mansell Information/Publishing Limited	1975	xlvii+606 頁

附錄三：袁同禮先生往來書信目錄（部分）

時間	寫信人	收信人	信件內容大意	出　處
1919.08.26	傅斯年	袁同禮	告知病情，加之須回家料理家事，只能暫擱清華之遊，對此表示慚愧。反思五四運動，希望「思想界厚蓄實力，不輕發洩」。鼓勵袁同禮「把大學的精神輸進清華」。坦言：「回想以前，頗有些對你抱愧的地方，但是畢竟是最好的朋友，希望以後精神上時時會通」。	信函複印件，由袁清先生提供。
1920.10.	蔡元培	袁同禮	寄上北京大學津貼（1921年7月至1922年6月）共480金元。出具委任書一紙，以便其代北大「在美購辦書籍儀器」。請其代購心理學儀器和經濟學書籍，並附上清單。	高平叔，王世儒，編注，蔡元培書信集（上）[M]，杭州：浙江教育出版社，2000：498～499。
1925.09.12	麥魯問·杜威（Melvil Dewey）	袁同禮	杜威對自己被推為中華圖書館協會名譽會員，表示感謝，並鼓勵中華圖書館協會之創辦。	杜威博士來函[J]，中華圖書館協會會報，1925，1（3）：19～21。
1925.12.15	梁啟超	袁同禮	為《圖書館學季刊》撰寫之《經錄》（即《佛家經錄在中國目錄學上之位置》）一文脫稿，寫副寄上；該刊發刊辭明日能寄上。	丁文江，趙豐田，編，梁任公先生年譜長編（初稿）[M]，歐陽哲生，整理.北京：中華書局，2010：569。
1925.12.15	梁啟超	袁同禮	發刊辭已趕成，一併寄上；為袁同禮允任國立京師圖書館圖書部長感到高興，希望日後館中事務能仰賴李四光和袁同禮二人。	丁文江，趙豐田，編，梁任公先生年譜長編（初稿）[M]，歐陽哲生，整理，北京：中華書局，2010：569。
1925.12.20	梁啟超	李四光、袁同禮	商制定中國圖書分類法，推薦查修、梁廷燦二人在國立京師圖書館協助、學習，建議購書不可忽略日本文獻，尤其是幾種重要雜誌。	丁文江，趙豐田，編，梁任公先生年譜長編（初稿）[M]，歐陽哲生，整理，北京：中華書局，2010：569～570。

1926.03.03	米蘭（Carl H. Milam）	袁同禮	寄啟事一則，內容為美國圖書館協會五十週年慶典邀請各國圖書館學者及館員赴會，以及相關事宜。	美國圖書館協會五十週年慶典邀請各國圖書館學者及館員赴會[J]，中華圖書館協會會報，1926，1（5）：23～24。
1926.04.18	梁啟超	袁同禮	談接受耶魯大學所贈名譽博士學位等事。	丁文江，趙豐田，編，梁任公先生年譜長編（初稿）[M]，歐陽哲生，整理，北京：中華書局，2010：575.
1926.05.02	劉復	袁同禮	對林語堂《圖書索引之一新法》發表評論，並提出一種新索引法，請袁同禮提出圖書館協會供討論。	關於林語堂索引新法之通訊二則[J]，圖書館學季刊，1926，1（2）：371～373。
1926.05.03	袁同禮	劉復	對劉復的新索引法提出兩點意見。	關於林語堂索引新法之通訊二則[J]，圖書館學季刊，1926，1（2）：371～373。
1926.06.18	梁啟超	李四光、袁同禮	商議為北京圖書館購書事。	丁文江，趙豐田，編，梁任公先生年譜長編（初稿）[M]，歐陽哲生，整理，北京：中華書局，2010：577。
1926.07.05	梁啟超	李四光、袁同禮	言及為北京圖書館購書、病況、《公私圖書館小史》一文中止、館中建築等事。	丁文江，趙豐田，編，梁任公先生年譜長編（初稿）[M]，歐陽哲生，整理，北京：中華書局，2010：578。
1926.07.12	梁啟超	袁同禮	言擬憑記憶撰《公私圖書館小史》，並關心館中建築等事。	丁文江，趙豐田，編，梁任公先生年譜長編（初稿）[M]，歐陽哲生，整理，北京：中華書局，2010：578。
1926.07.13	梁啟超	李四光、袁同禮	言為北京圖書館籌款事宜及病況。	丁文江，趙豐田，編，梁任公先生年譜長編（初稿）[M]，歐陽哲生，整理，北京：中華書局，2010：578～579。

1926.07.20	梁啟超	李四光、袁同禮	言為北京圖書館籌款致函財政部、教育部當局，請求一次撥給一年經費四萬八千元。	丁文江，趙豐田，編，梁任公先生年譜長編（初稿）[M]，歐陽哲生，整理，北京：中華書局，2010：579.
1926.11.14	梁啟超	李四光、袁同禮	商量接待暹羅（泰國舊稱）貴族事。	丁文江，趙豐田，編，梁任公先生年譜長編（初稿）[M]，歐陽哲生，整理，北京：中華書局，2010：587-588.
1926.11.26	梁啟超	袁同禮	請其代約施永高，並商量繕寫《四庫全書》以補助圖書館經費事。	丁文江，趙豐田，編，梁任公先生年譜長編（初稿）[M]，歐陽哲生，整理，北京：中華書局，2010：588.
1927.02.01	米蘭（Carl H. Milam）	袁同禮	就 1926 年美國圖書館協會五十週年大會達成的協議（即由美國圖書館協會發起通告世界各國圖書館協會，建議組織一「國際圖書館委員會」並徵求各協會意見），詢問中華圖書館協會。	國際圖書館聯合之進行 [J]，中華圖書館協會會報，1927，2（4）：19～21。
1928.03.17	袁同禮	梁啟超	言北京圖書館購書費、圖書大辭典總報告、館地被占等事。	丁文江，趙豐田，編，梁任公先生年譜長編（初稿）[M]，歐陽哲生，整理，北京：中華書局，2010：626。
1928.06.18	梁啟超	袁同禮	談編纂《中國圖書大辭典》成績情形。	丁文江，趙豐田，編，梁任公先生年譜長編（初稿）[M]，歐陽哲生，整理，北京：中華書局，2010：631。
1928.07.07	袁同禮	中華圖書館協會全體會員	請求准允辭去中華圖書館協會執行部部長一職。	本會本屆選舉職員結果 [J]，中華圖書館協會會報，1928，4（1）：13～14。
1928.07.15	傅斯年	袁同禮	希望能借北平圖書館藏書目錄，以供中央研究院歷史語言研究所抄錄。	臺灣中央研究院歷史語言研究所藏本複印件。

1928.08.24	梁啟超	袁同禮	因身體舊恙復發頻繁，決意歸還《中國圖書大辭典》兩月編纂津貼費，但因經濟困難，欲贈已編成績稿以豁免歸還，但為求自潔而不願開口，請袁同禮視情形提出董事會商討，如有違言，則不必提議。	丁文江，趙豐田，編，梁任公先生年譜長編（初稿）[M]，歐陽哲生，整理，北京：中華書局，2010：636.
1928.12.27	袁同禮	傅斯年	「敝館藏書目錄現尚未有印行專本，中文分類目錄在敝館月刊中陸續發表，西文書只有卡片目錄，惟最近刊有英文季刊一種，亦有關於目錄之發表。茲特各檢一部奉上，以後即按期逐寄貴所，用備參考，並祈賜教為荷。」	臺灣中央研究院歷史語言研究所藏本複印件。
1928.12.31	蔣夢麟	袁同禮	請撥北平養蜂夾道迤西前公府操場空地作將來擴充館址之用一事，雖已獲批准，但如有變更，不須使用該項房地時，當交還此處官產。	國民政府教育部訓令第一五二號[J]，北平北海圖書館月刊，1929，2（2）：187～188。
1929.04.	北平特別市市政府	袁同禮	核准在北平北海圖書館新建築南牆另闢大門。	本館大門[J]，北平北海圖書館月刊，1929，2（3、4期合刊）：362。
1929.08.30	蔣夢麟	袁同禮	（聘書）教育部聘請袁同禮為國立北平圖書館副館長。	北京圖書館業務研究委員會，編.北京圖書館館史資料彙編（1909～1949）[G]，北京：書目文獻出版社，1992：301。
1929.10.18	楊立誠	袁同禮	請袁同禮為明春在杭州舉行之展覽會計劃及徵集各館圖書。	本會次屆年會之討議[J]，中華圖書館協會會報，1929，5（1、2期合刊）：41。
1929.10.22	袁同禮	楊立誠	寄上徵集羅馬國際圖書展覽會出品細則及近期北平圖書館圖書展覽會目錄各一份，以供參考，至中華圖書館協會第二次年會之舉行，尚須與執委商量，期望楊立誠先期計劃會員食宿等項。	本會次屆年會之討議[J]，中華圖書館協會會報，1929，5（1、2期合刊）：41。

1930.03.02	蘇錫爾（W. E. Soothill）	袁同禮	申請影繪利瑪竇地圖。	臺灣中央研究院歷史語言研究所藏本複印件。
1930.03.07	袁同禮、馬衡	鋼和泰（Staël-Holstein）	代表故宮博物院感謝鋼和泰從洛克菲勒先生那裡爭取到經費，用於修葺故宮裏的四座喇嘛廟，並請轉達對洛克菲勒先生的謝意。	王啟龍，鄧小詠.鋼和泰學術評傳［M］，北京：北京大學出版社，2009：227-228。
1930.03.19	袁同禮	傅斯年	蘇錫爾來函申請影繪利瑪竇地圖，袁同禮希望傅斯年惠允。	臺灣中央研究院歷史語言研究所藏本複印件。
1930.05.20	袁同禮	鍾慧英	信函主要內容是：「此前，裘開明委託國家圖書館幫助哈佛燕京學社購買中文書籍，並轉交燕京大學幫助運寄。目前，我已代其購得《梅蘭芳戲曲譜》（Selections from Mei Lanfang）2 卷。我會將其以獨立包裏寄出，並附賬單。請於方便的時候將此函轉給哈佛。」	程煥文，裘開明年譜［M］，桂林：廣西師範大學出版社，2008：48。
1930.07.07	袁同禮	伯希和（Paul Pelliot）、勞佛（Bertrold Laufer）	聘請法國伯希和與美國勞佛為北平圖書館通訊員。	北京圖書館業務研究委員會，編，北京圖書館館史資料彙編（1909～1949）［G］，北京：書目文獻出版社，1992：324。
約 1930 年冬	朱啟鈐	袁同禮	希望將其與梁士詒、周自齊集資購買的德人麥倫多夫所藏關於中國問題之西文書籍，寄存於國立北平圖書館。	麥倫多夫藏書寄存北平圖［J］，中華圖書館協會會報，1930，6（3）：15～16。
1931.10.20	鄭壽麟	袁同禮	擬將德國研究會（即後來之中德學會）附設於北平圖書館內，並願附送德文圖書若干，希望袁同禮盡力扶持之。	北京圖書館業務研究委員會，編，北京圖書館館史資料彙編（1909～1949）［G］，北京：書目文獻出版社，1992：358～361。
1931.	袁同禮	鄭壽麟	表示願意襄助德國研究會。	北京圖書館業務研究委員會，編，北京圖書館館史資料彙編（1909～1949）［G］，北京：書目文獻出版社，1992：362～363。

1932.05.01	袁同禮	陳垣	「前尊處借用《元秘史》、《華夷譯語》、越縵堂手稿本及《新會縣志》等書,如已用畢,擬請費神檢出,交去人攜下為感。內中有數種擬交伯希和一看,渠日內來平也」。	陳智超,編注,陳垣來往書信集[M],上海:上海古籍出版社,1990:443。
1932.05.31	袁同禮	外交部	請求辦理汪長炳赴美國留學護照。	北京圖書館業務研究委員會,編,北京圖書館館史資料彙編(1909～1949)[G],北京:書目文獻出版社,1992:365～366。
1932.06.04	洪業	袁同禮	大意謂:「裘開明對國立北平圖書館目錄卡片印刷項目進行了評估,但由於學社下一年度的經費縮減,董事會無法繼續資助國立北平圖書館目錄卡片印刷的項目。」	程煥文,裘開明年譜[M],桂林:廣西師範大學出版社,2008:86。
1933.07.05	蔡元培、袁同禮	王世杰	談影印《四庫全書》未刊珍本事,主要提出四點建議:一、「未刊」二字於名稱未妥;二、用宋元明舊刊或舊鈔本校勘庫本;凡有舊刻或舊鈔足本勝於庫本者,宜用原帙;三、應延聘通人,或組織委員會,對影印之書嚴定去取;四、四庫集部諸書概無目錄,查檢不便,北平圖書館已輯完此項篇目,建議排印於每書卷首。	蔡元培等向教部貢獻影印四庫全書意見[N],申報,1933-08-05(4張16頁);北平圖書館館長副館長上教育部呈,教育部部長覆蔡袁二君函[N],大公報文學副刊,293期,1933-08-14(3張11版)。
1933.07.13	張元濟	袁同禮、趙萬里	商討影印《四庫全書》未刊珍本事宜,認為「二公高見與教部原意,分之兩利,合之兩妨」,宜將庫本和善本分別印行。	張元濟對於影印四庫全書意見[N],申報,1933-08-10(4張15頁);張元濟,著,張元濟全集·第3卷·書信[M],北京:商務印書館,2007:5。
1933.07.19	王世杰	蔡元培、袁同禮	《四庫全書》雖多刊本,而未刊者確有300餘種,此次即重在於此,故定名未刊珍本。四庫所收,非盡善本,然版本追究與典籍採訪,頗	蔡元培等向教部貢獻影印四庫全書意見[N],申報,1933-08-05(4張16頁);北平圖書館館長

			費時日，且庫本與刊本並印，不符存四庫真相之原意，所以仍主張機械方式——影印。教育部預定組織一委員會，審定目錄。望北平圖書館能承擔籌印四庫底本事宜，如果同意，可擬定計劃，報部備案。	副館長上教育部呈，教育部部長覆蔡袁二君函［N］，大公報文學副刊，293 期，1933-08-14（3 張 11 版）。
1933.08.14	袁同禮	張元濟	仍主張以善本代替庫本。	影印四庫全書往來箋［J］，青鶴，1933，1（20）：1～3。
1933.09.25	蔡元培、袁同禮	教育部	呈上籌印四庫善本辦法一紙，四庫善本叢刊擬目一冊，北平圖書館與商務印書館訂立合同草案一份。	大規模影印善本書，北平圖書館與商務草訂合同［N］，申報，1933-10-06（3 張 10 頁）。
1933.11.02	袁同禮	張元濟	請張元濟便中寄下商務印書館影印書書目。寄上日本書志學會近印善本書影清單，供張元濟參考。	張元濟，著，張元濟全集·第 3 卷·書信［M］，北京：商務印書館，2007：1～2。
1933.11.06	張元濟	袁同禮	寄上商務印書館影照各書清單。感謝其寄示日本書志學會近印善本書影清單，有兩種為未見。	張元濟，著，張元濟全集·第 3 卷·書信［M］，北京：商務印書館，2007：1。
1933.12.29	王雲五	袁同禮	商務印書館願意襄助北平圖書館和中德文化協會在滬舉辦「現代德國印刷展覽會」，但不願擔任主人名義。	商務印書館致袁守和信札，孔夫子舊書網，［OL］，［2011-03-30］，http://www.kongfz.cn/end_item_pic_5521592/。
1934.03.05	Nicholas Murray Butler	袁同禮	告知哥倫比亞大學董事會投票表決，決定在哥大畢業典禮時授予他「大學卓越勳章」。	王成志，袁同禮先生和哥倫比亞大學［C］//國家圖書館，編，袁同禮紀念文集，2012：239-241。
1934.04.17	袁同禮	Nicholas Murray Butler	表達對哥倫比亞大學校長及校董將授予其「大學卓越勳章」的感謝。	王成志，袁同禮先生和哥倫比亞大學［C］//國家圖書館，編，袁同禮紀念文集，2012：241～242。
1934.05.22	袁同禮	裘開明	談汪長炳的工作問題。	程煥文，裘開明年譜［M］，桂林：廣西師範大學出版社，2008：113～114。

1934.05.23	裘開明	袁同禮	不能為汪長炳在哈佛大學漢和圖書館安排工作。	程煥文，裘開明年譜[M]，桂林：廣西師範大學出版社，2008：114。
約 1935 年 4 月	袁同禮	菲律賓圖書館協會	對第二屆菲律賓讀書運動周表示祝賀。	祝賀菲律濱圖協會年會及讀書運動周[J]，中華圖書館協會會報，1935，10（5）：22。
1937.09.14	袁同禮	傅斯年	談其逃難情形；遞上與長沙臨時大學合組辦法草案，請轉交蔣夢麟閱；每日到舊書鋪看書，欲搜集西南文獻以供學子參考；擔心平館經費問題，已發函借款。	臺灣中央研究院歷史語言研究所藏本複印件，雜5-8-2。
1937.10.04	傅斯年	蔣夢麟、袁同禮	對平館善後辦法，提出兩點意見。一是在平和在湘人員薪資不可懸殊太大。二是西文期刊可大體續訂，但中西文書以少購為當。	北京圖書館業務研究委員會，編，北京圖書館史資料彙編（1909～1949）[G]，北京：書目文獻出版社，1992：445-447。
1938.06.08	袁同禮	國際圖書館協會聯合會	請求為受戰爭損毀之中國圖書館捐贈圖書。	各國覆文[J]，中華圖書館協會會報，1939，13（6）：12。
1938.12.12	袁同禮	梅貽琦、蔣夢麟、張伯苓	同意徵輯中日戰事史料各項辦法，極願分工合作。	郭建榮，主編，國立西南聯合大學圖史[M]，昆明：雲南教育出版社，2006：167。
1938.12.19	蔣夢麟、梅貽琦、張伯苓	袁同禮	告知中日戰事史料徵輯委員會國立西南聯合大學方面已請錢端升、馮友蘭、姚從吾、劉崇鋐四先生代表參加。	郭建榮，主編，國立西南聯合大學圖史[M]，昆明：雲南教育出版社，2006：167。
1939.02.09	郭泰祺	袁同禮	袁同禮所寄之備忘錄，已在英國有良好響應，牛津大學石博鼎先生已發起為中國各大學募集圖書之運動，「現為此事已成立一委員會，專司選擇圖書事宜，其第一批捐募之書，並於本月內即可寄出矣」。	駐英郭大使覆函[J]，中華圖書館協會會報，1939，13（6）：12。

1939.02.20	袁同禮	石博鼎（H. N. Spalding）	感謝石博鼎捐助圖書儀器給中國。	本會致英國牛津大學石博鼎先生函［J］，中華圖書館協會會報，1939，13（5）：15。
1939.02.24	國際圖書館協會聯合會	袁同禮	對袁同禮請求為受損毀之中國圖書館捐贈圖書一事，表示關注，並附上國際圖聯主席高德特先生有關此事的演講辭。	各國覆文［J］，中華圖書館協會會報，1939，13（6）：12。
1939.03.18	石博鼎（H. N. Spalding）	袁同禮	石博鼎表示牛津大學對華捐書事正在進行中，並表達了英國文化界對中國抗戰之同情，末曰：「吾人對於先生個人工作之成績——對於學者，對於讀書人，對於世界圖書館之貢獻——願表示景仰之意，並盼不久可以晤面也」。	英國牛津大學石博鼎先生覆函［J］，中華圖書館協會會報，1939，13（6）：11～12。
1939.03.21	袁同禮	郭有守	請郭有守擬具設置四川省立圖書館詳細計劃，正式向中英庚款董事會申請補助。	本會袁理事長為籌建成都圖書館事致四川教育廳郭廳長函［J］，中華圖書館協會會報，1939，13（6）：11。
1939.04.01	袁同禮	傅振倫、樹平	談論傅振倫和樹平二人赴美研究博物館學相關事宜，指示應辦之事及應參觀之地。	袁同禮書札［OL］，孔夫子舊書網·中國書店2009 年秋季書刊資料拍賣會，［2011-03-30］，http://pmgs.kongfz.com/detail/1_93407/。（此信中的英文單詞，由袁清先生幫助辨認）
1939.07.06	袁同禮	阿理克（Basil M. Alexéiev）	向阿理克教授介紹傅振倫，以便傅氏赴莫斯科參加中國藝術展覽會。	致傅振倫信札——民國袁同禮信札一通（附英文信札2 通帶封）［OL］，孔夫子舊書網，［2011-03-30］，http://www.kongfz.cn/his_item_pic_2565866/.
1941.10.29	袁同禮	白壽彝	答應白壽彝的提議，即將白氏所編《咸同滇變傳抄史料》初集（後改為《咸同滇變見聞錄》，由重慶商務印書館出版）收入北平圖書館	白壽彝，關於袁同禮的兩封信［J］，文獻，1988（1）：263～264。

			和伊斯蘭學會合印之書，印費由雙方承擔。他已託開明書店先行估價，擬定契約草案。	
1941.11.28	袁同禮	白壽彝	告知開明書店估價，印 32 開 500 部，最低須成本二千元，北平圖書館將付開明書店一千元，希望伊斯蘭學會方面也付該書店一千元，以免紙價再漲，而能早日玉成此事。錢款可交開明王伯祥收，如不敷用，兩機構再津貼開明。因係委託代印，書印成後，兩機構平分書，但並無稿費。	白壽彝，關於袁同禮的兩封信［J］，文獻，1988（1）：263～264。
1943.09.08	袁同禮	米蘭（Carl H. Milam）	願為美國圖書館合作購買中國資料提供幫助。提議在中國建立一個分委員會，以提供諮詢和收集出版物，該分委員會需要一名全職助手，其薪水希望由雙方分擔。對選擇出版物的範圍提出建議。出版物暫時存於美國駐華大使館學術資料服務處，購買出版物的季度報告將通過美國駐華大使館轉交。建議將此項目限定在一個小範圍內，以第一年作為試驗，如果雙方同意，翌年 7 月繼續進行。	T. L. Yuan to Carl H. Milam, (1943-09-08). American Library Association Archives, University of Illinois, Urbana, 7/1/51, Box 2.
1943.11.22	米蘭（Carl H. Milam）	袁同禮	白朗將把合作購買方案寄致各研究圖書館，每個館需承擔 1000 美元，其中包括支付中方助手的全額薪水。在中國建立一所美國圖書館的建議也將提交到國務院。他們將討論對部分留美中國學生進行為期一年的圖書館學教育的問題。感謝袁對美方問題的關注及立即回應。	Carl H. Milam to T. L. Yuan, (1943-11-22). American Library Association Archives, University of Illinois, Urbana, 7/1/51, Box 2.
1943.11.22	米蘭（Carl H. Milam）	袁同禮	轉達美國圖書館協會對袁同禮的感謝決議。	Carl H. Milam to T. L. Yuan, (1943-11-22). American Library

				Association Archives, University of Illinois, Urbana, 7/1/51, Box 2.
1943.12.02	袁同禮	米蘭（Carl H. Milam）	打算出版英文通信（circular letter）），以保持兩國館員間的聯繫。希望戰爭結束後，美國圖書館員能考察中國並幫助恢復重建，並希望美國圖書館能為中國保存大量複製品。願為美國獲取中國新出資料提供幫助，相關協議已託美國國務院轉交。告知美國捐贈圖書在中國的命運。應米蘭的建議，隨信附上《中國圖書館之情況》（Library Situation in China）的報告。該報告包括三部分，即「中國圖書館所遭之破壞」、「中國自由區圖書館之情況（1937～1943）」、「未來計劃」。	T. L. Yuan to Carl H. Milam, (1943-12-02). American Library Association Archives, University of Illinois, Urbana, 7/1/51, Box 2.
1943..	袁同禮	教育部	報告國立北平圖書館損失概況。	孟國祥，大劫難：日本侵華對中國文化的破壞［M］，北京：中國社會科學出版社，2005：18～19。
1944.02.11	米蘭（Carl H. Milam）	袁同禮	袁同禮報告和信件的複印件已分發給相關重要人士，並擬在《圖書館雜誌》上全文或節選刊登該報告；援引白朗的部分評論，表達美國圖書館協會未能為中國做更多事情的愧疚之情；附上《中美關係之文化項目：關於圖書館》（A Proposed Cultural Program For Sino-American Relations Involving Libraries）、《在華建立一所美國圖書館之建議》（A Proposal For An American Library In China）、《我們在華之利益》（Our Stake In China）（此三項由白朗撰寫），以及《圖書館	Carl H. Milam to T. L. Yuan, (1944-02-11). American Library Association Archives, University of Illinois, Urbana, 7/1/51, Box 2.

			戰時指南》（Library War Guide）（1944 年 2 月）。對袁同禮提出的未來計劃感興趣。白朗希望擴展中美大學圖書館結對子的範圍。對袁同禮擬出版英文通信的做法表示贊同。如果交通許可，希望中國學生能到美國圖書館學校學習。詢問能為文華圖專和中華圖書館協會做點什麼；已向國際教育學會主席建議，讓身處困境的若干中國留學生進入美國圖書館學校學習；願意派遣館員赴華考察；已有 10 所大型的圖書館願意參加聯合購買中國資料的行動；感謝袁同禮告知捐贈書籍的命運；稱讚費正清夫婦的熱心幫助。	
1944.03.08	袁同禮	米蘭（Carl H. Milam）	1944 年 1 月，中國圖書服務部成立，用以幫助外國圖書館獲取中文資料；中華圖書館協會收集到許多關於中國圖書館現狀及他們當前及戰後需要的調查材料，打算以英文匯編成冊寄送；將評論各建議項目；認為訓練圖書館員的計劃正當其時，推薦 Mark Tseng 赴芝加哥大學深造；期盼美國圖書館員能來華考察；認為中美圖書館結對子一事不太切合實際；請求基金會的部分資金用於購買參考書，是個好主意，如能實施，許多外國圖書館將受益；中華圖書館協會正計劃贈送 25 套（每套 25 本）有關美國的中文圖書給 25 所中國圖書館，以擴展他們對美國文化的知識；希望美國圖書館協會小額補助中華圖書館協會。	T. L. Yuan to Carl H. Milam, (1944-03-08). American Library Association Archives, University of Illinois, Urbana, 7/1/51, Box 2.

1944.03.11	米蘭 （Carl H. Milam）	袁同禮	打算即刻派送一名美國圖書館員去中國，詢問是否可行，並最好能獲得中國教育部的同意。	Carl H. Milam to T. L. Yuan, (1944-03-11). American Library Association Archives, University of Illinois, Urbana, 7/1/51, Box 2；美國圖書館協會擬派專家來華考察［J］，中華圖書館協會會報，1944，18（4）：17～18。
1944.04.11	袁同禮	米蘭 （Carl H. Milam）	熱烈歡迎美國圖書館專家來華考察，他將確保中國教育部的支持，並建議該專家以美國國務院文化關係項目下一名赴華專家的身份成行。	T. L. Yuan to Carl H. Milam, (1944-04-11). American Library Association Archives, University of Illinois, Urbana, 7/1/51, Box 2.
1944.04.22	白朗 （Charles H. Brown）	袁同禮	與在美的中國教授交談，他們提供了能幫助中國的方式方法。解釋中美圖書館間的結對子，僅適用於戰後計劃，而且限於大學圖書館，此法是胡適先生最先提出。費正清夫婦和白朗被委派組成 3 人委員會，試圖加快圖書運華進展並負責協調。中國在美學者建議白朗，應繼續與袁先生保持緊密關係，而且建議袁先生組成 3 人委員會，「這樣可以避免過多的批評」。文華圖專已獲得洛克菲勒基金會在未來三年每年 5000 美元的捐助。打算發行油印簡報，以為美國圖書館員瞭解中國信息使用，希望袁先生提供消息短文。向袁同禮徵詢幫助戰後中國圖書館學校發展的建議。（愛荷華州立大學）圖書館願意為某位有志成為圖書館員的中國學生提供獎學金。	Charles H. Brown to T. L. Yuan, (1944-04-22). American Library Association Archives, University of Illinois, Urbana, 7/1/51, Box 2.
1944.06.13	袁同禮	傅斯年	「敝館編印英文本圖書季刊，刻由美國翻印，在華京重版，關於學術方面之論文亟願多所介紹。上年成都發	臺灣中央研究院歷史語言研究所藏本複印件。

1944.09.13	向達	袁同禮	掘王建墓，於我國歷史頗多考證，前請馮漢驥先生為敝刊撰一論文，業已脫稿，如荷贊同准予在敝館發表，無任感幸。」	
1944.09.13	向達	袁同禮	向達告知能為《圖書季刊》寄上兩篇稿件，感謝袁同禮詢問其在敦煌需款情形，希望在袁氏為史語所代籌之五千美金中抽出一部分為其東歸旅費。他擬於十月中旬離敦煌，順訪麥積山，歲末抵渝。告知石室寫經殘留於敦煌者，在民國時期又經歷三劫，所託搜求古文獻事，只能隨緣。	向達，著；榮新江，編，向達先生敦煌遺墨［M］，北京：中華書局，2010：431～432。
1945.02.07	Nicholas Murray Butler	袁同禮	邀請袁同禮赴哥倫比亞大學為他舉行的專宴。	王成志，袁同禮先生和哥倫比亞大學［C］//國家圖書館，編，袁同禮紀念文集，2012：244～245。
1945.02.10	袁同禮	Nicholas Murray Butler	袁同禮答謝哥倫比亞大學校長為其安排宴會。	王成志，袁同禮先生和哥倫比亞大學［C］//國家圖書館，編，袁同禮紀念文集，2012：245。
1945.07.14	袁同禮	John Marshall	感謝羅氏基金會支持兩名中國學者赴美國研究博物館學。這兩名學者到美國後，希望羅氏基金會能為他們提供一年的獎學金和回國的旅費。	致傅振倫信札——民國袁同禮信札一通（附英文信札 2 通帶封）［OL］，孔夫子舊書網，［2011-03-30］，http://www.kongfz.cn/his_item_pic_2565866/。
1945.10.16	袁同禮	朱家驊	事由：「為加拿大教士明義士舊藏甲骨文字散佚堪虞，擬請鈞部派胡厚宣前往濟南調查保存情形，並設法收歸國有。」	賈雙喜，袁同禮館長與金石組的發展［C］//國家圖書館，編，袁同禮紀念文集（打印本），2010：140。
1947.04.04	任鴻雋	袁同禮	本年中基會補助購書費不便挪用，並討論分配美國贈書一事。	北京圖書館業務研究委員會，編，北京圖書館館史資料彙編（1909～1949）［G］，北京：書目文獻出版社，1992：875～877。

1948.01.05	毛準、王重民	胡適、袁同禮	徵詢如何接受和使用Brown請求到的捐助北京大學的款項，並提出建議：應該舉辦「中文編目」和「西文編目」的訓練；繼續接收國外的西文書目卡片，並不斷補充，建立西文學術參考中心；編纂「中國書目總志」；請 Brown 繼續轉請羅氏基金會撥給五萬美金，以襄助北大圖書館學專科的發展。	王菡，王重民致胡適、袁同禮的一封信 [J]，國家圖書館學刊，2004（1）：87～89。
1948.03.12	袁同禮、胡適、馬衡、谷鍾秀、梁思成	李宗仁	建議注重保護北平古建築。	劉季人，整理，行政院北平文物整理委員會及修繕文物紀實 [J]，北京檔案史料，2008（3）：239～246。
1948.04.21	李宗仁	袁同禮、胡適、馬衡、谷鍾秀、梁思成	採納保護北平歷史建築建議，並希望北平文物整理委員會派員會同勘察，共謀保存。	劉季人，整理，行政院北平文物整理委員會及修繕文物紀實 [J]，北京檔案史料，2008（3）：239～246。
1948.11.18	袁同禮	恒慕義（ Arthur W. Hummel ）	談北平局勢及個人打算。希望恒慕義以美國國會圖書館的名義發封電報，正式任命他。如果能成行，他將攜家眷同往，費用自負。	信函複印件，由袁清先生提供。
1948.11.30	吳光清	袁同禮	告知美國國會圖書館相關人士極願幫助他（因為他與國會圖書館有著長達 20 餘年的友好合作），但某些事情要獲得法律許可才能辦，有些困難。儘管如此，恒慕義會想盡一切辦法促成此事。一有結果，會立即電告。遵照袁的建議，在 Chase 國家銀行中的國立北平圖書館帳戶中存入了 200 美元。袁同禮寄往美國的支票已收到（金額 166.25）。	信函複印件，由袁清先生提供。
1949.04.01	何多源	袁同禮	告知國內相關情況。	信函複印件，由袁清先生提供。
1950.04.19	何多源	袁同禮	告知北京圖書館近況及北京物價等事。	信函複印件，由袁清先生提供。

1950.09.17	何多源	袁同禮	告知國內列俄語為第一外國語，北大圖書館學專修科今年第一屆畢業，均由政府分配工作。	信殘，複印件由袁清先生提供。
1950.12.06	何多源	袁同禮	告知代訂及寄送書刊情況。	信函複印件，由袁清先生提供。
1951.01.24	裘開明	袁同禮	寄上中國留美學生目錄及校友錄資料。	信函複印件，由袁清先生提供。
1952.04.28	袁同禮	裘開明	在核查完中國大陸出版的新書書目後，請寄回。希望裘開明能幫助臺灣大學的方豪教授獲取哈佛燕京學社的資助，並請代為照顧女兒袁靜。	程煥文，裘開明年譜[M]，桂林：廣西師範大學出版社，2008：505。
1952.06.09	袁同禮	裘開明	寄上 1950 和 1951 年的《全國新書目》。建議向臺北商務印書館訂購《四部要籍序跋》。請告知最近獲得哈佛燕京學社基金資助的人員名單。	程煥文，裘開明年譜[M]，桂林：廣西師範大學出版社，2008：508。
1952.08.12	裘開明	袁同禮	還沒有核對完 1950 年和 1951 年的新書目錄，但已向香港 Willing 圖書公司（Willing Book Co.）購買了這兩部書。願意為袁查找資料提供幫助。方豪教授不在哈佛燕京學社基金資助的人員入選名單上。已經購買了一套《四庫要籍序跋》，感謝袁的建議。	程煥文，裘開明年譜[M]，桂林：廣西師範大學出版社，2008：512。
1956.02.16	印堂	袁同禮	告知其生年及所著《中緬未定界地》的研究情況。	信函複印件，由袁清先生提供。
1956.02.20	鄭德坤	袁同禮	認為袁所編中國文獻總目（即西文漢學書目）有功於學術，但自己作品的目錄，因圖書皆留成都，所以無法應命，僅附上三種作品的基本情況。並一一答覆袁同禮所詢問作者的生年、中文姓名等。	信函複印件，由袁清先生提供。

1956.03.21	袁同禮	裘開明	美國各圖書館編目時，對「臺灣」的著錄，或用「Formosa」，或用「Taiwan」，辦法不一，希望裘開明在美國圖書館協會（ALA）CCS委員會開會時，提議一律改為「臺灣」，以期一致。	程煥文，裘開明年譜[M]，桂林：廣西師範大學出版社，2008：639。
1956.06.07	王毓銓	袁同禮	告知回國後之情況，勸袁同禮回國。	信函複印件，由袁清先生提供。
1956.07.25	查良鑒	袁同禮	告知近幾年情況；答覆袁同禮詢問中國留法學生著作者姓名等事；告知查良釗、梅貽琦近況。	信函複印件，由袁清先生提供。
1956.12.06	袁同禮	蔣復璁	感謝蔣復璁寄送中國留德同學名單及臺灣中央圖書館刊物；詢問中國留德同學之中文姓名；請代為函索中華文化出版事業委員會出版之英文小冊；詢問 Hsin Kwan-chi 之中文姓名。	臺灣中央圖書館檔藏複印件。
1959.02.20	袁同禮	蔣復璁	已收到蔣復璁所寄臺灣中央圖書館善本書目上、中冊，下冊（乙編）及索引未收到，盼檢寄。希望蔣復璁將近十餘年來臺灣出版之論文編一索引。寄《西文漢學書目》四部給臺灣教育部，擬將其分贈臺灣中央圖書館、臺灣大學圖書館、中研院圖書館、臺灣教育部圖書館。	臺灣中央圖書館檔藏複印件。
1960.02.02	郭廷以	袁同禮	希望與國會圖書館交換相關資料。告知臺灣中央研究院近代史研究所最近整理之成果及遇到的困難。	陸寶千，主編，郭廷以先生書信選[M]，臺北：中央研究院近代史研究所，1995（民國八十四年）：39～41。
1960.02.16	郭廷以	袁同禮	談爭取福特及洛氏基金會資助事宜。感謝寄贈日本海陸軍檔案縮片目錄。告知《中俄關係史料》出版情況。	陸寶千，主編，郭廷以先生書信選[M]，臺北：中央研究院近代史研究所，1995（民國八十四年）：42。

1962.01.29	郭廷以	袁同禮	福特補助一事談成，但近史所為補助事發生矛盾。又談中國留英同學博士論文目錄相關事宜。收到袁著「蘇俄研究中國文獻目錄」，認為「此類工作，造福士林實巨」。	陸寶千，主編，郭廷以先生書信選［M］，臺北：中央研究院近代史研究所，1995（民國八十四年）：43～45。
1962.09.11	郭廷以	袁同禮	已收到《巴布闊福回憶錄》複印本，但是否翻譯，待商後再告。袁同禮所編新疆書目，可交由臺北商務書館或正中書局代銷。告知近史所人手緊張，他的內外壓力大。	陸寶千，主編，郭廷以先生書信選［M］，臺北：中央研究院近代史研究所，1995（民國八十四年）：46～47。
1963.02.04	郭廷以	袁同禮	所寄《中俄國際約注》及《新疆文獻目錄（日文本）》均收到。《巴布闊福回憶錄》決定由孫桂藉譯漢，前寄原書缺頁部分，希望設法補齊。近史所願譯出熱梅尼致格爾斯函札，請代向荷蘭購買原書。望幫助鄭憲就職。	陸寶千，主編，郭廷以先生書信選［M］，臺北：中央研究院近代史研究所，1995（民國八十四年）：48～49。
1963.02.18	郭廷以	袁同禮	談奉贈圖書及出版史料等事宜。	陸寶千，主編，郭廷以先生書信選［M］，臺北：中央研究院近代史研究所，1995（民國八十四年）：50。
1963.03.07	袁同禮	金問泗	「昨在荷藏購到 Russia in the East 一書，其第二段專述伊犁交涉經過附錄另有外長吉爾斯致該部總辦熱梅尼信札內中可與曾紀澤伊犁交涉談話錄（原名金軺籌筆）相參證，可稱新資料，為國內研究外交史者所未見，因此擬將曾侯談話錄早日出版，並利用此項新資料，將重要者列入附錄 。茲將兩書附上，請參閱，並盼得暇時賜一序文，以光篇幅，先此申謝。」	金問泗，袁守和先生對於本國外交問題之留意［J］，（臺北）傳記文學，1966（民國五十五年），8（2）：37。（是文收入《思憶錄：袁守和先生紀念冊》69～73頁）

1963.10.10	郭廷以	袁同禮	讚揚袁同禮文獻搜尋之貢獻巨大。談近史所近期之計劃。請幫助推介所著《近代中國史事誌》，並留意國會圖書館複本書刊。	陸寶千，主編，郭廷以先生書信選［M］，臺北：中央研究院近代史研究所，1995（民國八十四年）：51～52。
1964.05.14	郭廷以	袁同禮	在羅氏基金會資助近史所一事上，希望袁同禮鼎力相助。寄呈近史所最近出版史料。	陸寶千，主編，郭廷以先生書信選［M］，臺北：中央研究院近代史研究所，1995（民國八十四年）：53～54。
1964.05.24	郭廷以	袁同禮	收到所寄《Russia in the East》一書，多前所未聞未見記述者。近史所欲加強與歐洲學界的聯繫，請袁同禮予以介紹。近史所呂實強君到華盛頓後，希望袁同禮加以指導。	陸寶千，主編，郭廷以先生書信選［M］，臺北：中央研究院近代史研究所，1995（民國八十四年）：55～56。
1964.10.15	袁同禮	李書華	告知病情。	李書華，追憶袁守和先生［J］，（臺北）傳記文學，1966（民國五十五年），8（2）：35。（是文收入《思憶錄：袁守和先生紀念冊》62～68頁）
1964.12.24	袁同禮	彭昭賢	袁復禮、袁敦禮身體健康，兒女輩皆成婚。彭世真到紐約後，曾通電話，知他擬聖誕節後再來華盛頓。割治PANCREAS 後住院數月，雖恢復健康，但仍須休養。下月退休。	彭昭賢，追念袁守和先生［G］//袁慧熙，袁澄，編，思憶錄：袁守和先生紀念冊，臺北：臺灣商務印書館，1968：109。（原載香港《展望》，1966 年 5 月 1 日）
？（1940 年之後）	臺灣中央研究院歷史語言研究所	袁同禮	答應袁同禮的提議，即用北平圖書館所藏利瑪竇地圖及近期出版之東方學書籍若干種，與中研院史語所的十三種書籍交換。史語所已將此項書籍託陳夢家轉交北平圖書館桃源村辦公處，希望平館早日寄出交換輿圖和書籍。	臺灣中央研究院歷史語言研究所藏本複印件，似為公函底稿。

？（1940 年之後）	傅斯年	袁同禮	寶蘊樓照片已遵囑送交陳夢家；借趙萬里過錄之靜安校本《水經注》一部十六冊請暫代為收存，也已交陳夢家處。	臺灣中央研究院歷史語言研究所藏本複印件，似為信函底稿。
？.03.02	蔣彝	袁同禮	告知近期打算；不知瑞士出版之兒歌作者王君的中文姓名；請教崔驥之生卒時間等。	信函複印件，由袁清先生提供。
？.10.27	袁同禮	蔣復璁	擬請將臺北出版新書編一選目，並請將各書店出版書目代為搜集一份；請求開列臺北出版之英文刊物書單，建議通知有關人士，在印英文刊時注出作者中文姓名；詢問部分著作人之中文姓名。	臺灣中央圖書館檔藏複印件。
？.03.06	袁同禮	張資珙	所詢《陰符經三皇玉玦》，平館有藏，但「鈔費甚昂，影印亦缺乏材料，一時實不易辦。擬請先函南京國學圖書館或中央圖書館查明有無此書，似可就近一觀。如該二館均無此書，當再設法鈔錄」。	袁同禮致張資珙的信札一通兩頁毛筆［OL］，孔夫子舊書網，［2011-03-30］，http://shop.kongfz.com/show_pics.php?shopId=12636&bookId=95478671。

注：《北京圖書館館史資料彙編（1909～1949）》、《袁同禮先生手稿、書信及相關檔案》以及袁同禮先生早年的家書資料、芝加哥大學檔藏書信資料等內容，因時間倉促，考證須時，所以還未完全列入該表。

後　記

　　這本書以我九年前博士論文為基礎，部分內容做了修正、刪減。回想在北大的歲月，這本書或是最好的懷念，感謝那些風華正茂、自由學思的年代，那些為本書搜羅資料、碰撞思路的良師益友。

　　首先，感謝北京大學王子舟老師的辛勤指導。從博士論文選題、大綱擬定、年譜編撰，到寫作思路調整，他都傾力相助，尤其對我爬梳史料的嚴格要求和訓練，使我受益終身。

　　在治學方面，王老師的許多觀點深深影響了我。比如，「治學繞不開歷史關」；「學術乃天下之公器，天下自有公論」；「學術史不能聽現在的人怎麼說，應該回到歷史資料和歷史過程中去，要建立對原始史料的感知」；「文章一定要有第一手的東西，要下採銅於山的工夫，用腳走出來，用手刨出來。查找資料的時間越長，文章的質量越高，可以一氣呵成」；「勤於做學術資料筆記，如果來不及錄，要記下線索，否則用時大海撈針，效率不高」；「做學問要抓住變與不變兩個關鍵」；「常識和真相最有說服力」，等等。

　　其次，本書的完成離不開袁清先生的大力支持。袁清先生是袁同禮的二公子，他為我提供了珍貴的家書資料、目錄著作、相關研究文獻，並在百忙中多次接受採訪。他還常常到美國各大圖書館，幫我查閱資料，一旦發現新線索，均及時告知。當遇到不清楚的問題向他求證時，他總是耐心解答。幾十封的電郵往來，記錄了他對後學的提攜和關愛。

　　在袁清先生的介紹下，袁氏家人也為我提供了大量幫助。袁疆先生為我斧正年譜資料，提出了十餘條寶貴意見，還多次垂詢論文進展情況。袁剛先生電話告知年譜存在的問題，以及應改進之處。袁清先生侄女索菲女士提供

了芝加哥大學檔藏相關資料，在清華園為我講述她外祖父的生活事蹟，還託人從美國寄來袁同禮演講錄音資料，極為珍貴。到臺灣出差時，又熱心查找了部分史料。

再次，我的博士同窗高丹，利用在美國伊利諾大學交流的機會，不辭辛苦，拍攝了幾千張檔案照片。如果沒有她的幫助，我的論文可能會缺少一章的內容。師姐范凡、師弟吳漢華、師妹周餘姣給我親人般的鼓勵和鞭策。在研讀史料期間，北大圖書館過刊室的張寶生老師不厭其煩地為我提取民國報刊資料，他能記住我已閱和將閱的刊物卷期，敬業精神，讓人感佩。臺灣的程蘊嘉老師，在百忙中幫我複印相關資料。中國國家圖書館的李萬健、索傳軍、王菡、李文潔、劉波、徐葦、李丹等老師，都提供了極寶貴的幫助。在此，一併深致謝意！

此外，江南大學圖書館顧燁青好友，或指出錯誤，或提供線索，或分享資料，極為慷慨，我感銘於心。

最後，感謝臺灣花木蘭文化事業有限公司對本書的出版給予的大力支持和辛勤付出。

潘梅
2020 年 3 月 3 日